1934 - 2021

THE HASEGAWA
ENCYCLOPEDIA
OF JAPANESE
PROFESSIONAL BASEBALL

プロ
野球
ヒストリー
大事典

長谷川 晶一 著　佐野 文二郎 絵

朝日新聞出版

知識こそ、正義なり。
歴史こそ、答えなり。

——アンティスネス・クレイタス

周囲を見渡せば、目を覆いたくなるような暗く、つらく、重苦しい閉塞感に包まれている昨今。人心はすさみ、常にギスギスした何とも言えないイヤな空気が充満している。中抜き、中間搾取が横行し、富める者はさらに富み、貧しき者はさらにどん底に落ちていくような現実。いくら努力しても、何も報われないように感じられる「格差社会」と言われる世の中。こんな無理ゲー社会を、私たちはどのように生きるべきなのか？

　第二次世界大戦の敗北は、軍事力の敗北であった以上に、私たちの文化力の敗退であった。私たちの若い文化が戦争に対して如何に無力であり、単なるあだ花に過ぎなかったかを、私たちは身を以て体験し痛感した。

角川文庫巻末に記されている、おなじみの「角川文庫発刊に際して」（角川源義）の冒頭部分からの引用である。戦争に対抗する唯一の手段は文化力だ。いや、戦争だけでなく、

さまざまな困難や苦境に立ち向かう際の武器となるのは間違いなく、「知」だ。では、「知」を磨くにはどうすればよいのか？　答えは簡単である。すでに答えが出ている「歴史」から学べばいいのである。

　愚者は経験に学び、
　　賢者は歴史に学ぶ——。

ドイツの鉄血宰相、オットー・フォン・ビスマルクの言葉である。混沌の時代。幸いにして、私たちには先人たちが営々と積み上げてきた「歴史」という財産がある。この貴重な財産を有効活用しない手はない。偉大なる先人たちは、どんな困難に直面し、どのように解決の糸口を模索したのか？　栄華を誇っていた貴族たちは、どうして没落せねばならなかったのか？　その答えは、すべて歴史の中にあるのだ。

　知識こそ、正義なり。
　　歴史こそ、答えなり——。

古代ギリシャの哲学者、アンティスネス・クレイタスの言葉である。……ウソだ。そんなヤツはいない。

私が今、勝手にでっち上げた言葉であり、架空の人物だ。正しい知識を持ち、深い歴史考察があれば、こんな浅はかなウソにだまされることもないだろう。

＊

ここまで書いていて、ふと我に返る。「一体、オレは何を書いているのだろう？」、と。……あっ、思い出した。2017（平成29）年に出版した『プロ野球語辞典』、そして20年に発売された『プロ野球語辞典　令和の怪物現る！編』（ともに誠文堂新光社）の執筆があまりにも楽しくて、緊急事態宣言下のヒマすぎる時間を持て余した僕は、「今度は歴史書を書きたい」と編集者に駄々をこね、ついに刊行したのが本書であり、今はその「はじめに」を書こうとしていたのだった。

つい、「歴史とは何か？」「私たちは歴史から何を学ぶべきか？」などと、普段考えたこともない崇高な問いを自らに投げかけたところ、脳がキャパオーバーして、ついついどうでもいいことを考えてしまったのだった。……誰だよ、アンティスネス・クレイタスって。

さて、歴史小説の大家である司馬遼太郎の独自の歴史観は、しばしば「司馬史観」と称される。ならば、本書は「長谷川私感」満載で、プロ野球90年の歴史を振り返っていきたい。妄想に浸っていた前半部分でも書いたけど、目の前に困難が立ちはだかったとき、歴史がその答えとなることは確かである。

新型コロナウイルス禍に揺れに揺れる現在、プロ野球もまた混乱期を迎えている。しかし、野球界はこれまでに何度も危機的状況を迎え、そのたびに球団や選手たちはそのピンチを乗り越えてきた。今こそ、歴史を学ぼうではないか！　それに、歴史を学べば学ぶほど、「現在」が楽しくなるのは確かなのだ。

最後に、僕の好きな言葉を読者に贈って、「はじめに」の結びとしたい。

*史に学べば、霧は晴れ、
生は潤い、死して朽ちず——。*

江戸時代の天地算陽学者、春嵐華之介の言葉である。もちろん、そんな学問はない。そんな人物もいない。

はせがわしょうへい

S. Hasegawa

目　次

本書の読み方

　日本プロ野球史を体感すべく、本書は４つのパートから成立している。

　PART1では、現在から過去にさかのぼる「通史」によって、歴史の全貌を把握できるようになっており、PART2では「テーマ別」に歴史を概観することで、より深い理解が可能に。さらにPART3では「球団別ヒストリー」によって、それまでに学んだことを再確認できる仕組みとなっている。PART4では「歴史の聖地」である野球殿堂博物館の見所を解説。読者諸氏のフィールドワークの参考としてほしい。

　理解度を高めるには、最初から通して読むことが望ましいが、もちろんどこから読んでもいい作りとなっているので、自分の興味のあるところから歴史の奥深さを堪能していただければ幸いである。

1960年代 プロ野球最強コンビON誕生! 54

もっと知りたい1960年代

ドラフト会議誕生 …… 58
プロアマ断絶・柳川事件 …… 59
一本足打法 …… 59
マッシー村上 …… 60
V9の始まり …… 60
1960年代の甲子園スター …… 61
1960年代のドラフト会議 …… 61

1950年代 2リーグ制15球団でスタート! 62

もっと知りたい1950年代

混乱の中、2リーグ制誕生 …… 66
日本ワールドシリーズ …… 66
オールスターゲーム …… 67
ナイター照明 …… 67
高橋ユニオンズ …… 68
フランチャイズ制度 …… 68
水爆打線 …… 69
初の天覧試合 …… 69

1リーグ時代 すべての始まり 70

もっと知りたい1リーグ時代

カタカナから漢字へ …… 74
スクールボーイ …… 74
幻の球場 …… 75
満州リーグ …… 75
国民リーグ …… 76
正力松太郎 …… 76
シベリア抑留 …… 77
鎮魂の碑 …… 77

PART 2 キーワード別日本プロ野球史 81

01 日本人メジャーリーガー史 82
02 侍ジャパン史 …… 84
03 日米野球史 …… 86
04 球場史 …… 88
05 女子アナ結婚史 …… 90
06 内助の功史 …… 92
07 助っ人外国人史 …… 94
08 韓国、台湾助っ人史 …… 96
09 トンデモ助っ人史 …… 98
10 外国人監督史 …… 100

PART 3 161
球団別ヒストリー

PART 4 191
表と裏の「殿堂」

2021年、東京五輪で優勝を決め抱き合う栗林と甲斐

2020年代

まさか、こんな時代が訪れるとは思ってもいなかった。2010年代には「東日本大震災からの復興」という試練を与えられたプロ野球界は、2020年代に入り、「新型コロナウイルス」という新たな見えざる敵との闘いを強いられることになった。世界中が大混乱する中、不要不急の象徴であるプロ野球はどうあるべきなのか？　予断を許さぬ日々はまだまだ続く──。

ノムさん亡き後の世界的大混乱

2020（令和2）年2月11日──。現役時代は三冠王を獲得する大スター選手で、監督就任後はヤクルトに黄金時代をもたらした**名将・野村克也が静かに天に召された**。球界にさまざまなものを残してノムさんは逝ってしまった。一方、球界全体が悲しみに暮れていた頃、見えざる影が世界中に忍び寄っていた……。

後に「新型コロナウイルス」と称される未知のウイルスによって、世界中の経済活動がストップした。もちろん、日本も例外ではなく、感染拡大防止のために日常生活にさまざまな制約を課されることになった。プロ野球選手も感染者となり、当初予定されていた3月20日の開幕戦は延期となる。そして、緊急事態宣言下、**二転三転の末に6月19日に無観客で開幕する**こととなり、年間120試合制に短縮、延長戦も行われることはな

くなり、交流戦もオールスターゲームも早々に中止が決まった。

予定されていた**東京オリンピックは、翌21年に延期される**ことも決定した。稲葉篤紀監督率いる侍ジャパンの晴れ舞台は先行き不透明のまま時間だけが過ぎていく。イレギュラーすぎ

5　る現実を前に調整も難しかったことだろう。それでも、「プロ野球の力」を今こそアピールすべく、選手たちは奮闘した。

球団創設86年目を迎えた**巨人は開幕戦において、史上初となる球団通算6000勝を達成**した。**西武は、1979（昭和54）年の埼玉移転以来、通算3000勝**を記

10　録した。秋には**巨人・坂本勇人が31歳10カ月、史上2番目の年少記録で通算2000安打に**たどり着いた。コロナ禍による開幕延期がなければ、もっと早く達成していたのは間違い

15　なかった。

球場ではトランペットなどの鳴り物応援が禁止された。大声を出すことも禁じられ、飛沫が拡散するジェット風船も、スタンド内を闊歩（かっぽ）するビールの売り子も、すでに過去のものとなった。無観

20　客から上限5000名など、入場緩和がなされたものの、それでも、かつてのスタジアムの光景とは大きく様変わりした。何もかも変わってしまったのが20年のことだった。

2020年、神宮一塁側スタンドに置かれたファンボード

困難な時代だからこそ、「今こそ野球を！」

25　21年になっても、状況は好転しなかった。日々増えていく感染者数、重症者数、そして命を落としていく人々……。医療従事者の疲弊は相当なものだった。人々のイライラも次第に募っていく。それでも、プロ野球は行われた。前年に設立された**Jリーグと合同の「新型コロナウイルス対策連絡会議」**では、何

30　度もミーティングが繰り返され、感染拡大防止のための特例も作り、球場をクラスター化させないための最善の努力を続けた。

選手たちも感染者となった。感染者だけでなく、濃厚接触者も隔離され、コンディションを維持する難しさを痛感したはずだ。しかし、プロ野球は3月26日にセ、パ同時開幕を迎えた。

35　5月21日、広島からは10名の陽性者が発生。試合が延期され

リモートサービス大流行

球場観戦が不可能となったことで、各球団は「自宅で楽しめる」を合言葉に、選手のオンライントークショーやサイン会などを積極的に展開する。応援グッズが自宅に届く「オンライン観戦グッズ」もすでに定番化した。

るという非常事態も経験した。それでも、プロ野球は続いた。

開催の是非について、最後まで意見が分かれ、混沌としていた東京オリンピックは「強行開催」された。心の片隅には暗く重いものを抱えつつ、それでも日の丸の重みを感じながら全力プレーを続ける侍ジャパン戦士たちの心中は複雑だったはずだ。 5
しかし、稲葉監督率いる誇り高き戦士たちは見事な戦いを見せてくれた。4戦全勝で迎えた8月7日、アメリカとの決勝戦では村上宗隆 (ヤクルト) が豪快な決勝弾を見せてくれた。先発の森下暢仁 (広島) はプロ2年目ながら、堂々たるピッチングでアメリカ打線を寄せつけなかった。**日本は勝った。金メダル獲得**だ。 10
公開競技だった84年のロス五輪以来、正式競技としては初となる金メダルは本当に立派だった。こんな時代だからこそ、侍ジャパンのもたらした金メダルは勇気と感動の象徴となった。

歴史をひも解いてみると、およそ90年にわたるプロ野球の歴史において、試練や困難は何度もあった。戦後すぐの**焼け野原からの復興期**。95 (平成7) 年の**阪神・淡路大震災**。11年には**東日本大震災**も経験した。そして、この**新型コロナウイルス禍**……。 15

困難が訪れるたびに**「プロ野球と社会のあり方」**が問われ続けた。同時に**「プロ野球選手に何ができるのか?」**ということが議論となった。そのときどきの関係者、指導者、選手たちはみな、最善の方法を模索しつつ、暗闇の中を進んでいった。いまだ「絶対的正解」は見つかっていない。困難の渦中にある今も手探りの中で、その答えを、光を、探し続けている。 20

しかし、数々の激動の時代を乗り越え、人々に勇気と感動を与え続けた**プロ野球の力を決して侮ってはいけない**。確かに、我々は今、困難な時代を生きている。先の見えない暗闇の中で、大きな不安とともに生きている。それでも、希望の光は必ず差し込むはずだ。楽観論だと笑うなかれ。歴史が証明しているではないか。選手とファンは常に一丸となって立ち向かい、数々の困難に乗り越えてきたではないか。確かに今は「明快な答え」 25
は見つかっていない。先人たちの奮闘を学びつつ、今度は我々が意地と力と、勇気を見せる番ではないのか。困難な時代だからこそ、今こそ**「いつも心に野球を!」**の思いを忘れてはいけないのだ―― 30

35

ファンクラブ特典はマスク花盛りの時代へ

21年ファンクラブは、前年のコロナ騒動の渦中に企画、運営されているため、当然ながら「マスク特典」が多くつくこととなった。ヤクルトは「つば九郎・つばみマスクケース（抗菌）」が継続特典となり、1000円プラスすれば「2021　ＣＲＥＷマスクオプション」も。阪神は継続特典として、シックなデザインの「オリジナルマスクカバー」、ＤｅＮＡは全コースに「オリジナルマスクケース」が特典に。ソフトバンクはマスクケースに2種類のマスク付き。絶対的なワクチンが完成するまでは、数年の間は「マスク特典」がトレンドとなるのだろうか？

各球団さまざまな特徴が表れたオリジナル・マスク

さらば、偉大なる野球人・野村克也

20年2月11日、休日ならではの穏やかな朝のひととき。テレビのニュース速報で、その人の突然の死は全国に伝えられた。南海時代の65年には戦後初の三冠王に輝く偉大な打者だった。捕手としては緻密な理論と根拠に基づく配球を武器に弱体投手陣を巧みにリードした。兼任監督として活躍した後、ロッテ、西武で45歳まで現役を続けた。テレビ朝日解説者時代には「野村スコープ」で、次々と配球を的中させ、視聴者の度肝を抜いた。90年に満を持してヤクルトの監督に就任すると、弱小スワローズに黄金時代をもたらした。その後は阪神、アマチュアのシダックス、そして楽天の監督を歴任。彼が指

導した「野村チルドレン」は今では球界全体を席巻している。生涯一捕手、生涯一監督、そして生涯一野球人。本当にありがとうございました。そしてお疲れさまでした。合掌。

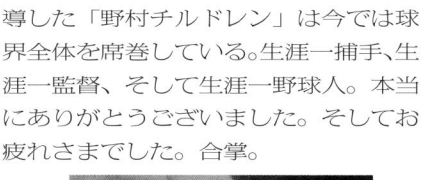

2020年代の年表

PART

1

現在からさかのぼる日本プロ野球史

原因があって、結果がある──。世の中の道理である。しかし、ときには結果から原因を分析することにも大いなる意義がある。現在から少しずつ過去にさかのぼっていくことで見えてくること、気づくこともある。現在のプロ野球の発展はどのような形でなされていったのか？　先人たちはどのような奮闘をしたのだろうか？　坂本勇人から松井秀喜、原辰徳、王貞治、長嶋茂雄と続く逆系譜。新たな視点で見えてくる日本プロ野球史をご紹介──。

東日本大震災とプロ野球

2010年代

2011年3月11日──。未曽有の災害に見舞われたこの日を境として、日本人の価値観は大きく変わり、プロ野球のあり方、存在意義も問われることとなった。電気、水道、ガスなどのライフラインにも事欠く中で、不要不急のプロ野球はどうあるべきなのか？　その存在意義が問われることに。東日本大震災とプロ野球。新たな命題とともに歩む日々が始まった──。

「プロ野球に何ができるのか？」を問われた10年

　　さまざまな抜本的改革を行った2000年代を経て迎えた2010年代。この10年間を覆っていたのは**11年3月11日の東日本大震災**がもたらした暗く重い影だった。多くの人々の命が失われ、莫大（ばくだい）な損害がもたらされた未曽有の大災害。日本中が悲しみに暮れ、呆然自失の中で**「プロ野球とは何か？」「プロ野球選手に何ができるのか？」**という根源的、かつ哲学的な問いが関係者に、そしてファンにももたらされることとなった。95年の阪神・淡路大震災の際に「がんばろうKOBE」がスローガンとなったように、今回もまた**「がんばろう東北」「がんばろう！日本」**を掲げ、一致団結して進んでいくこととなったのだ。

20

25

30

35

震災直後、セ・リーグは当初の予定通り３月25日の開幕を主
張し、パ・リーグは４月12日への延期を訴えた。決して一枚岩
ではなかった。それでも、電力事情はいまだ安定せず、計画停
電が行われている状況下においてはパの主張通り**４月12日の**
セ・パ同時開幕となるのは当然のことだった。電力不足は深刻
で４月中のナイター自粛も決まり、延長12回はそのままなが
ら、試合開始から３時間30分を過ぎた場合は新しいイニングは
行わない特例措置も次々と決められていくこととなった。４月
２、３日に行われた慈善試合の収益金１億396万円余は全額被
災地に寄付され、プロ野球の影響力の大きさを再確認すると同
時に「プロ野球とチャリティー」は今後のテーマとなっていく。

さて、90年代から始まり、00年代に加速した日本人メジャー
リーガーの流れは10年代になると完全に定着する。12年には
ヤクルト・青木宣親がブリュワーズ、日本ハム・ダルビッシュ
有がレンジャーズ、楽天・岩隈久志がマリナーズへ移籍。14年
には楽天・田中将大もヤンキースへ。日本のスター選手は着実
にアメリカでも実績を残すことが立証され、一流選手に限って

あの頃、
君は若かった

大谷翔平（花巻東）
2011年

２０１０年代はこんな時代

鳩山由紀夫、菅直人、野田佳彦による民主党政権で幕を開けた2010年代。
東日本大震災の傷跡が癒えぬ12年春、東京スカイツリー開業。同年の年末
からは安倍晋三による自民党長期政権がスタートする。竹島問題、慰安婦問
題などで日韓関係が急速に悪化
する中、16年にはイギリスが
ＥＵからの離脱を国民投票で可
決。スマホやタブレットが爆発
的に普及し、誰もがデジタルデ
バイスを持つ時代となった。子
どもたちは『妖怪ウォッチ』に
夢中で、奥様方は羽生結弦にウ
ットリ。島田紳助の突然の引退
でテレビ界は一気に世代交代が
加速することになる。

言えば、日米の彼我の差は完全に縮まったと言っていいだろう。

05年に楽天、ソフトバンクが球界参入したのに続き、11年オフにはＤｅＮＡの参入が正式承認され、翌12年シーズンから新たに**横浜ＤｅＮＡベイスターズ**が誕生することが決まった。携帯の人気ゲームサイト「モバゲー」を運営するＤｅＮＡは**「モバゲーベイスターズ」**という名称にこだわったというが、結局は無難なネーミングに落ち着いた。初代監督は中畑清。明るく新鮮なイメージで船出したものの、プロ野球史上3度目となる5年連続

最下位という不名誉な記録のスタートとなった。ＤｅＮＡが旋風を巻き起こすには数年を待たねばならなかった。

08年の北京五輪以降、オリンピックから野球が消えた。しかし、復活の契機となったのが13年9月、アルゼンチン・ブエノスアイレスで行われたＩＯＣ総会のことだった。この席上で2020年オリンピックの開催地が日本・東京に決まったのだ。東京での開催が決まり、**「野球復活」**が現実のものとなった。この時点では、まさかコロナ禍により開催延期の憂き目を見ることになると予想する者は誰もいなかっただろう。

「平成」ラストにイチローが現役引退

13年には**「低反発統一球問題」**が世間を騒がせた。「飛ぶボール問題」を解決すべく導入されたボールが、気がつけば誰にも知られずに元の「飛ぶボール」に戻っていた。一体、誰が何のためにそんなことを行ったのか？　加藤良三コミッショナーの引責辞任で幕引きをすれば済む問題ではなかった。

この年の球界で明るい話題は、チーム創設9年目、東日本大震災から2年のこの年、ついに**楽天が日本一**に輝いたこと。エースの**田中将大は24勝0敗**というとんでもない成績を記録。日本シリーズでは巨人を撃破し、星野仙一監督が仙台の空に舞った。ルーキーとしてはパ・リーグで55年ぶりに開幕投手を務

めた則本昂大が15勝を記録。文句なく新人王となった。また、この年はヤクルトのバレンティンが前人未到の**シーズン60本塁打**を記録。従来の巨人・王貞治らの持つシーズン55本を一気に塗り替えた。これでバレンティンは3年連続ホームラン王となり、史上初となる最下位チームからのMVPに選ばれた。

プロ野球誕生80周年の節目の年となる14年を経て、15年にはヤクルト・山田哲人、ソフトバンク・柳田悠岐がそろって、3割、30本、30盗塁以上の**「トリプルスリー」**を達成。またこの年には**「第1回プレミア12」**が開催されるが、小久保裕紀監督率いる侍ジャパンは準決勝で敗退。無念の涙をのむ。

「二刀流」挑戦で賛否両論となっていた日本ハム・大谷翔平は16年に球界最速となる165キロを計測も、翌17年が日本最終年となり、18年からは二刀流のままエンゼルスに入団する。16〜18年は広島がリーグ3連覇。ソフトバンクは圧倒的黄金時代を迎える中、19年3月21日、ついに**イチローが現役引退**。「令和」への改元までおよそ1カ月。「平成」の終わりを告げる、時代の転換期となる象徴的な出来事だった。

2019年3月、引退試合を終えたイチロー

2010	・1.17 巨人、阪神で活躍した小林繁が心不全のため死去。享年57 ・2.26 ネルソン（中）が銃弾1発を所持し、銃刀法違反で現行犯逮捕
2011	・統一球導入 ・3.24 東日本大震災の電力不足で開幕が4.12に延期 ・10.7 侍ジャパン常設化 ・12.1 横浜DeNAベイスターズ発足
2012	・3.8 セ・リーグ予告先発導入 ・10.25 ドラフト会議で大谷翔平を日本ハムが単独指名
2013	・4.16 長嶋茂雄と松井秀喜国民栄誉賞 ・10.14 バレンティン（ヤ）がシーズン60本塁打達成 ・11.3 田中将大（楽）が開幕から24連勝、楽天が初の日本一に
2014	・4.25 NPBは「侍ジャパン」事業を軸とした株式会社設立を決定 ・12.27 黒田博樹が広島と契約合意。日本球界復帰へ
2015	・山田哲人（ヤ）、柳田悠岐（ソ）がトリプルスリー達成 ・9.26 谷繁元信（中）が3021試合出場 ・10.1 秋山翔吾（西）が年間216安打 ・10.5 野球賭博問題発覚
2016	・3.15 コリジョンルール初適用 ・6.15 フロリダ・マーリンズのイチローがピート・ローズを超える日米通算4257安打を記録 ・9.10 広島が25年ぶりにリーグ優勝 ・10.16 大谷翔平（日）が球界最速となる165キロを計測
2017	・3.21 第4回WBCでベスト4
2018	・リクエスト制度導入
2019	・3.21 イチローが現役引退 ・5.20 上原浩治がSNSで引退表明

嶋基宏の歴史的名言

11 年の東日本大震災において、自らも被災者となった楽天ナイン。当時、選手会長だった嶋基宏は復興支援のための事前試合において、ファンの前で感動的なスピーチを披露した。「今、スポーツの域を超えた野球の真価が問われています」と述べた後、「見せましょう、野球の底力を。見せましょう、野球選手の底力を。見せましょう、野球ファンの底力を」と続き、「ともに頑張ろう東北。支え合おうニッポン」と続く。このスピーチは多くの人々の胸を打ち、流行語大賞にもノミネートされた。

2011 年 7 月、感謝のスピーチをする楽天・嶋選手

低反発統一球騒動

かねてから問題視されていた「飛ぶボール」問題を解決すべく、コミッショナー主導でミズノ社製の低反発統一球が導入されたのが 11 年のこと。従来の同社製よりも低反発素材のゴム材を使用した統一球は、投手に有利で「投高打低」現象を生み出した。これにより、打撃フォームを乱したり、バランスを崩したりする打者が続出した。ちなみに、西武・中村剛也だけは何も影響を受けずに 11 年に48 本塁打を放っている。しかし、13 年シーズンになると、突然ボールが飛ぶように。調査の結果、ＮＰＢ側がメーカーに対して球が飛びやすくなるように調整指示を出していたことが判明。変更の事実を隠蔽（いんぺい）するように指示していたことも明らかになると、導入を指揮した加藤良三コミッショナーの責任問題にまで発展。13 年 9 月に加藤氏は辞任を表明。新たに元東京地検特捜部長の熊崎勝彦氏の就任が決まった。しかし、その後も 14 年シーズン開幕直後の第三者機関による調査において、依然として基準値よりもボールが飛びやすくなっていたことが判明。現在は再び低反発球に。

2010 年
時点の
プロ野球の統一球

ソフトバンク黄金時代

05年に誕生したソフトバンクは
「カネは出すが口は出さない」孫正
5 義オーナーの下、着々と無敵のチー
ムを生み出した。秋山幸二監督
時代の10年にソフトバンクとし
ては初となるリーグ制覇を達成す
ると、翌11年は交流戦で11球団
10 すべてに勝ち越す完全優勝で2連
覇。8年ぶりの日本一に輝いた。続
く工藤公康監督時代になっても、
15、17、18、19、20年と何度も
日本一に。潤沢な資金による選手
15 補強とぜいたくな育成システムは
他球団の追随を許さない。まさに、
この世の春を謳歌（おうか）しているのだ。

20

SBOからBSO表記に

25 10年代は規定変更が相次いだ。10年1
月の審判員会議において「国際試合出場
が増えたため」という理由で審判員のボ
ールカウントコールを従来とは逆に「ボ
ール、ストライク」の順にすることを決
30 定。全国の球場のカウント表示板が変更
されることに。16年からはアメリカにな
らって本塁での衝突（コリジョン）を避
けるべく、走者による
捕手への接触、捕手に
35 よる走路のブロックが
禁じられた。さらに10
年からはビデオ判定を
導入。18年にはリプレ
ー検証「リクエスト制
40 度」がスタートした。

「S」と「B」の表示が入れ替えられたスコアボード

12球団ファンクラブ評論家Ⓡ

04 年の球界再編騒動の渦中において、各球団は「今こそ真のファンサービスを」と口にした。そんな折、「各球団のファンサービスの取り組みを理解するには全球団のファンクラブ（ＦＣ）に入会すればいいのでは？」と思いつき、翌 05 年から 12 球団のＦＣに入会した男がいた。その男は毎年全球団ＦＣに入会を続け、14 年には 10 年目を迎えた。そこで調子に乗った男は特許庁に出向いて「12 球団ＦＣ評論家Ⓡ」を商標登録申請。見事に受理されて正式にその肩書を名乗り、現在も活動中。いつの世にもバカな人もいるものだ。

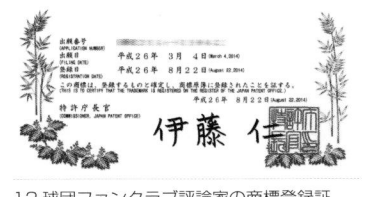

12 球団ファンクラブ評論家の商標登録証

2010 年代の甲子園スター

「琉球トルネード」こと島袋洋奨を擁する興南高校の春夏連覇で幕を開けた 2010 年代。12 年春には大阪桐蔭対花巻東、藤浪晋太郎対大谷翔平の対決が話題を呼んだ。大阪桐蔭は春夏連覇。13 年夏は前橋育英が初出場、初優勝。2 年生エースの高橋光成は後に西武へ入団。14 年は健大高崎の「機動破壊」が衝撃的。高校野球 100 年の節目の 15 年は早実・清宮幸太郎が注目の的。16 年の「高校ビッグ 3」は寺島成輝（履正社）、藤平尚真（横浜）、高橋昂也（花咲徳栄）。18 年夏は節目の 100 回大会。

2012 年、大阪桐蔭の藤浪晋太郎から、大谷翔平が本塁打を放つ

早大の大石達也が6球団、斎藤佑樹が4球団から指名された10年ドラフト。11年は日本ハムが菅野智之を強行指名も、入団拒否。翌12年に晴れて巨人入り。この年、日本ハムはメジャー志望の大谷翔平を強行指名。見事に入団にこぎつけた。15年にはヤクルト・真中満監督がまさかの勘違いでむなしいガッツポーズを披露。17年には清宮幸太郎を外したヤクルトが村上宗隆を指名。18年は根尾昂と小園海斗がそれぞれ4球団の重複。佐々木朗希と奥川恭伸は19年の目玉として、注目の的に。

右から日本ハム1位の斎藤、西武1位の大石、広島1位の福井高山俊選手の交渉権を獲得したと勘違いし喜ぶヤクルトの真中監督

激震、球界再編騒動!

2004 年、球団の合併反対を訴える近鉄ファン

球団合併断固反対!

合併断固阻止

まさかの肩透かしだった「2000 年問題」で幕を開け、20 世紀から 21 世紀に突入した 2000 年代は、プロ野球界も激震到来。04 年、近鉄とオリックスの合併騒動に端を発した「球界再編問題」により、選手会は「2リーグ制存続」を訴えて史上初となるストライキを敢行。「このままじゃいけない」「何か手を打たねば」という危機感とともに改革路線を歩む激動の時代が訪れた。

さまざまな騒動を経て、改革の兆しが

　「ノストラダムスの大予言」を無事に乗り越えた直後に起きた「2000 年問題」は、まさかの肩透かし。この年、長嶋巨人と王ダイエーが日本シリーズで激突。球界を牽引してきた**「ON対決」**で華々しく幕を開けたプロ野球界は 1990 年代からの流れが加速し、**日本人メジャーリーガーが続々と誕生**する。00 年佐々木主浩（マリナーズ）、01 年イチロー（マリナーズ）、新庄剛志（メッツ）、03 年松井秀喜（ヤンキース）、07 年松坂大輔（レッドソックス）など、枚挙にいとまがないほど。日米を股にかけるスター選手の誕生は球

界に明るい話題をもたらした一方で、04 年には明治大学の一場靖弘をめぐる、いわゆる**「一場事件」**が発覚。ドラフト自由枠での獲得を目指していた複数の球団が「栄養費」などの名目で裏金を支払っていたことが明らかに。球団上層部が次々と更送

5 される大きな問題となり、翌年以降のドラフト改革が進められるきっかけとなる。

　さらにこの年、球界を大きく揺るがしたのが、後に**「プロ野球再編問題」**と呼ばれる大騒動だ。6 月 13 日、オリックス

10 と近鉄の合併構想が表面化。経営難に苦しむオーナーの一部が**「10 球団 1 リーグ制」**を画策していることが判明。これに対して、日本プロ野球選手会、そしてファンは猛反発。古田敦也選手会長が「オ

15 ーナーと会いたい」と発言すると、巨人の渡邉恒雄オーナーが**「無礼なことを言うな。分をわきまえなきゃいかんよ。た**

ナベツネ 発言の真相

21 年に放送された NH K スペシャル『独占告白 渡辺恒雄〜戦後政治はこうして作られた　平成編 〜』でナベツネ氏は「たかが選手」発言について言及。セリフの一部のみを切り取られて曲解されたことを憤っていた。

20 ## ２０００年代はこんな時代

　コンピュータートラブルが懸念された「2000 年問題」では大きな問題も起きずに幕を開けた 2000 年代。「神の国」発言の森喜朗はあっという間に政権から去り、小泉純一郎は郵

25 政民営化を推し進めた。アメリカでは同時多発テロが起き、国内ではヒルズ族の台頭とワーキングプアに象徴される本格的「格差社会」が到来した。ゆとり教育への批判が高まり、モンス

30 ターペアレンツも社会問題化。アメリカのリーマンショックは日本経済も直撃。『M−1 グランプリ』が始まったのは 01 年。初代王者は中川家だった。

米中枢に同時テロ

数千人規模の死傷者

貿易ビル・国防総省・国務省に標的

大統領府・国務省もハイジャック機突入

35

かが選手が」と発言し、問題は泥沼化していく。そして、9月18、19日の両日に予定されていたプロ野球は全試合が中止。史上初の**ストライキ権の行使**となった。**ライブドアのホリエモンこと堀江貴文**と、**楽天・三木谷浩史**による球界参入騒動を経て、結局、**50年ぶりの新球団として東北楽天ゴールデンイーグルス**が誕生。2リーグ制が存続されることとなって、どうにか一件落着となった。このときダイエーはソフトバンクに身売り。新たに福岡ソフトバンクホークスが誕生する。前述のライブドア、楽天、そしてソフトバンク。勢いに乗るIT業界の雄が球界参入に意欲的だったのがこの頃の特徴だ。

　こうした一連の変革を経て、翌05年は**「プロ野球改革元年」**と言えるかもしれない。この年からセ・リーグとパ・リーグが公式戦で激突する**交流戦**がスタート。ドラフト制度も改革され、若手選手にチャンスを与えるべく**育成ドラフト**もスタートする。従来の「自由獲得枠」は「希望入団枠」へと改められたが、この時点ではまだ単に名称が替わっただけに過ぎないものだった。また、「アジアを一つに」という理念の下、韓国、台湾などのクラブチームチャンピオンが激突する**「アジアシリーズ」**がスタート。日本代表のロッテが初代アジア王者に輝いた。

　さらに、ペナントレース終盤の「消化試合」を減らすべく、日本シリーズ進出をかけた上位3チームによるプレーオフゲーム制度もこの年から始まった。後に**「クライマックスシリーズ」**と名づけられ。現在では完全に定着している。

2度のWBCと3度のオリンピック大会が実現

　05年4月29日には愛媛県松山市の坊っちゃんスタジアムにて**「四国アイランドリーグ」**がスタート。四国四県、それぞれがチームを持つ日本初の独立リーグ誕生の瞬間だった。これを契機として、07年には**「北信越ベースボール・チャレンジ・リーグ」**、通称BCリーグが、09年には関西地方を拠点とした**「関西独立リーグ」**が続々と登場。経営難で誕生と消滅を繰り返しつつも、草の根的に活動を続けている。

　06年からはメジャーリーグ機構（MLB）とMLB選手会の主催で世界一決定戦**「ワールド・ベースボール・クラシック**（WB c)』が始まった。王貞治監督で臨んだ06年の第1回大会ではアメリカで行われた第2ラウンドで1勝2敗と苦戦したものの、失点率による大会規定で準決勝に進出。韓国、キューバを撃破して初代王者に輝いた。原辰徳が率いた09年の第2回大会では第1ラウンドを2位通過、第2ラウンドでは韓国に敗れたものの、敗者復活戦に勝利して何とか勝ち進む。準決勝でアメリカ、決勝で韓国を破って**大会2連覇を実現。2大会連続で松坂大輔が大会MVPに輝いた。**

一方、00年代は3つのオリンピックが開催された。**00年シドニー五輪では初めてプロが参加。**西武・松坂大輔、ヤクルト・古田敦也らとアマチュア戦士との混成チームで臨むもメダル獲得はならず。続く**04年アテネ五輪は長嶋茂雄監督の下、「オールプロ」で臨んだ大会**だったが、04年3月4日、長嶋が脳梗塞で倒れるという不測の事態が発生。中畑清が代役となったが、銅メダルに終わった。**08年の北京五輪では星野仙一監督の下、捲土重来を期したが3位決定戦でアメリカに完敗。以降、21年の東京五輪までオリンピックでの野球競技は実現しなかった。

球界改革と野球の国際化が急速に進んだ00年代は、まさに21世紀のプロ野球の礎となった10年間となった。

2000	・9.27 シドニー五輪でプロアマ合同の全日本チームは4位に ・10.21 日本シリーズでON対決
2001	・シアトル・マリナーズのイチローがア・リーグ新人王、MVPに
2002	・1.15 横浜、マルハの所有する球団の株式をTBSに譲渡 ・9.2 日本ハムの名物オーナー・大社義規が辞任を発表
2003	・3.31 グリーンスタジアム神戸がNPB史上初となる命名権販売で「Yahoo! BB STADIUM」に改称
2004	・6.13 オリックスと近鉄の合併構想が表面化。プロ野球再編問題。 ・8.25 アテネ五輪で中畑清監督率いる日本代表が銅メダル獲得 ・9.16 ライブドア新規参入を申請 ・9.18、19 史上初のストライキ ・10.3 イチローが年間262安打達成 ・10.18 ソフトバンク・孫正義社長が、ダイエー買収を表明 ・11.2 楽天の球界参入が正式決定
2005	・4.29 四国アイランドリーグ開始 ・5.6 セ・パ交流試合開始 ・11.13 第1回アジアシリーズでロッテが初代アジア王者に ・12.1 育成制度導入を決定
2006	・3.21 第1回WBCで王貞治監督率いる日本代表が優勝
2007	・7.13 ガトームソン（ソ）、「飲む発毛剤」でドーピング。出場停止処分に
2008	・8.29 北京五輪日本代表は4位に
2009	・3.10 道頓堀のカーネル・サンダース人形が24年ぶりに発見される ・3.24 第2回WBCで優勝 ・11.4 ニューヨーク・ヤンキースの松井秀喜がワールドシリーズMVPに

二段モーション

ライブドア・フェニックス

04 年の球界再編騒動の際にいち早く球界参入を訴えたライブドア・堀江貴文。公募の結果、チーム名を「ライブドア・フェニックス」とすることが決まり、元阪神のトーマス・オマリーを監督に指名。仙台を本拠地とすることも決めた。世論はホリエモンに好意的だったが、他球団オーナー陣は堀江に反発。結局は楽天・三木谷浩史が参入を決めることになる。それでも、ホリエモンは 04 年 12 月に感謝イベント「フェニックスフェスタ」を開催。幻の球団ロゴマーク入りグッズも限定発売された。

2005年、楽天・岩隈久志選手の投球フォーム

2004年、近鉄のユニフォームを着て応援する堀江貴文氏

投球動作の際に、一度上げた足を上下させたり、停止したりする独特な投球フォームのこと。打者のタイミングを狂わす利点があったが、06 年からは厳格に禁止され、三浦大輔（横浜）、斎藤和巳（ソフトバンク）、岩隈久志（楽天）らが、フォーム修正を余儀なくされた。新たな規定に適応できずに、引退せざるを得ない選手も多く現れたが、この規定は「日本独自の注釈であり、国際基準に合わせるため」という理由で 18 年からは二段モーション解禁。二転三転、この 12 年間は一体、何だったのだろう？

2000年代の甲子園スター

この10年間で、もっとも世間の注目を浴びたのが06年夏のことだった。早実の「ハンカチ王子」こと斎藤佑樹と、駒大苫小牧の田中将大の息詰まる投げ合いは決勝再試合の激闘となった。03年夏にはダルビッシュ有（東北）が注目を浴びるも、決勝では今大会限りでの引退を公言していた木内幸男監督率いる常総学院が優勝。07年に「高校生ビッグ3」と呼ばれたのは佐藤由規（仙台育英）、中田翔（大阪桐蔭）、唐川侑己（成田）だ。08年は筒香嘉智（横浜）、09年は花巻東の菊池雄星が話題に。

最後の打者・田中将大選手を打ち取り、歓喜の早稲田実の斎藤佑樹投手

ブラウン監督のベース投げ

06〜09年までは広島で、翌10年は楽天で監督を務めたマーティー・ブラウンは在任5年間で実に12回の退場処分を受けている。もちろん、監督としての史上最多回数。初めての退場劇となった06年5月7日の対中日戦では、判定に納得のいかないブラウンは一塁に向かって歩き出し、ベースをひっこ抜いて投げ捨てた。もちろん明らかに審判に対する侮辱行為であるが、ファンの喝采に気をよくしたブラウンは、以降もこのパフォーマンスを披露。ベースを投げる姿をモチーフにしたグッズも販売された。

ネーミングライツ

球団経営の一環として球場名を企業に販売する命名権のこと。00年代から急速に普及していき、たとえば西武ドームは「インボイスＳＥＩＢＵドーム」「グッドウィルドーム」「西武プリンスドーム」、そして現在の「メットライフドーム」となり、楽天の本拠地、県営宮城球場は「フルキャストスタジアム宮城」「日本製紙クリネックススタジアム宮城」「クリネックススタジアム宮城」「楽天Ｋｏｂｏスタジアム宮城」「Ｋｏｂｏパーク宮城」、そして現在の「楽天生命パーク宮城」と、何度変遷したのか正確に答えるのはとても難しい。ここテストに出るよ！

2014年、楽天Ｋｏｂｏスタジアム宮城

2007年、フルキャストスタジアム宮城

Ｆ１セブン

阪神監督３年目を迎えていた野村克也が01年に提唱した俊足ユニットのこと。１号車の赤星憲広から始まり、藤本敦士、沖原佳典、上坂太一郎、平下晃司、松田匡司、高波文一と続く。野村退任後の星野仙一監督時代に引き継がれることはなく、01年限りで自然消滅してしまった。「赤星以外はそんなに速くなかった」と言われたり、「秀太が入っていない」「ノムさんの単なる思いつき」と揶揄されることもあったが、野村退任後もしばしば話題となり、そのインパクトはとても強烈だった。

松坂世代の台頭

2000年代になると、1980年生まれ（81年早生まれ）の松坂世代が大活躍。西武・松坂大輔を筆頭にダイエー・和田毅、新垣渚、杉内俊哉、巨人・木佐貫洋、久保裕也、矢野謙次、ヤクルト・館山昌平、横浜・村田修一、阪神・藤川球児、久保田智之、広島・梵英心、永川勝浩、東出輝裕、日本ハム・森本稀哲、多田野数人、小谷野栄一、ロッテ・久保康友、楽天・平石洋介などなど、実力派選手が各チームにそろった。彼らが40代を迎えた20年オフの時点で現役を続けているのは松坂と和田のみも、21年限りで、松坂は引退。

松坂大輔（右）を筆頭に杉内俊哉（中央）、和田毅など球界を代表する選手が活躍した

2000年代のドラフト会議

00年代最初のドラフトの目玉は巨人に1位指名された阿部慎之助（中大）。01年は日南学園の寺原隼人に4球団が重複し、ダイエー入りが決まった。03年は近鉄にとって最後の、そして04年は楽天にとって最初のドラフトに。05年からは「高校生」「大学・社会人」と2度に分けて開催され、06年は駒大苫小牧・田中将大が4球団から指名されて楽天入り。08年には分離ドラフト撤廃。従来のスタイルに。09年からは東芝がスポンサーとなり、一般観覧が可能に。ドラフトのエンタメ化がますます進む。

楽天に指名された駒大苫小牧の田中将大投手

平成野球新時代の幕開け！

1990

ここから

「昭和」が終わり、「平成」時代が訪れた。バブル景気に沸きに沸いた90年代初頭から、後に「失われた20年」と評される閉塞感漂う世紀末が訪れる。野茂英雄が海を渡り、「日本人メジャーリーガー」として、新たな時代を切り開いた。長嶋茂雄は再び、巨人監督に復帰。Jリーグブームに象徴されるスポーツの多様化の渦中で、プロ野球は新時代を迎えることになる。

「長嶋対野村」の構図がセ・リーグを盛り上げる

バブルである。地価は高騰し、株価は天井知らずで上がり続け、日本人のメンタリティーも知らず知らずのうちにイケイケ気分に包まれていた1990年代初頭。前年の**「豊作ドラフト」**を受け、90年シーズンは野茂英雄（近鉄）を筆頭に、潮崎哲也（西武）、古田敦也（ヤクルト）ら、88年ソウル五輪メンバーが一挙にプロ入り。佐々木主浩（大洋）、佐々岡真司（広島）、小宮山悟（ロッテ）、与田剛（中日）など、後に球界を代表する新星が相次いでデビューする華々しい幕開けとなった。

その一方で、昭和時代に続いて、野球人気は不動かと思いきや、大相撲の世界では**「若貴ブーム」**が起こり、93年には満を持してプロサッカーリーグ**「Jリーグ」**が誕生。立ち技系格闘

技の**Ｋ１グランプリ**や**Ｆ１**中継も高視聴率を記録し、「プロ野球一強時代」に陰りが見え始めたのもこの頃のことだった。

　ここで救世主のごとく登場したのが、長過ぎる浪人生活に、ついに終止符を打った長嶋茂雄。92年オフに**12年ぶりに巨人監督に就任**すると、いきなりドラフト会議で**松井秀喜**（星稜高）を抽選で引き当てる「持ってる男」っぷりを存分に発揮する。この頃、ヤクルトの監督を務めていたのが**「月見草」**野村克也。長嶋に対するライバル心、対抗心、敵愾心（てきがい）を微塵（みじん）も隠すことなく、マスコミを使って「長嶋口撃」に余念がない。90年代セ・リーグは「長嶋対野村」の構図がファンの関心を煽（あお）ったのは間違いない。野村は**「ＩＤ**（Import Data）**野球」**を掲げて、長嶋の**「カンピュータ」**に対抗。90年代には、92、93、95、97年と4度のリーグ制覇。3度の日本一に輝いている。特に、森祇晶監督率いる西武と激突した92、93年の詰むや、詰まざるや

あの頃、
君は若かった

松井秀喜（星稜）
1992年

１９９０年代はこんな時代

　来るべき21世紀を前に、経済は絶頂からどん底へ。バブルに浮かれ、バブルがはじけた10年間。政治に目を転じれば、93年に細川護熙が第79代内閣総理大臣に就任。「新党ブーム」に乗って、ついに「55年体制」を崩壊させた。95年1月17日には阪神・淡路大震災で、多くの方が被害に遭われた。90年代前半はジュリアナ東京に象徴されるワンレン、ボディコン女性が街を闊歩（かっぽ）し、中盤以降は渋谷を中心にガングロ、ルーズソックスのコギャルたちが、我が世の春を謳歌した。ＩＴ技術の爆発的普及もすぐそこに。

死者1681人 不明1017人

8000戸が損壊、救出難航

兵庫南部地震　延焼、夜も続く

の激戦はいずれも第7戦までもつれ込み、ともに一度ずつ日本一に輝き、**「史上最高の日本シリーズ」**との呼び声が高い。

対するパ・リーグは80年代からの**「西武黄金時代」**がピークを迎えることに。90年は巨人、91年は広島、92年はヤクルトを撃破し、3年連続日本一に。しかし、このときを頂点に、その後の西武は少しずつ下降していくこととなる。92年にはロッテが川崎から千葉に本拠地を移転。閑古鳥の鳴く**「川崎劇場」**はついに閉幕することとなったが、95年には**ボビー・バレンタイン監督**が就任して10年ぶりのAクラスに輝いた。

95年という年は日本にとって転換期となる一年だったのかもしれない。「Windows95」が発売され、少しずつ家庭用コンピューターが普及し始めたこの年、地下鉄サリン事件とともに、人々の胸に大きな傷跡を残したのが1月17日午前5時46分の阪神・淡路大震災だった。被災地となった神戸を本拠地とするオリックス・ブルーウェーブは**「がんばろうKOBE」**のスローガンを掲げて奮闘。イチローを中心に見事に優勝。この年は日本シリーズでヤクルトに敗れたものの、翌96年は巨人を撃破し、悲願の日本一に輝いた。Jリーグの掲げる**「地域密着」の理念**は、当然野球においても、大きな力となることが実証された。

野茂の挑戦、イチロー、松井、松坂の台頭

同じく95年、この時代のエポックメーキングとなったのが野茂英雄のメジャー挑戦だった。94年オフ、近鉄との契約交渉が不調に終わり、球団は野茂を任意引退とした。これを受けて野茂はメジャー挑戦を表明。ロサンゼルス・ドジャース入りを決めた。当時は野茂に対して「ルール違反だ」「どうせ通用しない」という冷ややかな声も少なくはなかったが、彼は自らの実力でその声を封印し、95年には全米に**「NOMOフィーバー」**を巻き起こす大活躍。ダイナミックなトルネード投法は日本だけでなく、世界の野球ファンを魅了することとなった。野茂の活躍により、長谷川滋利（オリックス）、伊良部秀樹（ロッテ）、吉井理人（ヤクルト）など、多くの日本人メジャーリーガーが誕生。先駆者としての野茂の功績は計り知れない。90年代は**92年バルセロナ五輪、96年アトランタ五輪**が行われた。後に「高速スラ

イダー」で名を馳せる伊藤智仁（三菱自動車京都）が活躍したバルセロナは銅メダル。アトランタは銀メダルという結果に終わった。

相次ぐスター選手の海外移籍に対して、**「国内野球の空洞化」**を嘆く声も多かった。しかし、国内では94年に**イチローがシーズン200安打を達成**し、一躍スターダムを駆け上る。巨人の松井秀喜は**伝説の「10・8」**でダメ押し弾を放つなど、瞬く間に球界を代表する四番打者に成長する。

そして、日本中を興奮のるつぼに巻き込んだのが**横浜高校の松坂大輔**だった。80年に大活躍した荒木大輔から名づけられた少年は、98年の夏に伝説を作り、第2次「大ちゃんフィーバー」を呼び起こした。この年には、権藤博監督率いる横浜が38年ぶりに日本一に。**「マシンガン打線」**は流行語になった。

88年の東京ドームに続いて、その後も福岡、名古屋、大阪、札幌、所沢に相次いでドーム球場が誕生。野球界は新たなフェーズに突入することになる。その一方で、地上波における視聴率は徐々に低下。スポーツの多様化の影響は確実に2000年代の野球界に忍び寄ることになっていく――。

史上最高の呼び声高い1992年の日本シリーズ

1990年代の年表

1990	・3.30 桑田真澄（巨）、登板日漏洩疑惑で謹慎処分 ・5.16 広島対巨人戦で「クモ男」乱入。ネットによじ登り「巨人は永遠に不ケツデス」の垂れ幕を吊るして逮捕 ・7.24〜25 オールスターで野茂英雄（近）対落合博満（中）が実現。25日は落合が豪快な一発を見舞う
1991	・8.25 浪人中の長嶋茂雄、世界陸上の特別リポーターに。カール・ルイスに「カール！ カール！」と絶叫するも、スルーされてしょんぼり
1992	・8.5 野球が正式種目となったバルセロナ五輪で日本代表が銅メダル獲得 ・10.12 長嶋茂雄12年ぶりに巨人監督に復帰、松井秀喜をドラフトで指名
1993	・ドラフトの逆指名制度、フリーエージェント制（FA）が導入
1994	・9.7 巨人・長嶋監督、原辰徳に代わって「代打一茂」を起用。結果はあっさりサードゴロ。チームも敗れる ・伝説の「10.8」
1995	・ロサンゼルス・ドジャースの野茂英雄が、ナ・リーグ新人王に
1996	・7.21 イチローがオールスター戦で登板 ・8.2 アトランタ五輪で日本代表チームが銀メダル獲得 ・「メークドラマ」で、長嶋茂雄が流行語大賞を受賞
1997	・プロ野球脱税事件
1998	・7.8 ロッテ、泥沼の18連敗 ・8.22 松坂大輔を擁する横浜高校が甲子園春夏連覇 ・10.26 マシンガン打線が大爆発。横浜が38年ぶりの日本一に
1999	・4.7 ゴールデンルーキー・松坂大輔（西）プロ初先発で155キロを計測

1990年代の甲子園スター

92年夏、「5連続敬遠」で話題となったのが松井秀喜（星稜）。監督の指示を忠実に実行した明徳義塾の背番号「8」のエース、河野和洋には同情が集まった。94年夏は佐賀商業がノーマークから初優勝。95年はPL学園の福留孝介が1回戦で2打席連続ホームランを放ったことも印象深い。そして、98年は「平成の怪物」松坂大輔（横浜）が完全無双の春夏連覇を達成。しかも夏の決勝戦ではノーヒットノーラン。マンガのような活躍ぶりは社会現象になった。この年の「松坂世代」は大豊作の世代。

1998年、夏の甲子園決勝で無安打無得点試合を達成した松坂大輔投手

1990年代のドラフト会議

前年の89年ドラフトに続いて、90年は小池秀郎（亜大）に8球団が重複指名。「最も避けたかった」ロッテに指名されて入団拒否という波乱の幕開け。91年はドラフト4位で鈴木一朗（愛工大名電）がオリックス、中村紀洋（渋谷）が近鉄へ。92年の目玉はもちろん「ゴジラ」松井秀喜（星稜）。93年からは逆指名制度導入で、初めて「抽選ナシ」という事態に。95年は福留孝介（PL学園）に7球団。98年は松坂大輔（横浜）に3球団。新制度導入で、新たな時代に突入した90年代のドラフト会議。

星稜高の松井秀喜選手を引き当ててガッツポーズの巨人・長嶋監督

がんばろうKOBE

阪神・淡路大震災で大打撃を受けた神戸を本拠
地とするオリックス。開幕ダッシュには失敗し
たが、前年に続いて２年連続ＭＶＰに輝くこと
になるイチローが躍動し、投げては長谷川滋利、
星野伸之、野田浩司がシーズンを通じて抜群の
安定感を示した。仰木彬監督率いるオリックス
は「がんばろうＫＯＢＥ」のスローガンの下、見
事にリーグ優勝を果たした。95年はヤクルトに
敗れたが、翌96年は「メークドラマ」で大逆
転優勝を果たした長嶋ジャイアンツを撃破して
日本一に。神戸市民に夢と感動と勇気を与えた。

右肩に「がんばろうKOBE」のワッペン

ドーム球場誕生ラッシュ！

80年代を支えた「昭和の球
場」が相次いで姿を消し、続々
とドーム球場が誕生した90
年代。93年にはダイエーが日
本初となる開閉式の福岡ドー
ムを開場。97年には中日がナ
ゴヤドーム、近鉄が大阪ドー
ムを本拠地とする。球場
が広く、大きくなったこ
とで、守備を中心とした
手堅い野球へと変容した
のもこの頃のこと。99年
には「平成の怪物」松坂大輔
の入団に合わせるかのように
西武ドームをオープン。屋根
を架設した形状のため、虫や
枯れ葉が舞い込んだり、横殴
りの雨に難儀する情緒あふれ
るドーム球場（笑）。

1995年、屋根の取り付け工事が始まったナゴヤドーム

日本初の開閉式屋根球場の福岡ドーム

野村の哲学！ ID野球

1997年、日本シリーズで優勝し、胴上げされる野村監督

90年にヤクルト監督となった野村克也は就任早々、頭を使った野球を徹底させるべく「ＩＤ（データ重視）野球」をスローガンに掲げた。キャンプでは連日連夜、人生訓を中心とした哲学的な内容が続いて選手たちを面食らわせた。しかし、就任時に「1年目は種をまき、2年目は水をやり、3年目に花を咲かす」と宣言した通り、就任3年目となる92年に14年ぶりのリーグ制覇を実現。翌93年にはついに王者・西武を倒して日本一に。98年までの在任期間中、4度の優勝、3度の日本一に導き、ヤクルトに黄金時代をもたらした。

国民的行事「10・8」

1994年、最終戦で同率首位の中日を破り優勝を決めた巨人

ともに69勝60敗で並んだ最終130試合目の中日対巨人戦。それが、94年10月8日のことだった。もちろん、勝った方が優勝の大一番。巨人・長嶋監督は自ら「国民的行事」と称し、日本中が注目した一戦。巨人は槙原寛己、斎藤雅樹、そして桑田真澄と、当時の主力三本柱を惜しげもなく投入。一方の中日・高木守道監督は山本昌、郭源治を温存。対照的な両チームの継投は、勝利への執念に勝る巨人が6対3と完勝。見事に優勝を飾った。前年に監督復帰した長嶋にとっては17年ぶりの胴上げ。

NOMOフィーバー

渡米当初、誰もが「はたしてメジャーで通用するのか？」と期待と不安を抱いていたが、野茂は一瞬で全米を巻き込む大スターに。身体全体をダイナミックに使った独特の投げ方は「竜巻」を意味する「トルネード投法」と呼ばれた。熱狂的なファンやメディアは「ＮＯＭＯマニア」と称され、ＮＯＭＯグッズは飛ぶように売れて品切れ状態が続き、ＢＳ中継も軒並み高視聴率を記録。野茂とバッテリーを組んだドジャースのマイク・ピアッツァまで日本企業のＣＭに出演。日米における野茂人気はすさまじかった。

ドジャースの野茂英雄投手の背番号入りの野球用品が大人気となった

マシンガン打線

70年代、80年代と不遇の時代を過ごしてきた大洋ホエールズ。球団名が横浜ベイスターズに替わっても、チーム成績は何も変わらなかった。しかし、三原脩監督の下で優勝した60年から、実に38年ぶりに横浜は歓喜の瞬間を迎える。その原動力となったのが一番・石井琢朗から始まるマシンガン打線だった。波留敏夫、鈴木尚典、ローズ、駒田徳広、佐伯貴弘、谷繁元信と続く超強力打線が大爆発。日本シリーズでは東尾修監督率いる西武を4勝2敗で撃破。38年ぶりの日本一に横浜の街は歓喜に沸いた。

1985年、優勝して胴上げされるランディ・バース

長嶋茂雄が巨人を去り、王貞治が現役引退した1980年。時代を牽引した「ON」が表舞台から退き、いやが応でも新時代の到来を予感させた。好景気に沸く世の中と歩調を合わせるように、テレビ中継は軒並み高視聴率を記録。観客動員もアップし続ける一方、関西の名門球団の身売りも相次いだ。悲喜こもごも、後に黄金時代と称される1980年代とはどんな時代だったのか？

「ON」なき後の新時代が、華々しく到来

糸井重里が作詞をし、加藤邦彦が作曲をした、沢田研二の『TOKIO』発売とともに幕を開けた1980年代。高度経済成長期が終わり、爛熟期を迎えた日本社会と軌を一にするように、プロ野球も黄金時代を迎えようとしていた。

80年シーズン終了後、巨人の長嶋茂雄は**「男のケジメ」**と発言し、監督職を退任。しかし、実質的には「解任」だったため、抗議の意を込めて**「読売新聞不買運動」**が大騒動に。また、この年限りで王貞治が現役引退。**868本という前人未到の大記録**を残して「世界の王」はユニフォームを脱いだ。この80年という年は、後に「松坂世代」として、スター選手を多数輩出することになるのだが、それは「2000年代」の項で詳述した。

グラウンドではＶ９の立役者であり、グラウンド外では野球人気を牽引したＯＮにひと区切りついたことで、プロ野球にも新時代が訪れる。その象徴が**球界の盟主の交代劇**だった。ここまで、自他ともに認める「球界の盟主」である巨人が、初めて

5 日本シリーズで西武ライオンズと戦ったのが８３年のことだった。この年、元巨人の広岡達朗率いる西武は、藤田元司率いる巨人を撃破。さらに、８７年には西武・森祇晶と、巨人・王貞治両監督が激突するものの、西武が４勝２敗で圧勝。特に第６戦の**クロマティの緩慢プレー**の隙をつく西武・辻発彦の神走塁は

10 「盟主交代」を強く印象づけることとなった。

８４年にはアメリカで**ロサンゼルス五輪**開催。公開競技ではあるものの、初めて野球が採用され、日本からもオールアマチュア選手で参加。後にプロ入りする伊東昭光（本田技研→ヤクルト）、宮本和知（川崎製鉄水島→巨人）、正田耕三（新日本製鉄広畑→広島）、広沢克己

15 （明治大→ヤクルト）らが活躍して**金メダルを獲得**した。続く８８年、韓国・**ソウル五輪**では野茂英雄（新日本製鉄堺→近鉄）、古田敦也（トヨタ自動車→ヤクルト）、野村謙二郎（駒沢大→広島）ら、そうそうたる顔ぶれが

圧縮バット
使用禁止に

バットの木目に樹脂を注入して圧縮することで、丈夫で高反発のバットを人工的に製造。本塁打が出やすくなると言われていたが、８１年から全面使用禁止となる。

1980年代はこんな時代

1970年代までの高度経済成長期がひと区切り。経済的にも、文化的にも爛熟期を迎えた1980年代。時の首相は大平正芳、鈴木善幸、中曽根康弘、竹下登、宇野宗佑、海部俊樹。全国で校内暴力が問題となり、いじめ問題も表面化。国鉄は民営化され、87年4月1日にＪＲが誕生。経済面では世界的な円高が進行し、80年代後半からは超低金利政策によるバブル経済が発生。地価も、株価も急上昇する狂乱ハッピーな時代を迎えた。女子大生ブームから、おニャン子クラブに象徴される女子高生ブームが起きたのも80年代。

新元号「平成」を発表する小渕官房長官（当時）

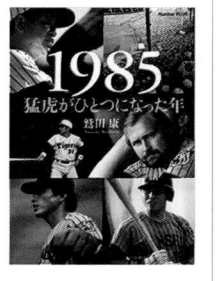
並んだものの、**惜しくも銀メダル**に終わった。

80年代において、世間を巻き込む一大ブームを巻き起こしたのが85年の**「猛虎フィーバー」**だった。長すぎる暗黒時代を吹き飛ばすかのように、この年の阪神はランディー・バース、掛布雅之、岡田彰布の超強力クリーンアップが大暴れ。「新ダイナマイト打線」は打って打って打ちまくった。日本シリーズでも広岡西武を撃破。チーム史上初の日本一に輝いた。大阪を中心に日本中が沸きに沸き、空前の大ブームを巻き起こしたが、「バースに似ているから」と、興奮したファンによって道頓堀に投げ捨てられたケンタッキーフライドチキン店頭のカーネル・サンダース人形が発見されたのは23年も経過した2009年のことだった。

名門球団が消滅し、ドーム球場が誕生した88年

バブル景気に沸く80年代。その影響はプロ野球界にも及んだ。88年、関西の老舗球団である**南海ホークスが流通業界の雄・ダイエーに身売り**。同年、**阪急ブレーブスが新興企業であるオリックスに球団経営を売却**。いずれも身売りを決意したのは、電鉄会社を親会社に持つ関西のパ・リーグ球団であり、累積赤字に苦しんでいた。この事例に象徴されるように、80年代はまだまだセ・パ間の人気格差は大きかった。この問題が是正されるのは2000年代の訪れを待たねばならなかった。

また、80年代の象徴的な出来事として、88年の**「東京ドーム完成」**を忘れてはいけない。巨人と日本ハムの新本拠地として、日本初のドーム球場は観光名所にもなり、90年代のドーム球場建設ラッシュの先駆けとなったが、創業当初、喧伝されていた**「ビッグエッグ」**という名称はほとんど定着しなかった。

現在も多くの野球ファンの記憶に息づく**「10・19」**は88年の出来事。残り2試合、一つも負けられない近鉄はダブルヘッ

1987年、工事中の東京ドームと後楽園球場

10　ダー初戦に勝利したものの、第2戦は無念の
時間切れ引き分け。急きょ、当日の『ニュー
スステーション』で生中継。MCの久米宏は
もちろん、日本中が注目する中、近鉄ナイン
は無念の涙をのんだ。

15　　野球メディアに目を転じると、80年には
『Number』（文藝春秋）が創刊され、83年には
『プロ野球珍プレー・好プレー大賞』（フジテレビ）
が放送された。前者は硬派なスポーツノンフ
ィクションを数多く生み出し、後者は野球の
20　新しい見方を提示。プロ野球の魅力を多面的
に伝えることとなった。特に『Number』創
刊号には、山際淳司の名作「江夏の21球」が
掲載され、スポーツノンフィクションの新た
な地平が開かれることとなった。また、83年
25　に発売された任天堂のファミリーコンピュー
タが大ヒットするとともに、同年には『ベー
スボール』、86年には『プロ野球ファミリー
スタジアム』が少年たちのハートをわしづか
み。70年代に誕生したカルビーの『プロ野球
30　チップス』の野球カード、58年誕生のエポッ
ク社、『野球盤』は80年代も人気。

　　昭和が終わり、新元号「平成」時代が訪れ
た89年には日本シリーズで巨人が近鉄を撃
破。3連敗からの4連勝。波乱の平成新時代
35　を予感させる幕開けとなった——。

1980年代の年表

1980	・11.4 王貞治（巨）引退
1981	・9.16 西宮球場で山森雅文（急）がフェンスによじ登るスーパーキャッチ
1982	・7.8 広島対阪神戦（岡山県野球場）、試合中に突然の停電。原因は高圧線に蛇がからまりショートしたため
1983	・4.30 福本豊（急）、西宮球場で競走馬と50メートル走で競走。勝利する。 ・6.3 福本豊（急）通算939盗塁達成 ・11.11『プロ野球珍プレー・好プレー大賞』（フジテレビ）放送
1984	・近鉄の新外国人、ドン・マネー、球場ロッカーの劣悪さに耐え兼ねて退団 ・8.7 ロサンゼルス五輪の公開競技で全日本チームが金メダル獲得
1985	・11.2 猛虎旋風。阪神初の日本一に
1986	・6.13 西武・東尾修の死球に激高した近鉄のリチャード・デービスが大暴れ ・『ファミスタ』（ナムコ）発売
1987	・6.13 衣笠祥雄（広）が2131試合連続出場達成 ・「ランス」こと、リチャード・ランセロッティ（広）が、史上初となる最低打率（.218）で本塁打王（39本塁打）に
1988	・3.18 日本初の屋根付き球場・東京ドームの完成記念試合 ・6.7 リチャード・デービス（近）、大麻所持により逮捕される ・南海ホークスが身売り、福岡ダイエーホークス発足／阪急ブレーブスが身売り、オリックスブルーウェーブ誕生 ・伝説の「10.19」
1989	・9.14 セシル・フィルダー（神）、自分の投げたバットが跳ね返り左手小指骨折。目前だった本塁打王は幻に ・10.29 日本シリーズで巨人が近鉄に3連敗から4連勝で日本一に

巨人から西武へ盟主交代

1983年、V2で胴上げされる西武・広岡監督

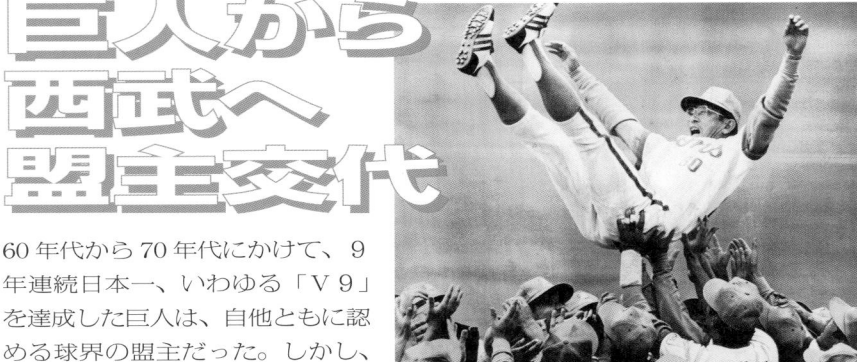

60年代から70年代にかけて、9年連続日本一、いわゆる「V9」を達成した巨人は、自他ともに認める球界の盟主だった。しかし、79年に球界に参入した西武は、堤義明オーナーの莫大な資金力と「寝業師」と称された根本陸夫球団管理部長の交渉力などで球界を席巻。83、87年の巨人との日本シリーズ対決はいずれも西武が勝利。広岡達朗、森祇晶両監督の下、80年代だけでリーグ優勝6回、日本一には5回も輝いた。新時代の盟主として確固たる地位を築き、その勢いは90年代まで続くことになる。

老舗球団の相次ぐ身売り劇

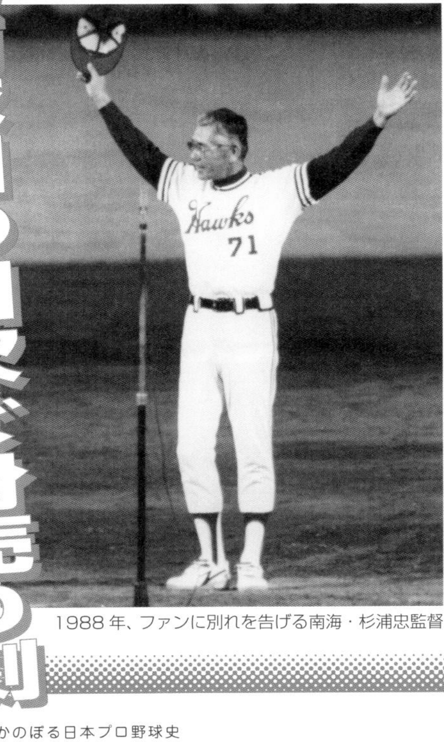
1988年、ファンに別れを告げる南海・杉浦忠監督

11年連続Bクラスという超低迷時代の渦中にあり、観客動員が激減していた南海ホークス。一方、70年代に黄金時代を築いたものの、80年代は84年のみリーグ制覇した阪急ブレーブス。南海と阪急、関西の私鉄老舗球団が相次いで、88年オフに身売り。新たに、ダイエーホークス、オリックス・ブレーブスが誕生した。80年代のプロ野球に熱中していた少年たちは、「プロ野球は親会社の支援の下に成り立っている」と知ることに。その後、ダイエーは経営不振のため、04年オフ、ソフトバンクに身売りする。

トレンディエース

80年代半ばまで、プロ野球選手の私服スタイルは「パンチパーマ、金のネックレス、柄物のセーター、ゴルフパンツ、セカンドバッグ」が定番だった。しかし、80年代後半になると西崎幸広（日本ハム）、阿波野秀幸（近鉄）、星野伸之（阪急）、渡辺久信（西武）など、パ・リーグ投手を中心に「サラサラヘア、ＤＣブランド」が特徴の「トレンディエース」ブームが到来。イケメン選手のおしゃれ化が進んだことにより、女性ファンが急増し、球界にアイドルブームが訪れることとなる。

日本ハムファイターズの西崎幸広投手

歓喜と絶望の「１０・１９」

西武黄金時代の渦中にあった80年代後半において、無双状態の西武に立ち向かい続けたのが近鉄だった。特に88年は「残り2試合に連勝すれば優勝」となったが、10月19日のロッテとのダブルヘッダーは無念の1勝1分けに終わり、あと一歩のところで涙をのんだ。「4時間を超えて新しいイニングに入らない」という規定の中、ロッテ・有藤通世監督が9分間の猛抗議。判官びいきの多くの野球ファンからの憎悪を浴びることに。しかし、翌89年には西武を撃破してリーグ制覇。仰木彬監督は歓喜の胴上げ。

ホーナー旋風

1987年途中に来日したホーナー

87年のシーズン途中に来日。ヤクルト入りしたボブ・ホーナーのインパクトは強烈だった。「現役バリバリの大リーガー」との触れ込み通り、5月5日のデビュー戦でいきなり初ホームランを放つと、翌6日には3本のソロホームラン。来日4試合で11打数7安打、ホームランは6本という驚異の成績を記録した。球界だけでなく世間を巻き込む注目度を誇り、薬師丸ひろ子とCM共演。腰の不調で欠場も多かったものの、93試合で31本塁打を記録。池山隆寛、広沢克己のいい手本となった。

スーパーカートリオ

80年代の大洋ホエールズで結成された俊足選手トリオの別称。一番・高木豊、二番・加藤博一、三番・屋鋪要の3人はそれぞれタイプの違う打者で、高木は広角に打ち分ける巧打者タイプ。加藤はスイッチヒッター。屋鋪はパンチ力が自慢で他球団に警戒された。ア

イデアマンの近藤貞雄監督が85年に考案したと言われる。2001年には阪神・野村克也監督が「時代はスーパーカーじゃないF1だ」という理由で赤星憲広や藤本敦士、沖原佳典、上坂太一郎ら7選手を並べた「F1セブン」を発案した。

高木豊

屋鋪要

加藤博一

1980年代の甲子園スター

80年代の甲子園は「大ちゃんフィーバー」で幕を開けた。その主役となったのが早実の1年生投手、荒木大輔。80年夏の主役は愛甲猛（横浜）、81年は金村義明（報徳学園）。82年には「阿波の攻めだるま」と称された蔦文也監督率いる池田高校が話題に。83〜85年までは桑田真澄、清原和博のKKコンビを擁するPL学園の時代。相手投手のクセや配球パターンを見抜くことに長けていたのは84年夏の優勝監督となった取手二高の木内幸男監督で、89年のアイドルは元木大介（上宮）だった。

1980年、早稲田実の1年生投手・荒木大輔

1980年代のドラフト会議

80年ドラフトの主役は原辰徳（東海大）と石毛宏典（プリンスホテル）。それぞれ、巨人、西武のスター選手となった。82年「大ちゃんフィーバー」の主役、荒木大輔（早実）は巨人と競合の末にヤクルトへ。84年は明治大の広沢克己、竹田光訓が、それぞれ3球団競合の末、ヤクルト、大洋に入団。85年の注目はPL学園の桑田真澄、清原和博。「清原の涙」が印象深い。88年の注目は立大の長嶋一茂。89年の「豊作ドラフト」では野茂英雄（新日鐵堺）が8球団競合で近鉄に入団して話題に。

1985年、涙を浮かべる清原

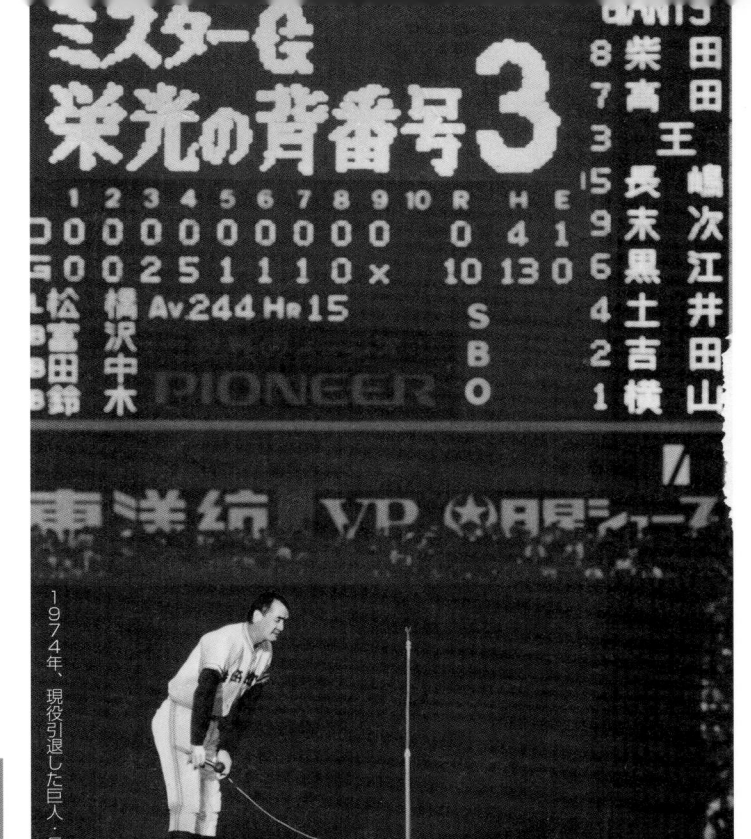

巨人V9から群雄割拠へ！

1970年代

1974年、現役引退した巨人・長嶋選手

1965年から始まった巨人の快進撃は、73年まで実に9年間に及んだ。「V9」と呼ばれるこの間、「ON」こと王貞治、長嶋茂雄を擁する川上巨人は無双を誇り、「1強11弱」時代を突っ走った。しかし、70年代も半ばを過ぎるとともにそれまで優勝に縁のなかったチームが続々と台頭し、混沌となる。プロ野球界もようやく群雄割拠の時代が訪れることとなるのだった。

老舗球団、西鉄、東映が消滅……

　前年に発覚した **「黒い霧事件」** は翌70年になると、さらに余波が拡大。70年4月には永易将之が「他にも八百長行為を行った者がいる」と発言し、西鉄・池永正明らの6選手名を公表。池永ら3選手は永久追放処分、他2名は11月末までの野球活動禁止処分、1名に厳重注意処分を科した。一貫して「八百長はしていない」と訴え続けた池永は、それから35年が経過した05

年に処分解除され、ようやく復権を果たした。池永復権の裏で
は、多くの野球人による熱心な働きかけがあった。

　大量の処分者が出た西鉄は、主力選手の離脱もあって成績は
低迷。以降、急速に観客動員を減らしていく。こうして、72年
オフを最後に九州の名門球団・**西鉄ライオンズは消滅**。当時ロ
ッテのオーナーだった中村長芳が球団買収に応じて、自身の保
有株を正式にロッテへ譲渡。自ら新球団のオーナーとなった。し
かし、親会社からの潤沢なサポートを受けることができず、中
村オーナーは「命名権」により球団名を販売。73 〜 76 年まで
は**太平洋クラブ**、77 〜 78 年までは**クラウンライター**にネーミ
ングライツを与えることに。70 年代のライオンズは西鉄、太平
洋、クラウン、そして後述する 79 年からの「西武」と実に 4 つ
のチーム名を名乗るという非常事態の真っただ中にあった。

　また、72 年オフには東映も球団経営から撤退。新たにリゾー
ト開発で注目されていた日拓ホームズが球団経営に乗り出すこ
とになった。西村昭孝オーナーは曜日ごとに着替える**「七色の
ユニフォーム」**など、さまざまな新機軸を打ち出すものの大き

あの頃、
君は若かった

掛布雅之（阪神）
1977 年

１ ９ ７ ０ 年 代 は こ ん な 時 代

　三島由紀夫の自死、大阪万博、ビートルズの解散で始まった 1970 年代。
71 年はドルショック、73 年はオイルショックとショッキングな出来事が続
出。人々がトイレットペーパーを求めて混乱する中、60 年代以降の高度経
済成長期は終焉を迎えた。60 年、70 年安保を牽引した学生運動は退潮。佐
藤栄作はノーベル平和賞を受賞し、田中角栄は「田中金脈問題」で退陣。山
口百恵、桜田淳子、
森昌子は「花の中三
トリオ」、郷ひろみ、
西城秀樹、野口五郎
は「新御三家」と呼
ばれた。ピンクレデ
ィーも大人気。当時
の女子小学生は完
璧に振りを覚えた。

な成果を挙げることはできず、同年限りで撤退。わずか10カ月という、超短命球団となってしまった。

　混乱するパ・リーグとは対照的に、セ・リーグでは、65年から始まった川上巨人の快進撃は1970年代に突入後もさらに続いた。70年はロッテ、71、72年は阪急、73年は南海を撃破し、**前人未到の9連覇、いわゆる「V9」を達成**した。10連覇が期待された74年は、以前から懸念されていたメンバーの高齢化がますます顕在化。長嶋茂雄はこの年限りで現役を引退。引退セレモニーでの**「わが巨人軍は永久に不滅です」**は歴史的名言に。同年限りで川上哲治監督も辞任。翌75年からは39歳の青年監督として長嶋が指揮を執ることになった。しかし、同年の巨人は散々な成績でチーム史上初の最下位に沈む。

　75年にセ・リーグに旋風を巻き起こしたのが**「赤ヘル軍団」**こと広島。球団創設26年目にしての初優勝で広島市民は歓喜の涙に暮れた。78年には**ヤクルトが29年目にして初優勝**。翌79年は**近鉄が創設30周年の節目の年に初優勝**。65年から始まったドラフト会議により、当初の理念通り「ドラフト会議による戦力の均衡化」が実証されることとなった。

　72年には**阪急・福本豊がシーズン106盗塁の世界新記録**を樹立。そして、77年9月3日には**王貞治が世界記録となる通算756号**をライトスタンドに放った。8月31日にハンク・アーロンの755号に並ぶと、そこから3試合目の出来事だった。子どもたちの夏休み中の記録達成はならなかったものの、755号以降の13打席において6四球では仕方がない。打たれたヤクルト・鈴木康二朗の名もまた永遠に記憶されることとなった。

「空白の一日」という無理やりすぎる謎理論

　作新学院高校時代の73年ドラフトでは阪急の1位指名を断り、法政大学時代の77年ドラフトではクラウンの1位指名を蹴った江川卓。「昭和の怪物」の去就に誰もが注目していた78年11月21日に「その事件」は起こった。第14回ドラフトを翌日に控えたこの日、巨人は「野球協約によれば、前年の交渉権はドラフト前々日に消滅するとある。だからこの日はどこの球団とも契約が可能なのだ」という。後に**「空白の一日」**と呼ばれ

1978年、「空白の一日」について会見する江川投手

る謎理論を展開し、江川の巨人入団を主張し
たのだ。もちろん、そんな理屈は通るはずも
なく、他の11球団はもとより、世間からも大
ブーイング。巨人はこれに反発し、翌日のド
ラフトをボイコット。巨人抜きのドラフトで
は阪神が江川を1位指名。江川の指名権は阪
神が手にすることになった。その後も騒動は
続き、12月22日、金子鋭コミッショナーは
「阪神と契約を交わした後、巨人にトレードす
るのが望ましい」という異例すぎる「要望」を
表明。結局、江川は阪神入団後に巨人・小林
繁とのトレードで巨人入りするのである。ま
た、同年限りでライオンズは西武へ身売り。前
述したように、70年代のライオンズは西鉄、
太平洋、クラウン、西武と変遷。まさに、80
年代の黄金時代への雌伏の時期だった。

　最後に、70年代を代表する名投手として江
夏豊の名前を挙げておきたい。阪神時代の71
年7月17日には、オールスターゲーム第1戦
に先発し、一番のロッテ・有藤通世から九番
の阪急・加藤英司まで一人の走者も許さず**9
連続奪三振**を記録。また、抑え投手に転向し
ていた広島時代の79年11月4日には、近鉄
との日本シリーズ第7戦で9回裏無死満塁の
大ピンチを見事に切り抜ける**「江夏の21球」**
の主役となった。絵になる男——江夏の真骨
頂が存分に発揮されたのが70年代だった。

1970年代の年表

1970	・5.13「黒い霧事件」の責任を取って西鉄・楠根宗生オーナー辞任 ・10.18 野村克也（南）2000安打達成
1971	・7.17 江夏豊（神）がオールスターで9者連続三振を奪う
1972	・8.24 中日対巨人戦の試合中、「三塁側内野スタンドに爆弾を仕掛けた」と脅迫電話。25分間の中断後、再開 ・9.19 阪神対巨人戦の試合中、「午後8時40分にアルプススタンドで時限爆弾が爆発する」と脅迫電話もイタズラ ・10.27 西鉄ライオンズ消滅 ・福本豊（急）がシーズン106盗塁の世界新記録
1973	・パ・リーグが2シーズン制を開始 ・日拓ホームフライヤーズ誕生、消滅 ・10.22 巨人がV9を達成
1974	・セーブ記録の採用 ・10.14 長嶋茂雄（巨）引退
1975	・パ・リーグが指名打者制を開始 ・10.10 長嶋茂雄監督率いる巨人が球団創設初となる最下位に沈む ・10.15 広島カープ初優勝
1976	・3.1 後楽園球場に人工芝完成 ・10.12 スポンサー変更により、太平洋クラブはクラウンライターに
1977	・9.3 王貞治（巨）が世界新記録の通算756本塁打達成 ・11.22 ドラフト会議でクラウンライターが江川卓（法政大）を指名
1978	・10.4 ヤクルトスワローズ初優勝 ・10.12 クラウンライター、西武に身売り。本拠地は福岡から埼玉へ ・11.21 空白の一日
1979	・7.11 衆議院法務委員会にてドラフト制度が取り上げられる ・10.16 近鉄バファローズ初優勝

七色のユニフォーム

73年の1年間だけ存在した幻の球団、日拓ホームフライヤーズ。映画不況のあおりを受けた東映から球団経営のバトンを受けたものの、実質10カ月で日本ハムに身売り。不動産ブームに乗った時代の寵児、西村昭孝オーナーが話題作りの一環として打ち出したのが「七色のユニフォーム」。曜日ごとに異なるユニを採用。後に張本勲は「企画倒れ」と

日拓フライヤーズの貴重な七色ユニフォームのカラー写真　写真提供／高橋直樹

バッサリ。選手たちはかなり混乱したという。現在では当たり前のカラフルユニも時代が早すぎた。現在はパチンコメインのレジャー産業企業に。

赤ヘルブーム

球団創設以来、低迷時代が続いた広島。「市民球団」であるため、常に経営難に苦しんでいたが、75年にジョー・ルーツが監督に就任すると風向きが変わる。

みでルーツは帰国するも、後を継いだ古葉竹識の下で、この年広島は創立26年目でリーグ初制覇。被爆の悲劇から30年、広島の街が歓喜に沸いた。

選手たちには常に闘志あふれるプレーを求め、チームカラーをそれまでの紺から赤に変更。後の「赤ヘル」の生みの親となった。審判とのたび重なるトラブルが原因で、わずか15試合で指揮を執ったの

1979年、広島銀行の赤ヘル定期預金証書

パ・リーグ改革

栄光の巨人V9の陰で、深刻な観客動員の減少に直面したパ・リーグは、70年代に入ると、さまざまな策を講じて人気回復に努めた。73年には「前・後期制」のプレーオフ制度を導入。年間130試合を前・後期65試合に分け、それぞれの1位チーム同士で年度優勝を決定。前年の254万人から406万人に観客は激増。75年には「指名打者制度」を採用。投手の代わりに打撃専門の野手を打席に立たせることに。守備に難があり、なかなか出番のない強打者に光が当たることに。継投等にも変化が生じ、投手の完投数も激増した。

相次ぐ球団売却

プロ野球草創期に栄華を誇っていた鉄道、新聞、映画産業が斜陽化すると同時に、70年代は球団売却が相次いだ。73年には西鉄が身売り。当時、ロッテのオーナーだった中村長芳が買収し、私財を切り崩しながら福岡野球株式会社を設立。命名権により太平洋クラブライオンズが誕生した。不動産開発で注目を浴びていた日拓ホームズは東映を買収。国鉄からサンケイへと親会社が替わっていたスワローズはヤクルトの単独経営へ。経済と野球は密接不可分の関係だと実証された時代となった。

1973年、「日本ハム」誕生。球団譲渡の記者会見

1時間19分の猛抗議

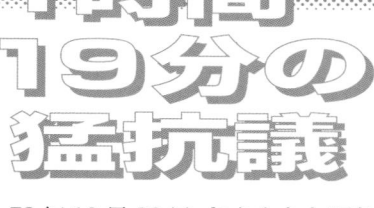

1977年、阪急の上田利治監督

78年10月22日、ヤクルトと阪急が激突した日本シリーズ第7戦。1対0でヤクルトがリードしていた6回裏に「事件」は起こった。大杉勝男の放った一打はレフトポール際をかすめる大飛球。線審の判定はホームラン。ヤクルトが2対0とリードした。しかし、この瞬間、三塁ベンチから血相を変えて飛び出してきたのが阪急・上田利治監督。「あれはファウルだ」と猛抗議。場内が騒然とする中、1時間19分も抗議を続けたが判定は覆らず。上田は亡くなるまで「あれはファウルだった」と訴え続けた。

日本初の人工芝導入

76年3月1日、後楽園球場の人工芝敷設が完成。アメリカでは65年に世界初の屋根付き球場、アストロドームで採用されていたが、水はけがよく、管理も楽なので日米球場で急速に広まっていく。しかし、選手の足腰への負担が大きく、故障の原因となることが明らかになるにつれ、「天然芝回帰」の動きも活発になっていく。現在では、以前と比べればはるかに改良された人工芝が使用される一方で、09年開場のMAZDA Zoom−Zoomスタジアムのような天然芝球場も増えている。

1976年3月、人工芝となった後楽園球場

1970年代の甲子園スター

70年春に優勝投手となった島本講平（箕
島）が70年代最初の甲子園のアイドル。72
年は沖縄返還後最初の大会。南九州代表の
名護高校が出場。73年は作新学院の「怪
物」江川卓が注目の的。鹿児島実業の「サ
ダ坊」定岡正二はアイドル的人気に。74年
からは金属バットが正式採用。原辰徳（東
海大相模）が大人気。江川、定岡、原はい
ずれも、後に巨人入り。「サッシー」こと海
星高校・酒井圭一が旋風を起こしたのは76
年。78年夏はPL学園が初優勝。続く79
年夏は春夏連覇の箕島が夏初優勝。

1974年、鹿児島実業の定岡正二選手

1970年代のドラフト会議

70年は「高校三羽ガラス」と呼ばれた箕島・島本
講平、岐阜短大付属・湯口俊彦、広陵・佐伯和司
が話題。73年の江川卓（作新学院）は阪急の1位
指名を拒否。長嶋茂雄が監督として初めて臨んだ
75年は1位・篠塚利夫、3位・中畑清を指名。80
年代の礎となった。法政大学の江川が「九州は遠
い」とクラウンの指名を蹴って、もっと遠いアメ
リカに留学したのが77年。翌78年はドラフト前
日に江川が巨人入り
を発表。巨人はドラ
フトをボイコット。
「空白の一日」騒動で
大混乱に。79年は早
大・岡田彰布に6球
団が競合。阪神入り。

1973年の新人選択会議

1973年、作新学院の江川卓投手

1961年、リーグ優勝を喜ぶ川上哲治監督（前列右）と巨人軍選手たち

「三原マジック」で大洋が初優勝したのも、苦節32年目でパ・リーグ最古の阪急が初めて歓喜の涙を流したのも1960年代のこと。王貞治は一本足打法に挑戦してホームランを量産し、長嶋茂雄はスター街道を驀進。「ON」が誕生し、巨人のV9がスタート。プロ野球は人気爆発。高度経済成長はさらに加速。東京にオリンピックの聖火が灯り、何もかも元気だったあの頃──。

ＯＮの躍動と、ノムさん、カネやんの奮闘

　高度経済成長期に突入。日本経済はどんどん元気に、さらに活気づいていく。**1960年代は巨人の時代**だった。まだ20代の長嶋茂雄、王貞治がいきいきと躍動し、川上哲治監督の下、65年からとにかく勝ち続けた。『少年マガジン』では66年から『**巨人の星**』が連載開始。川上監督やＯＮなど、実在の人物と、主人公・星飛雄馬が花形満、左門豊作、オズマたちライバルを倒していく物語に少年たちは手に汗握って応援していた。

　巨人が強かったからこそ、当然のごとく**「アンチ巨人」**もたくさん生まれた。相手が強大であればあるほど、「打倒巨人」の思いは燃え盛り、プロ野球人気はさらに加速していった。

　6年連続最下位で迎えた1960年の大洋は「知将」と謳われた

三原脩監督を迎えたものの開幕6連敗。「やはり今年もダメか」というムードの中で、巧みな継投と大胆な選手起用による**「三原マジック」**であっという間にリーグ制覇。日本シリーズでも大毎を撃破して日本一。さすが、三原さん！

5 　翌61年には西鉄・稲尾和久が来る日も、来る日も投げ続け、気がつけば**シーズン42勝**(14敗)を記録。それでも、チームは合計81勝で3位という結果に。62年、前年優勝を逃した東映が水原茂監督就任2年目にしてぶっちぎりの優勝。18歳の「怪童」尾崎行雄は20勝をマークして優勝に貢献。セ・リーグでは

10 阪神が2リーグ分立後初となるリーグ制覇を果たしたが、日本シリーズでは東映に2勝4敗

15 1分で無念の涙をのんだ。67年はパ・リーグ最古の球団・

あの頃、
君は若かった

稲尾和久
1961年

☞CHECK POINT

王シフト
64年に広島・白石勝巳監督が考案したとされる。あまりにも打ちすぎる王さんに対抗すべく、内野手を全体的に右寄りに配置。当時は斬新な作戦だったが、現在では各球団が変則シフトを採用。

1960年代はこんな時代

20 　1960年に池田勇人首相が誕生。「所得倍増計画」の下、日本経済は加速度的に発展を遂げていく。61年には赤木圭一郎がゴーカートで事故死、62年

25 はマリリン・モンローが怪死、63年は力道山が刺殺と暗いニュースの一方、64年には待望の東京オリンピック。中野ブロードウェイが誕生した66年にはビートルズがやって来るヤァ！ヤ

30 ァ！ヤァ！ニッポン放送『オールナイトニッポン』は67年からスタート。68年に起きた三億円事件は後に迷宮入り。70年代を目前に控えた69年、人類はついに月面に着陸するのだ。

35

阪急が創設32年目で、悲願の、本当に悲願の初優勝。

62年の注目ポイントは巨人・王貞治が初めて**一本足打法**を披露したこと。荒川博打撃コーチとマンツーマンで取り組んだ独特のバッティングフォームはファンを驚かせた。この年、ホームラン王と打点王を獲得。一気にスターダムを駆け上がる。

しかし、64年には「二本足打法」に戻し、さらなる進化を目指したものの、まったく結果が出ずに再び一本足にトライ。さまざまな試行錯誤の末の現役通算868本塁打だったのだ。

ONが注目を浴びる中、閑古鳥の鳴く大阪球場で黙々と結果を残していたのが南海・野村克也だった。63年には当時の記録となるシーズン52本塁打を記録してホームランと打点の二冠王に輝いた。しかし、翌64年には**王がシーズン55本塁打**を記録。アッサリと抜かれてしまうのはノムさんらしい（笑）。それでも、65年には**戦後初の三冠王**となったのは男の意地。66、67年は二冠王。60年代のノムさんは本当に打ちまくった。そして、守備の要として球界を代表するスター選手だったが、どうしても注目を浴びることはなく、「ヒマワリ」のような長嶋茂雄に対して、後に自らを**「月見草」**と自虐的に、自嘲的に例えるようになるのも仕方のないことだった。

1950年のプロ入り以来、とにかく勝って勝って勝ちまくっていた国鉄・金田正一は、65年に巨人に移籍。69年まで現役を続けた。**現役最多となる400勝、最多となる298敗を記録。**通算完投（365）、通算イニング（5526回2/3）、通算奪三振（4490）など、ほぼすべての投手記録はカネやんが記録している。特に「400勝」はもう破られることはないだろう。現代野球で20年連続20勝を記録する投手が現れるとは、到底思えないからだ。

柳川事件、黒い霧事件で岐路に立つプロ野球界

プロ野球誕生から四半世紀が経過する60年代には、さまざま

なひずみも生まれ始めていた。その一例が、選手獲得における契約金高騰問題だった。各球団経営者が頭を悩ませた結果、65年から**ドラフト会議**がスタート。従来までは潤沢な資金力を誇る一部の球団に有力選手が次々と入団することで、戦力の不均衡も問題となっていたが、ドラフト導入後、契約金の高騰は収まり、次第に戦力も均衡化していく。広島、ヤクルト、近鉄が初の栄冠をつかむ70年代半ば以降にその効果は顕在化する。

　61年に日本生命の柳川福三を中日が引き抜いたことで、プロとアマの関係が一気に険悪化する。後に**「柳川事件」**と呼ばれるこの一件は、長い間雪解けの気配もなかった。両者の関係が良好になっていくのは21世紀の訪れを待たねばならなかった。

　そして、球史に残る大事件が60年代の最後に訪れる。69年10月8日の読売新聞、報知新聞はともに一面で**「西鉄・永易将之　敗退行為」**についての記事を大々的に報じたのである。この一件はなおも拡大し、八百長行為に関わったとして、西鉄を中心に多くの選手の名前が続々と報じられていく。ファンや関係者に大きなショックを与えた一連の騒動は**「黒い霧事件」**と称され、永久追放処分を含む、多くの処罰者を生み出すと同時に、プロ野球への信頼を大きく毀損(きそん)することになった。

　戦後日本の急発展とともに、国民的スポーツとしての地位を不動のものとしつつあったプロ野球。長嶋、王という国民的スターを輩出する一方で、ダーティーなイメージが暗く、重くのしかかりつつあり、大きな岐路に立たされることとなった時代。プロ野球の光と影の顕在化。それが60年代だったのだと言えるのかもしれない――。

1960年代の年表

1960	・10.15 大洋ホエールズが「三原マジック」で日本一に
1961	・5.13 柳川事件、日本社会人野球協会はプロ野球との絶縁を宣言 ・10.11 稲尾和久（西鉄）がシーズン42勝達成
1962	・7.1 王貞治（巨）が初めて一本足打法を披露。5打数3安打1本塁打
1963	・12.15 大毎・山内一弘と阪神・小山正明の世紀のトレードが成立
1964	・7.24 パ・リーグオーナー理事合同会議にて西鉄・西亦次郎代表が「新人プール案」を提唱 ・9.1 野球留学していた村上雅則（南）がメジャー昇格。日本人メジャーリーガー第1号に ・9.23 王貞治（巨）が新記録となるシーズン55本塁打達成 ・10.11 東京オリンピックで公開競技として野球が開催
1965	・10.5 野村克也（南）が戦後初の三冠王に ・11.17 第1回プロ野球新人選択会議（ドラフト会議）が開催
1966	・1.7 サンケイはニックネームを「スワローズ」から「アトムズ」に改称 ・『巨人の星』連載開始
1967	・10.1 阪急ブレーブスが初優勝 ・12.17 広島が球団名を「広島東洋カープ」と改称
1968	・9.17 江夏豊（神）が世界新となるシーズン401奪三振を記録 ・9.18 阪神のバッキーの危険球に怒った巨人・荒川博コーチが大乱闘
1969	・10.10 金田正一（巨）が通算400勝達成し、この年限りで現役引退 ・黒い霧事件

ドラフト会議誕生

契約金の高騰に悩んでいた各球団はアメリカのアメフトリーグを参考に65年からドラフト会議をスタートさせた。中心となったのは西鉄・西亦次郎（にしまたじろう）球団社長。それまで、選手獲得に関するルールは明文化されておらず、金銭的余裕のある人気チームが圧倒的に有利だった。そのため、戦力の均衡化の狙いもあり、65年11月17日に第1回ドラフト会議はスタートする。当時は関係者以外、報道陣もシャットアウトされ、「密室会義」の様相も呈していた。また、くじ引きで一人の人生を決定してしまうことに関して、「憲法の規定する職業選択の自由に反するのでは？」という否定派の声も大きく、関係者が国会招致を受けたことも。その後もドラフト会議は様々なドラマを生み出した。70年代には「空白の一日」、80年代にはＰＬ学園の清原和博が無念の涙をのんだ「ＫＫドラフト」など、世間の注目を集める出来事も相次いだ。誕生以来、さまざまな変更や修正を加えつつ、現在まで連綿と続いている。近年ではファンを会場に招き、テレビ中継もされて「公開抽選」が行われている。

プロ野球

欲しい選手12人に順位

守れるか ドラフト制
ストーブ・リーグの自主規制

新制度に渋る新人
抽選で決る球団の交渉権
裏金、いぜん動きそう

平松は日石 木樽は進学

陰にこもる引抜き合戦

思い切ったトレードを

整理選手は一層ふえる

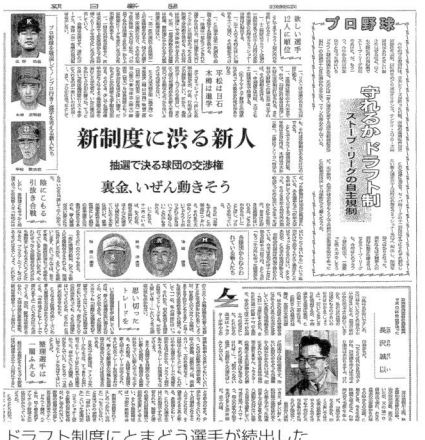

ドラフト制度にとまどう選手が続出した

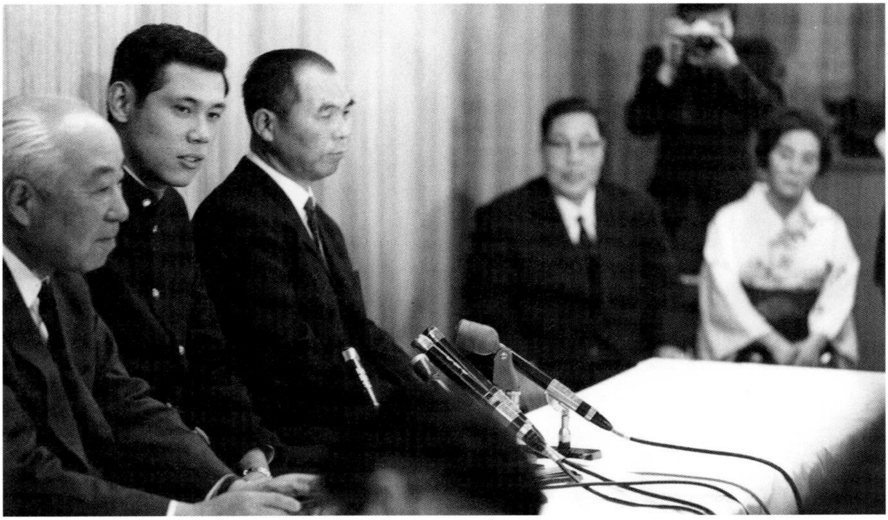
1968年、阪神タイガース入団の記者会見をする田淵幸一選手

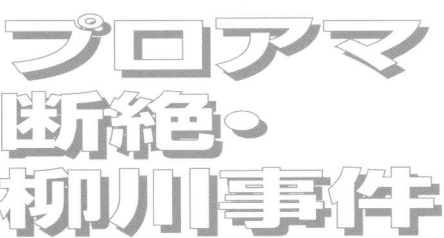

プロアマ断絶・柳川事件

シーズン途中の61年4月、日本生命の柳川福三は突然、中日入りを発表。これに対して、社会人野球サイドは猛反発。「今後、プロ退団選手は一切、受け入れない」と宣言。以降、この一件は「柳川事件」と呼ばれ、プロとアマの断絶の象徴となった。しばらくの間、冷戦期間が続いたものの80年代以降は両方の関係者が根気強く折衝を続け、少しずつ雪解け。03年には現役プロ野球選手と高校野球選手との交流「夢の向こうに」開催。13年にはプロ経験者のアマチュア指導が可能となる学生野球資格回復制度も始まり、少しずつ良好な関係に。

一本足打法

現役通算868本塁打を放った王貞治の代名詞。独特過ぎるフォームのため、否定的な意見もあった中、初めて披露されたのが62年7月1日の大洋戦。この日、王は5打数3安打4打点1本塁打を放つ。指導した荒川博打撃コーチによれば、その目標は「合気道の極意を野球に転用して、日本の旧来の野球理論を覆すこと」だったという。途中、「二本足に戻そうか」と師弟は悩んだとい

うが、王は鍛え上げた下半身を武器に現役引退までこの打法を貫いた。後に南海・片平晋作、中日・大豊泰昭らがこの打法を習得した。

荒川博コーチの指導を受ける読売ジャイアンツの王貞治選手

マッシー村上

95年の野茂英雄の挑戦により、日本人メジャーリーガーは続々と誕生したが、その元祖となるのは野茂よりおよそ30年も前の村上雅則（南海）だった。プロ2年目となる64年にサンフランシスコ・ジャイアンツ傘下のマイナーリーグに野球留学した村上は着実に実績を残して、まさかのメジャー昇格。9試合に登板して1勝1セーブを記録。翌65年もプレーを続けた。ジャイアンツ側は村上との契約を望んだものの、南海が難色を示して村上は帰国を余儀なくされた。現地では「マッシー村上」の愛称で人気者に。

1970年、南海ホークスの村上雅則投手

V9の始まり

川上哲治監督時代の65〜73年にかけて、巨人は前人未到の9連覇を達成する。その中心人物となったのは王貞治と長嶋茂雄の「ON」の2人。他にも、投手は堀内恒夫、高橋一三、城之内邦雄、野手では正捕手の森昌彦（祇晶）、柴田勲、高田繁、土井正三、黒江透修らが、それぞれの役割を忠実に遂行。「元祖スモールベースボール」で無敵の強さを見せつけた。子どもたちが大好きなものは「巨人、大鵬、卵焼き」で、「強い巨人」

1963年、春の宮崎キャンプに臨む川上哲治監督（前左）

は高度経済成長期の日本の象徴として、しばしば語られる。

1960年代の甲子園スター

打者のヘルメット着用が義務化された1960年夏の甲子園は法政二の柴田勲が優勝投手に。61年は浪商の2年生投手・尾崎行雄が大活躍。65年からは走者のヘルメット着用が義務化された。この年は北海・若松勉、大鉄・福本豊、岡山東商・平松政次、天理・門田博光が後のスターに。68年夏は第50回の記念大会。大阪代表・興国が初優勝を決めた。69年は太田幸司（三沢）が大人気。元祖甲子園のアイドルに。仙台商の八重樫幸雄、静岡商の藤波行雄、池谷公二郎、宇部商・有田修三が後にプロで活躍。

1969年、力投する三沢・太田幸司投手

1960年代のドラフト会議

1964年まで、選手獲得は自由競争の時代。札束が乱れ飛び、「人買い」と批判されたブローカーが暗躍するケースもしばしば見られたという。契約金高騰に頭を悩ませた球団経営陣の指揮によりドラフト会議が誕生したのが65年のこと。第1回のスターは甲府商高の堀内恒夫。巨人V9の原動力に。66年には大阪学院高の江夏豊が阪神入り。68年には巨人志望の田淵幸一（法大）を阪神が強行指名。この年は山田久志、加藤秀司、福本豊、大島康徳、山本浩司（浩二）、有藤通世、東尾修と、後に名球会入りする大豊作の年となった。

1966年、開幕から11勝無敗の堀内恒夫投手

2リーグ制15球団でスタート！

1950年代

1950年、プロ野球で初の日本選手権試合

戦争の傷跡も少しずつ癒えつつある1950年代。プロ野球は新たなステージに突入する。2リーグ制誕生を契機に、コミッショナー制度やフランチャイズ制度など、さまざまな法整備を断行して環境整備を進めていく。50年に「カネやん」こと金田正一が、58年に「ミスター」こと長嶋茂雄が巨人に入団。着実に「国民的娯楽」としての地歩を固めていくことになる1950年代。

混乱とともにスタートした2リーグ12球団制

　終戦から数年が経ち、人々の暮らしも少しずつ平穏なものに戻りつつあり、戦後復活したプロ野球もさらなる整備が求められるようになっていく。49年4月15日、巨人の正力松太郎は**「①アメリカチームの招請、②2大リーグの育成、③東京に新球場新設」**を柱とする**「正力談話」**を発表する。これを受けて、戦後爆発的人気となっていたプロ野球に便乗しようと、多くの企業から参入表明が相次ぐこととなった。正力自ら、ライバルの毎日新聞社を口説く一方で、**近鉄、西日本新聞社、林兼漁業**（後の大洋漁業）**、別府・星野組、広島**が参戦表明。他にも日本生命、大昭和製紙など大企業の名前も取りざたされていた。

　しかし、既存の8球団は決して一枚岩ではなく、新規参入賛

成派と反対派の意見が真っ向から対立。当初は段階的に「2リーグ12球団制」への意向をもくろんでいたものの、両陣営による意見の解決を見いだせぬまま加速度的に2リーグ制に進んでいく。こうしてなし崩し的に50年からは2リーグ15球団で新たな歴史を歩み出すこととなった。

その内訳は、**セ・リーグ8球団**（松竹、中日、巨人、阪神、大洋、西日本、国鉄、広島）、**パ・リーグ7球団**（毎日、南海、大映、阪急、西鉄、東急、近鉄）というものだった。

そして、51年には**コミッショナー制度**が創設され、初代コミッショナーに元検事総長の福井盛太が就任。52年には**フランチャイズ制度**が施行され、各球団の地域保護権を確定させた。また、59年にはプロ野球の歴史をきちんと残し、功績のあった人々を顕彰するべく**野球体育博物館**（現・野球殿堂博物館）が完成。少しずつ、着

レッ ×
リッ ◎

「分立」と「分裂」
セとパによる2リーグ制
誕生において、実際は意
見の対立による「分裂」
だったが、公式表現とし
ては、穏便な表現である
「分立」が用いられている。

1 9 5 0 年 代 は こ ん な 時 代

　1950年朝鮮戦争が勃発。朝鮮特需で日本経済復興の後押しとなった。同年、金閣寺が放火され、後に三島由紀夫の小説に。51年に紅白歌合戦開始。第1回はラジオの正月特番だった。53年にはNHKテレビの本放送開始。翌年には映画『ゴジラ』公開。55年には自由民主党が結党され、「55年体制」がスタートする。日本経済は急成長し、56年経済白書では「もはや戦後ではない」の記述が。58年には長嶋茂雄が巨人入り。この年、現在まで続く『週刊ベースボール』創刊。50年代末は正田美智子さんのミッチーブームで祝賀ムード。

1950年、放火によって焼け落ちた金閣寺

実に制度整備がなされていったのだった。

それでも、球団経営はなかなか安定しなかった。セ・リーグに加盟した西日本新聞社は早々に球団経営から撤退。さらに、経営を断念したオーナー田村駒治郎の後を受けて松竹ロビンスは大洋が吸収合併。53〜54年は**大洋松竹ロビンス**と名乗ることになったが、**「大洋」「松竹」「洋松」**と、その呼び名は混乱をきたした。これで、セ・リーグは6球団となったが、松竹もすぐにプロ野球から撤退。55年からは**大洋ホエールズ**となった。

一方のパ・リーグは7球団でスタートしたが、奇数であるため日程編成上、どうしても1球団が余ってしまう不都合があった。そこで大映・永田雅一オーナーは「セ・リーグに対抗するには同じ6球団にするのではなく、8球団にすべきだ」と主張。「日本のビール王」と称された**高橋龍太郎**の私財を切り崩す形で、54年から**高橋ユニオンズ**が加わり、8球団制で再出発。約束されていた既存の7球団からの選手供出は早々に反故にされ、苦難の船出を迎えることとなった。翌55年にはトンボ鉛筆に「名義貸し」、今でいうネーミングライツにより、**トンボユニオンズ**として経営の安定化を図ったものの効果は乏しく、翌56年を最後にチームは解散。大映と合併して56〜57年は7球団、そして58年に毎日と大映が合併して**「大毎」**を名乗り、ここでようやく6球団制に。以降、紆余曲折を経ながらも、現在まで**2リーグ12球団制**が続いている。戦後間もない50年代という時代は、混乱期から現在へと続く土台作りとなる重要な時期だったのである。

50年に金田正一、58年に長嶋茂雄がプロ入り

2リーグ制誕生により、50年からは両リーグの覇者同士が日本一をかけて戦う**「日本ワールド・シリーズ」**が始まり、翌51年からは各チームのスター選手が一堂に会する「オールスターゲーム」がスタートした。同年7月4日、甲子園球場で行われた記念すべき第1戦には4万8671人が来場。誰もが待ちに待った、日頃見ることのできない夢の対戦の実現にファンは胸を躍らせた。

50年代は、1リーグ時代に活躍し、戦火をくぐり抜けて戦後

1957年、完全試合をする金田正一

もプレーを続けた川上哲治、青田昇（ともに巨人）、藤村富美男（阪神）、小鶴誠（松竹）、西沢道夫（中日）、大下弘（東急）、別当薫、呉昌征、土井垣武（いずれも毎日）ら、投手では別所毅彦、藤本英雄（ともに巨人）、杉下茂（中日）、荒巻淳、野村武史（ともに毎日）、服部武夫、江藤正（ともに南海）らが戦争を挟んで活躍した。

　また、戦後デビューのスターとして挙げたいのが、50年途中に国鉄に入団した「17歳ルーキー」の**金田正一**だ。享栄商を中退してプロ入り。当初はノーコン病に苦しんだものの、豪速球と曲がりの大きいカーブで台頭。プロ2年目となる51年から**14年連続20勝以上**を達成。圧倒的な実力と存在感を見せつけた。

　チームとしては水原円裕（茂）監督率いる巨人が51年から53年まで3連覇を達成。第2期黄金時代に突入した。56年には宿命のライバルである巨人・水原と西鉄・三原脩の対決が実現。**「巌流島決戦」**と称された巨人と西鉄との日本シリーズは西鉄が勝利。翌57年、さらに58年も西鉄が巨人を撃破。特に58年は稲尾和久の八面六臂の大活躍で**3連敗からの4連勝**。球史に残る激戦を演じた。戦争の傷跡も癒え、まさにプロ野球が国民の娯楽として定着するきっかけとなった熱戦だった。

　この**58年に立教大学からプロ入りしたのが長嶋茂雄**だった。60年代以降現在に至るまで「ミスター」の存在抜きにプロ野球は語れない。一人のスターが時代を創り、ブームを生み出すのだということを、われわれ日本人は身をもって知ることになるのだった。

1950年代の年表

1950	・2リーグ制が始まる ・11.1 フランク・オドール（シールズ）、ジョー・ディマジオ（ヤンキース）が技術指導のために来日 ・11.22 日本ワールド・シリーズ（現・日本シリーズ）開催
1951	・コミッショナー制度開始 ・2.28 西日本と西鉄が合併して、新球団「西鉄ライオンズ」が誕生 ・7.4 第1回オールスターゲーム開催
1952	・フランチャイズ制度導入
1953	・テレビによる野球実況放送が開始
1954	・2.4 高橋ユニオンズ発足
1955	・2.23 イースタン・リーグ結成 ・3.1 ウエスタン・リーグ結成 ・9.4 スタルヒン（トンボ）300勝達成 ・10.31 高橋球団とトンボ鉛筆の提携解消、56年から再び高橋ユニオンズに
1956	・10.10「魔術師」三原脩（西鉄）と「勝負師」水原円裕（巨人）が日本シリーズで激突。西鉄・三原が勝利
1957	・1.12 スタルヒンが交通事故死 ・2.26 大映と高橋の合併が決定 ・7.7 権藤正利（大洋）が勝利投手に。28連敗でストップ ・7.22 広島市民球場完成
1958	・4.5 巨人のルーキー・長嶋茂雄デビュー。国鉄・金田正一相手に4三振 ・11.30 阪神・藤村富美男が引退表明 ・大映が毎日に吸収され、セ・パ両リーグとも6球団ずつの合計12チームに
1959	・4.26 巨人のルーキー・王貞治、27打席目でプロ初安打 ・6.12 野球体育博物館（現・野球殿堂博物館）開館 ・6.25 後楽園球場の巨人対阪神で、初の天覧試合

混乱の中、2リーグ制誕生

二リーグに分裂

プロ野球 七球団が新加入

学長に再選

北大伊藤氏ら選

2リーグに「分裂」、7球団が新たに参加した

分裂したプロ野球

阪神の転向で割れる

新チームは東才編成難

プロ野球協議会新設

日本ワールド・シリーズ

毎日ついに優勝

日本シリーズ きのう開幕

復活した

早の政

慶

1950年、毎日の優勝を報じる紙面

49年4月、読売新聞社の正力松太郎は「日本にも2大リーグを育成したい」と発言。これを受けて、多くの企業が「うちも参入したい」という機運が高まることになる。当初は「1リーグ10球団」を経て、「2リーグ12球団」を企図していたものの、新規参入希望が相次ぎ、一気に2リーグ制に向けて加速する。しかし、既存の8球団は賛成派と反対派が4対4と対立。打開策も見つけられぬまま、半ば対立する形でセ・リーグ8球団、パ・リーグ7球団が発足。混乱の船出であった。

2リーグ分立の50年から、セ・リーグとパ・リーグの覇者による日本一決定戦がスタート。当初は「日本ワールド・シリーズ」と壮大なネーミングだった。54年からは「ワールド」が取れて、現在の呼称となった。50年は全国の球場で持ち回りで開催され、51年からはそれぞれの本拠地で開催。東京オリンピックが行われた64年以外はデーゲーム開催で、授業中にこっそりラジオを聞いたり、視聴覚室でみんなでテレビを見たりしたものだったが、94年に平日ナイターとなり、95年からは全試合ナイター開催。現在に到る。

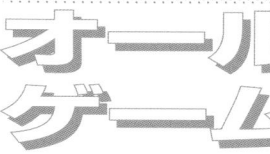
オールスターゲーム

職業野球が発足した翌37年11月20日、第1回東西対抗が行われ、2リーグ制誕生までは「夢の対決」として人気イベントに。当時の賞品は生きたアヒルや子豚、新巻き鮭や樽酒、ラジオ、火鉢など、時代を感じさせるもの。2リーグ制がスタートした50年は両リーグの関係が良好ではなく、この年だけはそれぞれが別々の東西対抗を開催するも、翌51年から現在の両リーグ対抗形式でスタートした。第1回の賞品は自転車。以前はパ・リーグ優勢で、「人気のセ、実力のパ」と言われていた。63年にはジュニアオールスターが誕生。

1952年、プロ野球オールスターで入場する選手たち

50年7月5日、後楽園球場に日本最初のナイター設備が誕生した。戦前の33年には大学野球ですでに開催され、プロ野球でも1リーグ時代の48年8月17日に横浜ゲーリッグ球場で巨人対中日戦がプロ野球初の夜間試合となり、現在でも「プロ野球ナイター記念日」に認定されている。これは進駐軍に接収されていた横浜公園平和球場のこと。本格的に照明設備が導入されるのは50年代以降のこと。大阪球場は51年、西宮球場は52年、川崎球場は54年、神宮球場は少し遅れて62年6月の導入だった。

ナイター照明

1950年、後楽園球場で初の夜間試合

高橋ユニオンズ

54年から3年間だけ存在した幻のチーム。「日本のビール王」と呼ばれた高橋龍太郎の個人資産を切り崩して球団運営。決して私利私欲のためでなく、「パ・リーグ繁栄のため」を願っての行動だった。しかし、チームは弱く「最弱球団」のそしりを受けながら悪戦苦闘。チーム最終年度となる56年には『プロ野球ニュース』でおなじみの佐々木信也が入団し、少しずつ陣容が整うも、57年キャンプ中に大映スターズ（現・ロッテ）に吸収合併されて消滅。通算勝率は.344ではあったが、決して忘れてはならないチームだ。

1956年、佐々木信也（前列中央）が入団

フランチャイズ制度

2リーグ制誕生後、関係者の間では「フランチャイズ制の施行を」という重要課題が残されていた。それまでは漠然とした「縄張り」のようなものはあったが、52年になると各球団がそれぞれ専用球場を所有し、それぞれの地域保護権を決定した。1チーム1都道府県を原則として保護地域内では自球団の野球イベントを排他的に開催する権利を持ち、他球団は干渉できない。

同時にこのとき、一球場で数カードを行う形式から、同一カードによる「3連戦システム」が採用され、現在までこのスタイルは続いている。

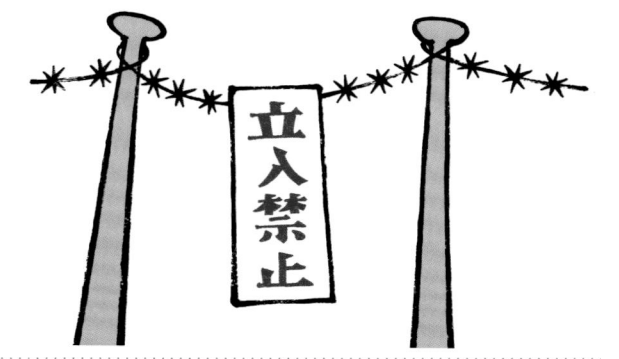

立入禁止

水爆打線

　２リーグ制がスタートした50年、初
代セ・リーグ覇者となったのか松竹だ
った。小西得郎監督の下、98勝35敗
４分、勝率は.737という驚異的な強さ
を誇った。その原動力となったのが「水
爆打線」という物騒なネーミングを誇
る超強力打線。「和製ディマジオ」と称
された三番・小鶴誠が51本、四番の
岩本義行が39本、五番・大岡虎雄が
34本と、クリーンアップの３人で実に
124本塁打を記録。前年から導入され
た飛ぶボール「ラビットボール」の影
響もあったが、それにしても破壊力抜
群。他球団の脅威の的に。

松竹ロビンス・大岡虎雄選手

初の天覧試合

　59年６月25日、
後楽園球場の貴
賓席には昭和天
皇の姿があった。
目の前で繰り広
げられているの
は伝統の巨人対
阪神戦。午後７
時、巨人は藤田
元司、阪神は小
山正明の先発で
試合は始まった。
試合は追いつ追
われつの白熱し
た展開となり巨人はプロ２年目の長嶋
茂雄、ルーキーの王貞治がそろってホ
ームラン。これがON初のアベックホ
ームランとなった。４対４で迎えた９

1959年、天覧試合で本塁打を放った長嶋選手

回裏。マウンドには阪神・村山実。打
者・長嶋の放った一打はレフトスタン
ドへ一直線。歴史的なサヨナラ弾で長
嶋は真の国民的スターに。

すべての始まり

明治初期に野球が伝来して以来、このスポーツは多くの日本人を魅了した。戦争の暗い影が忍び寄る中でも、人々は野球に夢を見た。開戦後、窮乏を強いられる中でも、人々は野球に勇気をもらった。敗戦を経て、何もないところから再興したプロ野球。先人たちの努力と奮闘の歴史を知ることこそ、歴史を学ぶ醍醐味であり、後に続く者たちの大切な義務でもあるのだ――。

「ベースボール」から「野球」へ

　野球史研究の泰斗である斎藤三郎によると、日本に野球が伝来したのは 1872 (明治5) 年のことであるという。その後、外国人講師や宣教師、軍艦の乗員らによって、「ベースボール」は学生を中心に少しずつ全国に普及していく。その中心となったのが東京大学の前身である第一大学区第一番中学で、同校のアメリカ人教師、**ホーレス・ウィルソン**。後に彼は「日本への野球伝来」の功績により、2003 (平成15) 年に野球殿堂入りしている。

　大学野球リーグ、旧制高校の対抗試合、中等学校の全国大会など、学生を中心に日本各地で野球人気は沸騰していく。そして、1894 年には第一高等学校で正岡子規の後輩である**中馬庚が**

「ベースボール」を「野球」と翻訳。
以降、現在に至るまで「野球」という言葉は広くあまねく定着した。特に東京六大学野球は熱狂的なファンを生み出し、早稲田と慶応の
5　ライバル対決、いわゆる**「早慶戦」**、**慶応サイドにとっての「慶早戦」**
の行方は日本中が熱狂して注目していた。1905 年には、早稲田大学が日本初となるアメリカ遠征を敢行。そのときのエース・
10　河野安通志らが中心となって野球を専業とする**「日本運動協会**（芝浦協会）**」**が結成されたのが 21（大正10）年のこと。

　その一方で 11 年には、野球による青少年への弊害を訴える**「野球とその害毒」**と名づけられた連載を東京朝日新聞が突然スタートする。連載 1 回目には一高の校長である新渡戸稲造の談
15　話として、**「野球は賤技なり剛勇の気なし」**とメチャクチャ野球をディスりまくる記事を掲載した。後に、大物ＳＦ作家である横田順彌は『嗚呼‼明治の日本野球』（平凡社）において、一連の

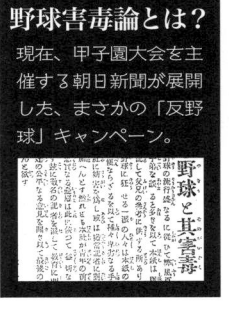

1931 年、春の早慶戦

野球害毒論とは？
現在、甲子園大会を主催する朝日新聞が展開し、まさかの「反野球」キャンペーン。

20　# １リーグ時代はこんな時代

　日本プロ野球の発祥となった 1934 年、ドイツではヒトラーが総統に就任。36 年には 2・26 事件が起こり、翌 37 年には盧溝橋事件により日中戦争が始まった。国家総動員法公布は 38 年、日独伊三国軍事同盟は 40 年の出来事。そこから戦況はどんどん悪化。国民は耐乏生活を強いられることに。職
25　業野球選手たちも次々と召集され、戦火に散る者も続出した。44 年には日本全土への空襲が本格化。そして 45 年 8 月 15
30　日、ついに戦争が終わった。47 年には日本国憲法が施行され、少しずつ、しかし着実に復興への道を歩み始める。

撮影：米軍

35

1949年、大映ユニオンズのスタルヒン投手

水原茂と三原脩

高松商と高松中、慶応と早稲田、総監督と監督、巨人と西鉄……。両者のライバル関係は生涯にわたって続いた。

☞CHECK POINT

明治の野球この一冊！
『嗚呼!!明治の日本野球』
丹念に一次資料に当たり、明治野球を検証。資料的価値の高い一冊。

ダイナマイト打線

1930年代から始まり、40年代、「ニューダイナマイト打線」と称された80年代、00年代、10年代と阪神史上定期的に登場する打線名。

記事は「記者による捏造（ねつぞう）記事」と断定している。

そして、34（昭和9）年、ついに日本初のプロ球団**「大日本東京野球倶楽部」**が誕生する。「世紀の大スター」ベーブ・ルースやルー・ゲーリッグらを擁する「全米オールスター軍」に対抗すべく、旭川中のスタルヒンや早大の三原脩、慶大の水原茂らによる「全日本軍」が作られた。この日米野球においておいて大活躍したのが**「スクールボーイ」**と称された沢村栄治だった。全米軍にはまったく歯が立たなかったが、このときのメンバーが中心になって「大日本東京野球倶楽部」が結成され、アメリカ遠征後に**「東京巨人軍」**と命名される。

こうした流れを受けて、36年には**「日本職業野球連盟」**が誕生する。前年の35年、大阪では「大阪野球倶楽部」が結成され、「大阪タイガース」が誕生。36年の名古屋では新愛知新聞社によって「愛知軍」が結成され、タイガースに対抗すべく「大阪阪急野球協会」も誕生。プロ初年度に参画したのは**「東京巨人軍」「大阪タイガース」「名古屋」「東京セネタース」「阪急」「大東京」「名古屋金鯱」**の7球団で、36年2月9日から始まる「巨人対名古屋金鯱」3連戦が日本初の「職業野球チーム同士の試合」とされている。9月18日から始まった総当たりリーグ戦が公式戦の始まりで、初代チャンピオンは巨人だった。翌37年にはイーグルスも加わり、38年には南海が新規参入を果たして全9球団となる。「学生野球」の時代から、「職業野球」の時代へ。プロ野球は急速に拡大していく。

第二次世界大戦が野球界に与えた影響

37年以降は春季、秋季の2シーズン制で順調にリーグ運営が行われ、39年からは通年の長期1シーズン制となった。同年には**スタルヒンがシーズン42勝**をマーク。40年には**沢村栄治が**

3度目となるノーヒットノーランを達成。

　赤紙により召集される選手が続出し始めた40年。「敵性スポーツ」という批判の矛先をかわすべく、「日本精神」を全面にアピールした新綱領を発表。英語の使用を禁止し、タイガースは「阪神」、イーグルスは「黒鷲」などチーム名はもちろん、スタルヒンは**「須田博」**と日本名への改名を余儀なくされ、野球用語もすべてが日本語化された。沢村栄治は除隊により球界に復帰も身体はボロボロだった。

　太平洋戦争が勃発した41年にはセネタースと金鯱が合併して8球団に。巨人の川上哲治が首位打者と打点王となり、最高殊勲選手に輝く。43年になるとアマチュア野球はすべて中止となるも、職業野球は何とか継続。しかし、44年の夏季リーグ終了後、戦局の悪化とともについに**ペナントレースは中止**となる。45年は本土空襲が激化。そして終戦。焦土の中からの復活を期すこととなった。

　46年についにペナントレースが再開。戦争で傷ついた日本人の心に勇気と希望を与えるべく、プロ野球は新たな章を歩み出すこととなった。セネタース・大下弘のホームランは人々の生きる希望となり、**阪神のダイナマイト打線**は日々の活力となった。人々は野球に飢えていた。粗悪なバットやグラブやボールであっても、プロ野球選手は希望の光を求める多くの日本国民を魅了した。平成時代の阪神・淡路大震災、東日本大震災、そして令和時代の新型コロナウイルス禍において、プロ野球が人々に夢と希望を与えたのと、まったく変わらぬ構造であった。**プロ野球には力がある。人々に勇気と感動を与える絶大なパワーがある**。それは、プロ野球草創期から現在に至るまで不変の真実なのだ――。

1リーグ時代の年表

1934	・11.2 ベーブ・ルースら、アメリカメジャーリーグ選抜チーム来日 ・12.26 大日本東京野球倶楽部（東京巨人軍、現・読売ジャイアンツ）設立
1935	・10.1 大阪野球倶楽部（大阪タイガース、現・阪神タイガース）」が設立
1936	・東京巨人、大阪タイガース、名古屋、東京セネタース、阪急、大東京、名古屋金鯱の7球団によって、日本職業野球連盟創立
1937	・西宮球場、後楽園球場完成 ・11.20 職業野球東西対抗開催
1939	・3.1 日本職業野球連盟が日本野球連盟に改称。長期1シーズン制導入決定 ・11.12 スタルヒン（巨）年間42勝
1940	・戦時体制下により英語使用禁止
1941	・セネタースと金鯱が合併8球団に
1943	・アマチュア野球は全面中止に
1944	・プロ野球一時休止 ・12.2 沢村栄治、東シナ海で戦死
1945	・本土空襲、そして終戦
1946	・学生野球、社会人野球再開。プロ野球は8球団で復活
1947	・3.19 国民野球連盟が発足
1948	・8.17 横浜ゲーリッグ球場（現・横浜スタジアム）でプロ野球初となる「夜間試合（ナイター）」が行われる
1949	・4.14 三原ポカリ事件 ・日本野球機構（NPB）が誕生。「毎日オリオンズ（現・千葉ロッテマリーンズ）」「大洋ホエールズ（現・横浜DeNAベイスターズ）」「西鉄クリッパース（現・埼玉西武ライオンズ）」「近鉄パールス」「広島カープ（現・広島東洋カープ）」「国鉄スワローズ（現・東京ヤクルトスワローズ）」「西日本パイレーツ」が発足

カタカナから漢字へ

戦火の拡大と同時に、アメリカ発祥の野球に対する風当たりは次第に強くなっていく。そこで愛国心をアピールすべく定められたのが「国民運動に協力する新綱領」だった。制服（ユニフォーム）の文字をローマ字から漢字に改め、球団名も日本語化。スタルヒンは須田博と改名を余儀なくされた。「プレーボール」は「試合始め」、「タイム」は「停止」、「ゲームセット」は「試合終わり」「ストライク」は「よし」、「アウト」は「ひけ」など、すゑひろがりずのネタのようだが、決して笑えない事態がかつて確かにあったのだ。

1943年頃、プロ野球初「三冠王」の中島治康選手（左）と沢村栄治選手

スクールボーイ

1934年、ベーブ・ルース、ルー・ゲーリッグらを擁する全米軍が来日。「東京倶楽部」「全日本軍」と全16戦を行い、16勝0敗という無類の強さを見せつけた。11月10日、草薙球場で行われた第10戦に先発したのが、京都商を中退したばかり、当時17歳の沢村栄治だった。この試合で沢村はゲーリッグの本塁打で1点を失ったものの、8回9奪三振で全米軍を圧倒し、全米中に「スクールボーイ」の活躍が広まった。その後、沢村は3度も召集されて戦火に散った。27歳の早すぎる死だった。

1934年、京都商の沢村投手

幻の球場

⁵ 野球が伝来し、日本人の多くが野球に夢中になると同時に、全国各地にさまざまな球場が建設された。これらの球場の多くは現存しない。1902 年に早大が建設した戸塚球¹⁰場は後に野球部創設者・安部磯雄にちなんで安部球場と名づけられた。22 年には兵庫に宝¹⁵塚球場、27 年には名古屋に鳴海球場、29 年には横浜公園球場、36 年には杉並に上井草球場が²⁰建設された。同 36

年には江東区に洲崎球場も作られ、巨人も試合したものの、満潮時には海水で水浸しとなり、わずか 2 年で閉場となった。

1933 年頃、空から見た横浜公園球場

満州リーグ

²⁵ 幻の東京オリンピックとなった 1940 年。神武天皇即位 2600 年となるこの年、国策によって日本統治下の満州において、全 9 球団に³⁰よる満州リーグが開催された。奉天、新京、大連を転戦しながら、各カード 2 試合ずつ、1 チーム 16 試合の全 72 試合が行われた。14 勝2 敗と無類の強さを見せつけた巨³⁵人からは優秀投手賞のスタルヒン、首位打者の川上哲治、最高殊勲選手を獲得した吉原正喜らが参加。7 月 26 日に神戸港を出発し、8月 31 日に門司港に帰着。戦火の⁴⁰中で選手たちは懸命にプレーした。

満洲で慶祝運動會

【新京特電二十六日發】【紀元二千六百年慶祝國民運動大會は九月十九日新京において友邦日本、中華、蒙疆の青年代表を迎へて華々しく開催される事に決定した本年は特に深くタイ國からも青年代表が参加するはずである

古野田部木柳水地崎野

大89④関學76⑤東大73⑥九大63

然制贊然小野と大臣狙は大贊を試

国民リーグ

戦後のプロ野球ブーム。自動車クラクションの製造で財を成した宇高産業・宇高勲は日本野球連盟に加入を拒否されたことで、私財を切り崩して国民野球連盟を結成。47年3月19日に東京・銀座で発会式を行った。宇高レッドソックス、結城ブレーブス、唐崎クラウンズ、巨人の初代監督である三宅大輔率いる大塚アスレチックスの4球団での船出ではあったが、球場確保に苦労し、日程編成もままならず、宇高自身も資力が尽きてしまい、わずか1年後の48年2月にリーグは解散の憂き目に。伝説のリーグとなった。

正力松太郎

読売新聞社社主であり、民間テレビの先駆け、日本テレビ社長であり、読売ジャイアンツ創設者として名高い正力松太郎。1934年に全米軍を招請し、その際の全日本軍が日本最初の職業野球チーム、後の巨人となる「大日本東京野球倶楽部」の礎となった。59年には野球殿堂の初代表彰者に。また、プロ野球界に多大な貢献をした人物に対して、毎年「正力松太郎賞」が贈られている。彼の遺訓は「巨人軍は常に紳士たれ、巨人軍は常に強くあれ、巨人軍はアメリカ野球に追いつけ、そして追い越せ」。

1955年、北海道開発庁長官の正力松太郎

シベリア抑留

第二次世界大戦終結後、多くの日本人捕虜がソビエト連邦での抑留生活を余儀なくされた。過酷な状況下での強制労働によって、多くの日本人が亡くなった。その中には巨人創設に関わった水原茂、阪神のムードメーカー、中田金一の姿もあった。

中田は48年に復帰、水原は49年に帰国。後楽園球場で行われたセレモニーにおいて、「水原茂、ただいま帰って参りまし

た」とあいさつ。万雷の拍手で出迎えられた。ファンの要望に応えて40歳で現役復帰も全盛時の輝きを取り戻すことはできなかった。

1948年頃、シベリアに抑留された日本人たち

鎮魂の碑

東京ドームの敷地内には「鎮魂の碑」と呼ばれる石碑がひっそりとたたずんでいる。そこには、太平洋戦争で戦火に散った76名の野球人たちの名が刻まれている。その傍らにある「鎮魂の副碑」には遺族代表として特攻隊員として戦死した石丸進一の兄、藤吉氏による追悼文が刻まれている。また、野球殿堂博物館内には「戦没野球人」のモニュメントが展示されており、167名の名前が記されている。野球を続けたくても続けられない時代があっ

今も東京ドームのすぐ近くにある鎮魂の碑

た。「野球と戦争」、日本野球史の悲しい一面の記録だ。

——実は今日、関根さんが書かれた本をお持ちしました。まずはこの本について伺いたいのですが……。

すると、関根さんは僕の手元から本を受け取りながら言った。

「……何これ？　これ、僕が書いたの？」
マンガならば「ズコーッ」という擬音とともに、僕はひっくり返っていたことだろう。しかし、これは現実だ。僕は動揺を抑えながら続けた。

——間違いなく、ヤクルトの監督を辞められたすぐ後に関根さんが書かれた本ですが……。

「ふーん、そうだったかな。えっ、『一勝二敗の勝者論』？」
タイトルを見て、訝しがる関根さん。続く言葉を待った。

「……バカ言っちゃいけないよ。1勝2敗で勝者であるはずがあるかい。バカなこと言っちゃいけないよ」

[a]マンガでなく現実なのに、確かに「ズコーッ」と音がした。そして、間違いなく僕はひっくり返ってしまった。

——えっ、だってこれ関根さんのご本ですよ。

「うーん、そうなんだろうけどね。でも、このタイトルはないよ。ひとつ勝って、2回も負けたら勝者じゃないよ。そんなことねぇよ」
——ハハハハ。
「ハハハハ」
しばらくの間、[b]ふたりして笑うしかなかった。

「1勝2敗で威張ってるんじゃないよ。僕は、そんな気持ちなんか持っていないからね。"負けて勝つ"なんて、うまいこと言ってるんじゃないよ」

① 傍線a、「マンガでなく現実なのに、確かに「ズコーッ」と音がした。」という一文の表現意図について、次の中から最もふさわしくないものを選べ。

a 予期せぬ答えに狼狽（ろうばい）している様子を意味する誇張表現

b 「えっ、関根さん……」と、あっ気にとられた表現

c 実際にひっくり返り、本当に「ズコーッ」と音がした写実的表現

d 軽い感じの表現で読者の笑いを誘おうというさもしい表現意図

② 傍線b、どうして「ふたりして笑うしかなかった。」のか？　10字以内で答えよ。

③ 引用文末の関根氏の言葉を受けて、作者はどんな気持ちになったのか？　8文字以内で答えよ。

国語

問題制作：長谷川晶一（二〇二一年八月一日）

100満点

1

次の漢字の読み方を答えなさい。　30点

① 中馬庚　　⑥ 柳田悠岐

② 福井盛太　⑦ 柳田真宏

③ 井上登　　⑧ 空白の一日

④ 大濱信泉　⑨ 無理やりすぎる謎理論

⑤ 下田武三　⑩ 無理が通れば道理が引っ込む

2

次のカタカナを漢字に直しなさい。　20点

① ハラジュリ

② ヤマサキヤスアキ

③ イマクルススナオ

④ ゲンゴロウマルヒロシ

⑤ テイハンパツキュウ

3

次の故事の空欄を埋めよ。　20点

① 「神様、仏様、（　　）様」

② 「マーくん、（　　）、不思議な子」（野村克也）

③ 「ベンチが（　　）やから、

　　（　　）がでけへん」（江本孟紀）

④ 「勝負は家に帰って、

　　（　　）までわかりません」（長嶋茂雄）

⑤ 「肩に（　　）が乗っているようだ」

　　（エリック・ヒルマン）

4

次ページは『いつも、気づけば神宮に』（集英社）の一節である。監督退任後、『一勝二敗の勝者論』という書籍を出版した関根潤三に対して、「あなたはそんな気持ちで戦っていたのか！」と憤った作者が、関根に詰問に行く場面である。課題文を読んで、続く設問に答えよ。　30点

プロ野球ヒストリーテスト

国語　解答

1
① ちゅうまかのえ　② ふくいもりた　③ いのうえのぼり　④ おおはまのぶもと

⑤ しもだたけそう　⑥ やなぎたゆうき　⑦ やなぎだまさひろ　⑧ くうはくのいちにち

⑨ むりやりすぎるなぞりろん　⑩ むりがとおればどうりがひっこむ

2
① 原樹理　② 山﨑康晃　③ 今久留主淳　④ 源五郎丸洋　⑤ 低反発球

3
① 稲尾　② 神の子　③ アホ　野球　④ 風呂に入る　⑤ 小錦

4
① C　② 解答例…「おかしかったから」　③ 解答例…関根さん、最高！

（配点）
問1　各3点
問2　各4点
問3　各4点
問4　各10点
計100点

PART 2

キーワード別
日本プロ野球史

縦軸があれば横軸がある──。PART 1 では通史をご紹介したが、ここではキーワード別に見た歴史を振り返ってみたい。オールスター史や日本シリーズ史のような正史もあれば、決して公式記録には残らない女子アナ結婚史やスキャンダル史のような俗史、秘史まで、徹底的にオールジャンルにこだわりたい。玉石混交、清濁併せのんでこその歴史なのだ。真面目なものもあるけど、くだらないものはとことんくだらないよ（笑）。覚悟の上で、ページを繰れ！

1

日本人メジャーリーガー史

今から半世紀以上も前に、マッシー村上は海を渡った

昭和の野球少年にとって、「大リーグ」は遥か彼方、遠い世界の夢物語だった。野球漫画の金字塔である『巨人の星』では、主人公・星飛雄馬が**「大リーグボール養成ギプス」**を装着し、苦労の末に身につけた魔球が**「大リーグボール」**と命名されていたように、当時の日本人にとって、「大リーグ」と「日本プロ野球」は完全な別物だったのである。巨人軍創設者の正力松太郎の遺訓である巨人軍憲章の一つとして、**「巨人軍はアメリカ野球に追いつけ、そして追い越せ」**とわざわざ宣言するくらい、日米の実力差はいかんともしがたかったのだ。

こんな時代に海を渡って、日本野球の実力を見せつけた男がいた。1964（昭和39）年、当時南海ホークスに在籍していた20歳の**村上雅則**はサンフランシスコ・ジャイアンツの一員としてニューヨーク・メッツ戦でメジャー初登板を果たしたのだ。**野球留学**の一環として、1Aのフレズノに派遣されていた村上はすぐにメジャーに昇格、**9月29日にはメジャー初勝利**。前人未到の快挙を成し遂げるも、現在のような衛星中継も行われず、日本国内は開催間近に迫った東京オリンピックの話題で持ちきりで、村上の偉業が大々的に報じられることはなかった。早すぎた男、村上雅則。

すぐに帰国を求める南海サイドと、村上の実力を高く評価していたジャイアンツサイドとの間でその処遇をめぐってもめにも

めたが、村上は翌65年もジャイアンツに在籍することが決まり、**「マッシー」**の愛称が全米に広まることとなった。

以来、「日本人メジャーリーガー」はまったく現れなかった。時代が動き始めたのは元号が平成に替わった92（平成4）年のことだった。このとき、日本の高校を中退したばかりの16歳の若者が海を渡って果敢な挑戦を行った。それが鈴木誠、後の**マック鈴木**だった。

94年にはシアトル・マリナーズとマイナー契約を結び、**「マッシー以来の日本人メジャーリーガー誕生か？」**と注目を集めた。そして、マックが地道に経験を積んでいた頃、95年に日本球界から超大物が海を渡ったのだ――。

パイオニア・野茂が道を開き、続々と日本人選手が渡米

マッシー村上以来、実に30年ぶりに「日本人メジャーリーガー」として新たな歴史を刻んだのが、近鉄バファローズの大エース・**野茂英雄**だ。一部では「裏切り者」のそしりを受けながらも、自身の夢を愚直に追いかけた野茂は本当に立派だった。ロサンゼルス・ドジャース入団後、すぐに台頭し、「日本球界のエースはアメリカでも通用するのだ」ということを実証した。野茂がいたからこそ、その後の**長谷川滋利、伊良部秀樹、吉井理人**ら、日本人実力派投手が次々とメジャーで活躍することとなった。

投手のパイオニアが野茂なら、「日本人野手の時代」を切り開いたのはオリックス・

2012年3月、親善試合でヒットを放つイチロー

2004年、日本開幕戦で本塁打を放つ松井秀喜

ブルーウェーブから01年にポスティング移籍した**イチロー**であり、阪神からニューヨーク・メッツに入団した**新庄剛志**、03年に読売ジャイアンツからFAでニューヨーク・ヤンキースに入団した**松井秀喜**だった。イチローは1年目からメジャー新人記録となる242安打を放ち、打率.350、56盗塁で首位打者と盗塁王のタイトルを獲得。新人王とMVPも同時受賞し、「日米の壁」を完全に取り払うことに成功した。

　野茂や伊良部から始まる**「投手中心時代」**、イチロー、新庄、松井が台頭する**「野手台頭時代」**を経て、ついに訪れたのが**「日本人捕手誕生期」**だ。もちろん、その主役となったのは城島健司。06〜09年にかけて、城島はマリナーズの正捕手として、外国人投手との異文化コミュニケーションをクリアすることに成功した。しかし、やはり「捕手」の壁は高く、城島以降、日本人捕手は出現していない。

　その後、**松坂大輔**がボストン・レッドソックス、メッツに8年間在籍し、56勝43敗1セーブを記録し存在感を発揮した。

　日本人メジャーを語る上で忘れてはいけないのが08年、田澤純一に端を発する**「田澤ルール」**問題だ。NPBのドラフトを経由することなく、当初からメジャー志望を表明する選手に対して、国内野球の空洞化、人材流出を危惧した日本球界は「NPBドラフト指名を拒否して海外のプロ球団と契約した選手は、当該球団を退団後も一定期間（大卒、社会人は2年、高卒選手は3年）、NPB球団と契約できない」と規定したのだ。**職業選択の自由に抵触する**可能性を秘めたまま、長年にわたって存続したものの、**20（令和2）年、ようやく撤廃**された。

　野茂以降、現在に至るまで**ダルビッシュ有、上原浩治、黒田博樹、青木宣親、菊池雄星、大谷翔平**などが活躍した。21年シーズンの渡米を目指した**菅野智之は契約が成立せずに巨人残留**の一方で、ヤンキースのエースだった**田中将大は古巣の楽天復帰**となった。野茂以降のおよそ30年間で、日米の垣根が一気に消滅することとなった。一方、21年大谷はアメリカ中のスターに。今後も、続々と日本人メジャーリーガーが誕生するのは間違いない。

2018年、本拠地初登板のエンゼルス・大谷翔平

2

侍ジャパン史

サッカーにおけるワールドカップのように、野球における国際大会はワールドカップやインターコンチネンタルカップなど、かつてはアマチュア球界のものだった。

野球の日本代表が多くの人々の注目を集めるきっかけとなったのが 1984 (昭和59) 年の**ロサンゼルス五輪**だった。このとき初めて、公開競技として野球が採用され、日本も代表チームを結成して大会に臨み、**見事に金メダルを獲得**。

このときのメンバーは後にプロで大活躍する**伊東昭光、広沢克己、秦真司、荒井幸雄、正田耕三、和田豊、宮本和知**など豪華メンバーがそろっていた。

その後も、88 年ソウル五輪では銀メダルに終わったものの、**野茂英雄、潮崎哲也、石井丈裕、古田敦也、野村謙二郎**らが後にプロ入り。正式競技となった **92 (平成4) 年バルセロナ五輪**では伊藤智仁、杉山賢人、小久保裕紀らが活躍するが、準決勝で敗退。銅メダルに終わった。続く **96 年アトランタ五輪**は王者キューバに大敗し、結果は銀メダル。この大会では**福留孝介、松中信彦、井口忠仁 (資仁)** らが後にプロで大成する。

00 年のシドニー五輪からは、ついに「**プロ解禁**」。当時西武の松坂大輔、ダイエー・松中信彦らが招集された史上初のプロアマ混成チームが誕生した。「**オリンピックをアマチュアから奪ってもいいのか？**」という議論を呼んだが、同大会以降、オリンピックはオールプロ化していくことになる。

04 年アテネ大会は長嶋茂雄監督の下、ロス大会以来の金メダル奪取を目指したが、本番 5 カ月前に脳梗塞で倒れ、中畑清ヘッドコーチが指揮を執ることに。各球団 2 名ずつ 24 名のプロ選手が集結したものの、結局は銅メダルに終わった。**08 年の北京大会は星野仙一監督**の下、メダルに届かず 4 位という結果に終わった。星野監督を支えた山本浩二、田淵幸一両コーチへの批判が相次ぎ、「**お友だち内閣**」と揶揄されることもあった。また、準決勝の韓国戦で 2 失策、3 位決定戦のアメリカ戦でも失点に絡む「**世紀の落球**」を犯した GG 佐藤への批判はとても大きかった。

北京大会を最後に五輪種目から野球が外れることになる。しかし、12 年には代表チームを常設化することが決まり、同時にこのときから「**侍ジャパン**」の名称が正式採用されることとなった。

オリンピックと並ぶ野球の国際大会として、06 年には MLB、メジャーリーグ選手会主催で **WBC** (ワールド・ベースボール・クラシック) が誕生。アメリカ国内ではあまり話題にならず、大会運営や利益分配においても不平等が生じるなど、さまざまな問題点が指摘されたものの、**王貞治監督率いる日本代表チームは見事に優勝**を飾り、日本における WBC の認知度は一気に高まることとなった。

09年の第2回大会でも**原辰徳監督**の下、優勝。松坂は2大会連続MVPに輝く活躍を見せ、WBC人気は最高潮に達した。しかし、**山本浩二監督**が率いた13年の第3回大会、**小久保裕紀監督**による17年第4回大会はいずれもベスト4。21年開催予定だった第5回大会は、世界中で猛威を奮うコロナ禍により延期となった。

　また、オリンピックから野球が除外されたことを受け、WBCに並ぶ「新たな世界大会」として、15年からスタートしたのが**WBSC**（**世界野球ソフトボール連盟**）が主催する**WBSCプレミア12**だ。15年の第1回大会は小久保監督の下、3位に終わったものの、19年の第2回では稲葉篤紀監督の采配がズバリ的中、見事に金メダルを獲得した。MLBの全面協力が得られず、マイナーリーグ選手主体であること、世界的知名度に欠けることなど、まだまだ課題は多いが、世界に野球を普及させるため、日本での野球人気の低下を食い止めるためにも、プレミア12をさらに充実した大会にする必要がある。

　08年の北京大会以降、**「五輪から野球が消えた」**状態が続いていたが、13年には「2020年東京オリンピック」開催が決定。開催都市提案による追加種目として野球が採用されることとなった。**「五輪に野球が帰ってくる」**と関係者、ファンの期待は大きかったが、新型コロナウイルスにより、大会は翌21年への延期が決定。24年に予定されているパリ大会では野球は再び除外されることが決定されているだけに関係者の期待と不安は大きい。こうして迎えた21年東京大会。**稲葉ジャパンは5戦全勝で金メダルを獲得**。MVPは山田哲人（ヤクルト）が受賞した。

　日頃別々のチームに所属している選手たちが、国際大会の期間だけは同じユニフォームを着て、日の丸の旗の下で必死に戦う。一流のプロ選手たちが、まるで高校球児たちのように泥にまみれて全力プレーを披露する。誰もが野球少年に戻る数少ない貴重な夢舞台。それを見て、世界中のファンが熱狂し、子どもは興奮し、野球に夢中になる。それが国際大会ならではの醍醐味だ。日本野球の底力を見せるべく、球界一丸となって各大会の成功に向け、そして金メダル奪取に向けて協力する必要がある。

2021年、東京五輪で稲葉篤紀監督の胴上げ

2009年、記念撮影でトロフィーを囲み笑顔を見せる日本代表

3

日米野球史

戦前の「手も足も出ない」時代から、戦後の「単独チーム」来日時代へ

現在のような超国際化社会が到来するはるか以前。海の向こうのメジャーリーグ、通称「大リーグ」は物理的にも、心理的にも、はるか彼方の遠い、遠い存在だった。そのため、日本野球界はアメリカから少しでも多くのことを吸収すべく、定期的に交流試合「日米野球」を開催した。

古い記録をひもとくと、その端緒はプロ野球誕生前史となる 1908（明治41）年に来日した**「リーチ・オール・アメリカン」チームと日本の大学チーム**との試合にさかのぼると言われている。

その後、正式にアメリカチームとして日本にやってきたのが 1934（昭和9）年のことだった。これは今でも伝説となっている

1955年、ヤンキース監督と皇太子さま（現・上皇陛下）

沢村栄治対ベーブ・ルースの対戦が行われたシリーズだ。全日本チーム監督を務めた**三宅大輔**は「私は生涯、数千試合の野球試合に関係し、観戦している。それらの中には、印象に残るものがたくさんあるが、あの日米試合ほどスリルを感じさせたものはない」と述懐している。

このシリーズでは、日本から**三原脩（早大）、水原茂（慶大）、沢村栄治（京都商）、スタルヒン（旭川中）**ら、アメリカは**ベーブ・ルース、ルー・ゲーリッグ（ともにヤンキース）**らが出場。このときは**全米チームの 16 勝 0 敗**だった。

終戦後の 49 年にサンフランシスコ・シールズ、51 年に全米選抜、53 年にロパット・オールスターズ、ニューヨーク・ジャイアンツが来日。いずれも日本チームは惨敗に終わっている。その後は、**55 年にニューヨーク・ヤンキース、56 年ブルックリン・ドジャース、58 年セントルイス・カージナルス、60 年にサンフランシスコ・ジ**

1934 年、試合前の練習をするベーブ・ルース

ャイアンツ、62 年に**デトロイト・タイガ
ース**がいずれも単独チームとして初来日を
果たしている。

　ここまで見てきたように、戦前の**「最強
軍団」による手も足も出ない時代**を経て、戦
後から高度経済成長期にかけては、歴史と
伝統を誇る**「単独チーム」の来日**が続いた
のが特徴となっている。

　この傾向はしばらくの間続いた。74 年
のニューヨーク・メッツとのシリーズは全
18 試合、全国いずれも超満員となった。と
いうのも、このシリーズは同年限りで現役
を引退した**長嶋茂雄の「引退興行」**でもあ
ったからだ。さらに、11 月 2 日の第 6 戦
の試合前にはブレーブスの**ハンク・アーロ
ンと王貞治によるホームラン競争**が実現。
アーロン 10 本、王 9 本という白熱した結
果となり、アーロン氏の死の際には、この
ときのことがたびたび報じられた。78 年
には名将スパーキー・アンダーソン監督率
いるシンシナティ・レッズが来日。**「ビッ
グ・レッド・マシン」**の象徴**ピート・ロー
ズ**人気が大爆発。

日本人メジャーリーガーの
凱旋帰国が当たり前の時代に

　日米野球開始当初からしばらくの間、ア
メリカチームにとっては**あくまでも親善試
合であり、観光気分**で、「日本で小遣い稼ぎ
をしよう」という気持ちも少なからずあっ
たように思われる。

　しかし、日本球界が実力をつけ緊迫した
試合が続くようになるとアメリカチームの
心構えも少しずつ変化していく。86 年か
らは**「全米オールスターズ」**による混成チ
ームが来日。各球団のスターが日本に集結
することで、日米野球は新たな時代に突入
した。昭和末期から平成にかけては、ほぼ
2 年に一度のペースで日本の野球ファンに
夢を与えることとなった。

　日米野球に新たな時代が訪れたのは 96
（平成 8）年。この年の全米オールスターの一
員に名を連ねたのが前年にメジャーリーガ
ーとなっていた**ドジャースの野茂英雄**だっ

1998 年、日米野球ＭＶＰのソーサとイチロー

た。野茂が開拓した「日本人メジャーリー
ガー」の誕生により、その後何度も**「凱旋
帰国試合」**が実現するとともに、衛星放送
を通じて日々接することになったアメリカ
人選手たちが身近な存在となっていく。
98 年にはカブスの**サミー・ソーサ**が人気
者に。試合だけではなく、滞在中には養護
施設を訪問するなど、一流メジャーリーガ
ーとして、グラウンド外でのあり方を日本
人選手に伝えることに。

　00 年には**マリナーズ・佐々木主浩**、02
年には同じく**マリナーズ・イチロー、エク
スポズ・大家友和**が凱旋。04 年には**ドジ
ャース・石井一久、パドレス・大塚晶則**、
06 年には**ホワイトソックス・井口資仁、マ
リナーズ・城島健司**が来日（！）。このよう
に、全米チームに日本人選手がいるのは当
たり前の光景となったのだ。

　しかし、06 年を最後に日本プロ野球選
手会は**「日米野球は一定の役割を終えた。次
回以降の大会は参加しない」**と発言。理由
は同年から WBC がスタートしたこと、ア
ジアシリーズ開催などで選手たちの負担が
増えたことが挙げられる。

　明治時代に始まり、昭和、平成と日本人
野球ファンに夢を与え続けてきた日米野球。
インターネットもない時代、小さな報道記
事でしか知ることのできなかったバリバリ
のメジャーリーガーたちの雄姿を生で見る
機会を与えてくれたのが日米野球だった。
彼我の差は縮まり、情報網も発達した今か
らは考えられないほど、その価値は貴重な
ものだったのだ。

球場史

日本の球場ヒストリーをひも解いていくと、プロ野球が誕生し、2リーグ制が確立した頃の①**球場建設ラッシュ時代**から始まり、平成が訪れてからの②**ドーム球場時代**から、老朽化した球場の取り壊しが進んだ③**ロストパーク時代**を経て、現在に至る④**ボールパーク化時代**へと推移していると言えるだろう。

「日本初の本格的球場」と称されるのは1882（明治15）年、新橋アスレチック倶楽部が新橋に建設した**保健場**だと言われている。その後、時代が大正期に移行した1921（大正10）年に日本初のプロ野球球団である日本運動協会の本拠地として**芝浦球場**が誕生するものの、わずか2年後の23年には関東大震災によって芝浦球場は崩壊。あっけない幕切れとなった。

その後、大正末期には現在へと続く歴史的球場が相次いで誕生。24年には**甲子園球場**、26年には**神宮球場**が完成。36（昭

1924年、完成当初の甲子園球場

1946年、野球大会が開かれた西宮球場

和11）年にプロリーグが誕生してからは同年に、主にセネタースが使用した**上井草球場**、大東京の**洲崎球場**、翌37年には阪急の**西宮球場**、さらにヤンキースタジアムを模した**後楽園球場**が誕生。**第一次球場建設ラッシュ**が勃興する。

日本にもプロ野球定着の兆しが芽吹きつつあったものの、この頃から戦局は悪化。42年には後楽園球場の2階席は高射砲陣地となり、外野にはトウモロコシやジャガイモが植えられることとなった。43年には金属類回収命令により、甲子園の象徴とも言うべき銀傘が撤収された。

45年の終戦後も神宮球場はアメリカ軍に接収され**「ステートサイド・パーク」**と呼ばれ、米軍管理下におかれた。

それでも、日本人の野球に対する渇望は衰えなかった。48年には名古屋に**中日球場**、49年には福岡に**平和台球場**が完成。翌50年に2リーグ制が発足すると、大阪には**大阪球場**、**日生球場**が相次いで誕生。昭和のプロ野球を代表する本拠地球場が全国各地に産声を上げたのだ。

この頃誕生した球場として**武蔵野グリーンパーク球場**を忘れてはいけない。首都圏での慢性的な球場不足を解消するために東京・三鷹に建設されたものの、ひどい土ぼこりのために「**ほこりパーク**」と揶揄されてわずか1年で消滅。海抜60センチメートルのところに建設され、満潮時には水没した洲崎球場ともども、草創期ならではのとんでもエピソードとして記憶に留めたい。

ドーム時代、ロストパーク時代、そして、ボールパーク化時代へ！

50年代に突入しても、さらに「球場建設ラッシュ時代」は続く。フランチャイズ制度が正式導入された52年には**川崎球場**、53年には**駒澤球場**、57年には**広島市民球場**が完成。戦後の娯楽の王道として、プロ野球が国民的スポーツへと成長していくのと軌を一にするように全国各地に球場が建設されていった。

1957年、世田谷区の駒澤球場

この時期に注目したいのが62年に東京・荒川に誕生した**東京スタジアム**だ。大毎の名物オーナーだった「**永田ラッパ**」こと永田雅一が下町に作った光り輝くスタジアム。当時、サンフランシスコ・ジャイアンツの本拠地だったキャンドルスティック（ろうそく）・パークを模した最新鋭の設備を完備し、「**光の球場**」と呼ばれた。その後、78年に**横浜スタジアム**、79年に**西武球場**が誕生し、「建築ラッシュ期」は一段落も、川崎から千葉に本拠地を移転したロッテは92年（平成4）から**千葉マリンスタジアム**を新天地とした。

そして、時代が平成期に移り変わる80年代後半から90年代にかけては「**ドーム球場時代**」が到来。そして少し遅れる形で長年の役目を終えた球場が続々と取り壊される「**ロストパーク時代**」に突入。

ドーム時代の先鞭となったのは88年の**東京ドーム**。以降、93年には国内初の開閉式球場**福岡ドーム**が誕生し、97年には**大阪ドーム**、**ナゴヤドーム**が完成。98年には西武球場に屋根が取り付けられ、**西武ドーム**と改称された。そして、最後に誕生したのが01年6月に開場した**札幌ドーム**。狭い日本列島、北から南まで全部で6つのドーム球場が乱立することとなった。

しかし、誕生があれば消滅も表裏一体。かつてさまざまなドラマを演出した後楽園球場、平和台球場、川崎球場、西宮球場、広島市民球場などが次々と閉場。セピア色の思い出とともに、記憶の彼方、追憶のロストボールパーク時代が訪れた。

平成後期になると、04年の球界再編騒動によって誕生した東北楽天ゴールデンイーグルスが、仙台の県営宮城球場を本拠地とする。大規模な改修工事により05年からは**フルキャスト宮城**と命名されるも、その後は**ネーミングライツ**により毎年のように名前が替わることに。この年には東京ドームに**フィールドシート**が登場。グラウンドレベルで選手と同じ目線で観戦できるようになった。

09年には**マツダスタジアム**が開場。寝転んで観戦できる「**寝ソベリア**」が話題に。同様に各球場も積極的な改修を行い、かつての「野球場」を経て、現在では「ボールパーク化時代」に突入。野球も楽しめる夢の場所へと変貌を遂げている。

1962年に開場した大毎オリオンズの東京スタジアム

1978年、完成当初の横浜スタジアム

5

女子アナ結婚史

フジテレビを中心に、日テレ、TBSが続く

プロ野球選手と女子アナウンサーとの結婚——。現在では何も珍しいことではないが、昭和時代には考えられないことだった。きっかけとなったのは、1988（昭和63）年4月、フジテレビの看板番組だった『プロ野球ニュース』の週末キャスターとして同局2年目の若手だった**中井美穂アナウンサーが大抜擢された**ことだった。

それまで、「女人禁制」ムードが蔓延していた球場取材において、この頃から各局の女子アナウンサーがプロ野球の現場で活躍するようになったのだ。90（平成2）年にテレビ東京『スポーツTODAY』のキャスターだった**赤間裕子が広島・小早川毅彦と結婚（後に離婚）**。92年にTBSの**木場弘子が中日・与田剛と結ばれる**と、以降、怒涛の如く各局看板女子アナとスター選手の結婚が続出することとなった。

その中心となったのは「軽チャー路線」を邁進し、女子アナブームの先鞭をつけたフジテレビだった。『プロ野球ニュース』の司会として奮闘していた**中井は95年にヤクルト・古田敦也**と、00年には同じくこの番組のキャスターだった**木佐彩子がヤクルト・石井一久**と、翌01年には**荒瀬詩織が横浜・石井琢朗**と結婚ラッシュ。その後も、04年1月には横浜から近鉄に移籍が決まったばかりの**福森和男と福元英恵**が結婚し、10年には横浜・**内川聖一と長野翼が入籍**を果たしている。フジはすごい。

当時、フジテレビと激しい視聴率争いを演じていた日本テレビも負けてはいない。読売グループの一員として系列のジャイアンツ選手との結婚が多いのがその特徴。

00年に**大神いずみと元木大介**が、04年に**柴田倫世と西武・松坂大輔**が、06年には**小野寺麻衣と高橋由伸**が結ばれている。そして、11年には**森麻季が澤村拓一**と結婚したものの、13年に離婚している。女性の花形職業である女子アナウンサーは大物プロ野球選手と一緒になるケースが多いのだということが、日本テレビ系女子アナの事例を見ていると納得できる。

TBSの女性アナウンサーとプロ野球選手の結婚第一号は前述した92年の**木場弘子と中日・与田剛**のカップル。同局初の女性スポーツキャスターとして、『筑紫哲也NEWS23』などで活躍した木場アナとCHAGE&ASKAの飛鳥涼似と人気だった与田の結婚は世間の注目を集めた。

続いて、99年には**福島弓子がオリックス・イチロー**と、01年には**香川恵美子がオリックス・田口壮**と結婚。期せずして、「オリックス発メジャー行き」カップルが相次いで誕生することになった。さらに、14年には**桝田絵里奈が広島のプリンス・堂林翔太**と結婚。美男美女のカップル誕生が大きな話題となった。

地方局、フリーランスの女子アナももちろん人気

続いてテレビ朝日は意外と少なめで、08年の**河野明子と中日・井端弘和**、15年

の**下平さやかと巨人・長野久義**。かねてから「年上好き」とウワサされていた長野は12歳年上の下平アナと結婚。ウワサは真実だったと立証されることとなった。

　残る民放ラストはテレビ東京。意外にもテレ東とプロ野球選手の相性は良好。前述した「赤間・小早川」を皮切りに、02年に**家森幸子と中日・関川浩一**、07年に同局のエースアナ・**大橋未歩とヤクルト・城石憲之**が結婚。大橋アナの脳梗塞発症という苦難を夫婦で乗り越えたものの、15年には離婚を選択する。さらに、07年には**亀井京子と巨人・林昌範**が、09年には**大竹佐知とヤクルト・青木宣親**が相次いで結婚。その後はモーニング娘。から局アナに転身した**紺野あさ美と日本ハム・杉浦稔大**が17年に結婚。他にも、**須志田しのぶと巨人・村田善則**も結ばれ、テレビ東京女子アナの存在感を発揮。

　もちろん、在京キー局ばかりが女子アナウンサーではない。地方各局、そしてフリーランスのアナウンサーたちと結婚したケースも枚挙にいとまがない。

　当然ながら、地方局の女子アナもプロ野球選手人気は高い。**東海テレビの成嶋早穂**は広島・前田健太と12年元日に結婚。**KBC九州朝日放送・柴田恵理**は地元のスター、ソフトバンク・松田宣浩と08年12月に結婚式を挙げている。

　朝日放送・**角野友紀は大学時代から交際していたというソフトバンク・中田賢一**と長年の愛を成就させている。ミス成蹊大学グランプリの東日本放送・**用稲千春は05年12月に巨人・二岡智宏**と、静岡放送を経て、セント・フォース所属だった**林恵子はダイエー・松中信彦**と結婚している。上智大学在学中から『プロ野球ニュース』に出演していた**栗原由佳**は、大学卒業後にフリーアナウンサーとして活躍。01年に**巨人・岡島秀樹**と結婚している。海を渡った**菊池雄星**を献身的に支えているのが、岡山放送出身の**深津瑠美**。また**毎日放送・辻沙穂里**は慶応大学の先輩である**巨人・山本泰寛**と19年12月に結婚。結婚後も辻は仕事を続けたため、しばらくの間は別居生活が続いたが、翌20年12月には山本の阪神移籍が決まり、関西での夫婦水入らずの生活がスタートした。

　女子アナウンサーとプロ野球選手。このトレンドは今後も続くものと思われる。

6

内助の功史

アイドル、タレント、アスリート、プロ野球選手の華やかな結婚

　プロ野球選手と女子アナウンサーとの結婚が一大トレンドとなって久しいが、他にも「アイドル・タレントとの結婚」も一つの潮流を確立している。MLBでは、**マリリン・モンローとジョー・ディマジオ**という世紀のカップルが有名だが、日本球界も負けてはいない。まずは「アイドル編」から見ていこう。2021（令和3）年新年早々に飛び込んだのが、AKB48の1期生であり、「神7（セブン）」として人気を博した**板野友美とヤクルト・髙橋奎二**の姉さん女房婚だ。「神7」メンバーとしては前田敦子、高橋みなみ、篠田麻里子に次ぐ4人目の結婚となる。また、CS版『プロ野球ニュース』キャスターも務めていた**元乃木坂46の衛藤美彩は19年10月に西武・源田壮亮と結婚**。番組内でみさみさが一生懸命、源田にインタビューしていたことを記憶しているファンも多いことだろう。

　もちろん、ハロプロ系アイドルたちのことを忘れてはいけない。12（平成24）年にはカントリー娘。の一員だった**里田まいが、楽天・田中将大と結婚**。ジュニア・アスリートフードマイスターの資格を取得し、内助の功として田中の活躍を陰で支えている。アンチ巨人で、大の阪神ファンとして知られた**石川梨華は、西武・野上亮磨と**17年に結婚。その後、野上が巨人に移籍したのは運命の皮肉だ。また、同年にはモーニン

グ娘。出身で、現テレビ東京アナウンサーである**紺野あさ美が日本ハム・杉浦稔大と**結婚。杉浦は「元アイドルにして、現女子アナと結婚」という男の夢と憧れの二刀流を実現した。

　一方の「タレント編」も多士済々だ。古くは63（昭和38）年に、当時人気絶頂だった**島倉千代子と阪神・藤本勝巳**が結婚するも、6年後に離婚している。『小指の想い出』で知られる**伊東ゆかりと巨人・柴田勲**のカップルは、何度も結婚のうわさが報じられたが、「伊東の母親の反対によって**破局**した」と、柴田は述懐。

　また、もう一つのトレンドとして「他競技アスリートとの結婚」も多い。バルセロナ五輪日本代表を務め、現在はニュースキャスターとしても活躍するバドミントン・**陣内貴美子は元広島の金石昭人と**00年に結婚。また、バルセロナ、アトランタ、シドニー、アテネ、北京五輪に出場し、国民的人気者となっていた**田村亮子はオリックス・谷佳知**と日本中の注目が集まる中、03年に結婚。多くの人からの祝福を浴びている。また、**ダルビッシュ有は日本ハム時代にタレント、モデルの紗栄子と**07年に結婚するも、11年に離婚。その後、テキサス・レンジャーズ時代の15年に、**格闘家・山本聖子**との間に男児をもうけると、翌16年に入籍。アスリート同士のカップルとして幸せに暮らしている。さらに、ロンドン、リオ五輪で新体操日本代表「フェアリージャパン」のキャプテンとして注目された**畠山愛理は19年8月に広島の若き主砲、鈴木誠也と入籍**、オフである12月に

ハワイで結婚式を挙げている。

日本三大一般有名野球夫人は、信子、サッチー、そしてオルガ

その他にも96年には、グラビアアイドルとして人気だった**中條かな子は広島・緒方孝市**と、05年には**仲根かすみとソフトバンク・和田毅**、同年に**榎本加奈子と横浜・佐々木主浩**が相次いで結婚している。その後も、「芸能人とプロ野球選手」は続出。近年では16年に**押切もえとロッテ・涌井秀章**、18年に**石橋杏奈と楽天・松井裕樹**、19年に**立花理香とオリックス・若月健矢**など、定期的にカップルが誕生し、この流れは今後も続くはず。

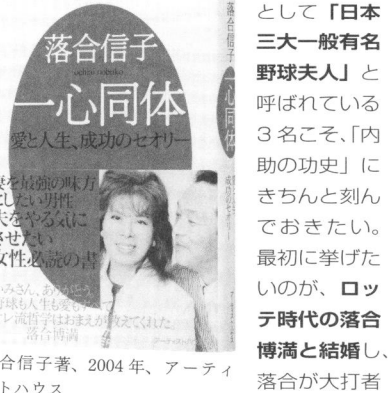

ぼくのヒーロー
二人が描く『ぼくのヒーロー』
緒方かな子・西田篤史
誰もが心の中に持っているあのヒーローたちの物語

緒方かな子、西田篤史著、2018年、ザメディアジョン

こうした華やかな「有名人同士の結婚」と対極にあるのが「一般女性との結婚」であり、さらに「一般女性」の範疇を飛び越えて、結婚後に「有名人」となったケースである。俗称として**「日本三大一般有名野球夫人」**と呼ばれている3名こそ、「内助の功史」にきちんと刻んでおきたい。最初に挙げたいのが、**ロッテ時代の落合博満と結婚**し、落合が大打者

落合信子著、2004年、アーティストハウス

になるまでのよきアドバイザーとなった**信子夫人**だ。唯我独尊、「オレ流」落合の陰には信子夫人アリ。「悪妻」と呼ばれることも恐れず、夫の盾になり続けた彼女こそ、プロ野球選手の奥さまの鑑(かがみ)だ。

続いて忘れてはいけないのが**「サッチー」**こと、野村沙知代夫人だ。生前のノムさんが常々**「野村克也－沙知代＝0」**と公言していたように、ノムさんの人生のすべてが沙知代夫人だった。サッチーもまた「悪妻」と呼ばれることをまったく恐れなかった。サッチーに先立たれた後のノムさんは痛々しかった。今頃、天国で二人は仲良く暮らしているだろう。

そして、「三大一般有名野球夫人」のラストとして、ヤクルトや巨人で活躍した**ロベルト・ペタジーニのオルガ夫人**を忘れてはいけない。99年の来日早々、**「25歳年上のオルガ夫人」**と話題になった。一時期、ネット上では「ペタジーニは21歳の女子大生と不倫し、オルガ夫人と離婚」というウワサが流れたが、それは事実無根であり、現在でも74歳の夫人とラブラブ。仲よき事は美しき哉。信子、サッチー、そしてオルガ。以上「三大一般有名野球夫人」だ。

女は賢く 妻は可愛く
野村沙知代

野村沙知代著、1993年、海竜社

7

助っ人外国人史

戦前の日系外国人から始まり、次第に「純外国人」が激増

日本プロ野球史を振り返る際に、異国からやってきた外国人助っ人たちの存在抜きに語ることはできない。外国人選手とは、ある意味では歳時記のようなものであり、「あの選手がいた頃は自分は中学生だったな」と、自分の記憶や思い出と密接に結びついているものだ。

1936（昭和11）年に日本職業野球連盟が設立された頃、続々と新チームが誕生し、**手薄となった選手層を埋めたのが日系外国人たちだった**。**「ジミー堀尾」こと堀尾文人**を筆頭に、**ハワイ出身の若林忠志、田中義雄、上田藤夫**らが活躍。

1953年、大映スターズのスタルヒン

しかし、戦況の悪化とともに日系人たちはアメリカに帰国するか、日本に残るかの選択を迫られる。ちなみにこの頃、**巨人・スタルヒンが大活躍**するが、ロシア人の両親を持つ彼は、日本育ちで日本語も堪能であったが、複雑な政治事情から、彼は国籍を持たぬ**「無国籍人」**だった。

1948年、「浮浪児」の試合で球審を務める若林忠志

しばらくの間、**「外国人空白時代」**が続くが、戦後復興が始まる中で、**与那嶺要ら日系外国人が少しずつ増えていく**。この頃**阪急は独自路線を邁進**し、ジミー・ニューベリー、ジョン・ブリットン、ラリー・レインズ、後に通訳となるロベルト・バルボンら当時の米国**ニグロリーグで活躍する黒人選手を獲得**していた。また、戦勝国であるアメリカから日本に進駐していた野球選手を**「アルバイト契約」**で雇い、米軍の休日のみ試合出場する「奇策」もこの頃のことだ。

56年になると、経済白書が**「もはや戦後ではない」**と宣言。やがて、高度経済成長の訪れとともに大物選手の獲得が続々と始まる。63年に入団した**中日のジム・マーシャルは大当たり**だが、73年、**ヤクルトが獲得したジョー・ペピトーン**、翌74

年の**太平洋のフランク・ハワード**など期待外れに終わるケースも多かった。

注目したいのが、**「スペンサーメモ」**で有名な**阪急のダリル・スペンサー**や、**「シンキング・ベースボール（考える野球）」**が代名詞だった**南海のドン・ブラッシンゲーム（ブレイザー）**は選手として戦力となっただけではなく、野球への取り組み方、新戦術をもたらし、**日本野球を進化させる役割を果した**点だ。

高度経済成長からバブル期へ そして現在は「目利き」の時代に

70年代から80年代にかけては、外国人選手の百花繚乱時代となった。一瞬だけだったけど、**75年にはジョー・ルーツが広島の監督に**なり、70年代後半には**レロン・リー、レオン・リーの「リー兄弟」**や、阪急やヤクルトで活躍した**ボビー・マルカーノ**、ヤクルト、近鉄に在籍した**チャーリー・マニエル**が大爆発。

いい外国人がいるチームは強くなり、優勝がグッと近づく。ということで、各球団が**渉外担当、現地駐在スカウトを充実させていく**のもこの頃のこと。大洋・牛込惟浩氏や広島・平山智氏がその代表例だ。また、この頃から**メジャー球団との業務提携**も活発化していく。日本ハムはヤンキース、中日はドジャースと協力関係を結び、新外国人獲得、技術交流など、有形無形の関係を構築していく。

さらに、新たな外国人獲得ルートとして**アジアが注目された**のもこの時代。特に台湾球界との関係が活発化。戦前の**呉昌征**が有名だが、79年には**ロッテが李宗源をテスト生として入団**させ、80年には**南海が高英傑、李来発を獲得**した。李宗源はロッテの三宅宅三スカウトと養子縁組して、後に三宅宗源となる。このブームは81年の**中日・郭源治**、85年の**西武・郭泰源**の入団でピークを迎える。

それまで2名だった**外国人の支配下登録枠が3名に拡大**されたのは81年のことだった。一軍登録は2名までだったが、こ

れにより**「第三の外国人」**が誕生。外国人選手への門戸が少しだけ広がった。

90（平成2）年、広島がドミニカに**「カープアカデミー」**を設立。自前で外国人を育てようという新たな発想だった。一方ではバブル時代が到来し、87年の**ボブ・ホーナー**など超大物が続々と来日するも、バブル崩壊後は次第に沈静化していく。

94年には出場選手登録が3名に拡大、96年には支配下登録が無制限となり、完全に**「外国人選手の自由化」**が実現。

1987年、阪神戦で本塁打を放つクロマティ

この頃になると、**アジアでは韓国、中南米ではベネズエラなどから多くの選手が来日**。球団拡張により選手層が手薄となったMLBからの大物外国人は激減することとなった。その穴を埋めるように、若くて才能のある「これからの選手」が増えていく。その背景にあったのは、**日本球界経験者が「現地スカウト」に**採用されるケースが増えたことだ。阪神・オマリー、ヤクルト・ガイエル、日本ハム・ウインタースなど、選手として、スカウトとして活躍する人物が増えていく。彼らの目利きによって、若くて有望な選手が安価で獲得されるのだ。

成功すれば「神様バース」などとあがめられ、活躍できなければ「トマ損」などと揶揄され、**「給料泥棒」**と酷評される。異国の地で奮闘する外国人選手たち。日本プロ野球界を彩るすべての助っ人たちの悔いのない活躍を応援したい。

8

韓国、台湾 助っ人史

「韓国のイチロー」「韓国の至宝」、
「蛇直球」に「石直球」など多士済々

とかく、北米出身外国人ばかりが注目されがちだが、海を渡って日本球界にやってきたアジア出身選手も忘れてはならず、韓国、台湾出身選手たちは、これまでにそれぞれ強烈なインパクトを残している。

日本統治下の韓国で生まれた白仁天（はくじんてん）は東映、太平洋、ロッテ、近鉄とパ・リーグひと筋で活躍。韓国籍でありながら、当時の規定では**「日本人扱い」**だった。1982（昭和57）年に韓国プロ野球が発足すると、初年度に選手兼監督として、打率.412を記録。日韓で首位打者に。

98（平成10）年には**「韓国のイチロー」**として李鐘範（イジョンボム）が中日に入団。韓国時代、王貞治の持つ記録を破るシーズン56本塁打を放った李承燁（イスンヨプ）がロッテに入団したのは04年のこと。その後、巨人、オリックスに移籍し、日本には通算で8年間も在籍。

07年には**中日に李炳圭（イビョンギュ）**、10年には**ロッテに金泰均（キムテギュン）、ソフトバンクに李机浩（イボムホ）**が相次いで入団。さらに12年には巨漢スラッガーの李大浩（イデホ）が来日。オリックス、ソフトバンクで活躍。まさにコリアンスラッガー黄金時代。

2005年、勝ち越し本塁打を放つロッテ・李承燁

韓国出身投手として真っ先に名前が挙がるのが、**「韓国の至宝」**こと、96〜99年

1997年、中日・宣銅烈

まで中日でプレーした宣銅烈（ソンドンヨル）。同時期の中日には長髪がトレードマークのサムソン・リーも在籍。この頃、巨人には**異例となる8年契約**で趙成珉（チョソンミン）が在籍。期待通りの活躍ができず、帰国後の13年、私生活のトラブルによって自殺したという。同時期の巨人には鄭珉哲（チョンミンテ）、鄭珉台とコリアンピッチャー花盛り。

具臺晟（クテソン）はシドニー五輪での活躍後、01年にオリックス入団。その後、メジャーリーガーとなった。09年の第2回WBC優勝決定戦で**「イチローに決勝タイムリーを打たれた男」**として記憶されている林昌勇（イムチャンヨン）は**「蛇直球」**を武器に08〜12年までヤクルトのクローザーとして実績を残した。韓国初のメジャーリーガーとして活躍した朴賛浩（パクチャンホ）がアメリカからオリックスにやってきたのは11年のこと。しかし、NPBではわずか1勝止まり。**「石直球」**と呼ばれた重い球を誇った阪神・呉昇恒（オスンファン）は14〜15年の在籍2年間で4勝80セーブ、12ホールドを記録する活躍。21年東京五輪にも出場。

2009年、林昌勇

「二郭一荘」「アジアの大砲」、台湾人助っ人も個性派ぞろい

韓国出身選手に負けず劣らず、台湾人選手も個性的なメンバーがそろう。

日本統治時代の台湾に実在した**嘉儀農林学校**を描いた映画『KANO　1931 海の向こうの甲子園』でも描かれていたように、戦前の台湾では日本人指導者による熱心な指導もあって、野球人気はとても高かった。この映画にも登場する**呉昌征**（ご しょうせい）は日本でプロ野球選手となり、巨人や阪神、毎日で活躍。野手として首位打者を、投手としてノーヒットノーランを達成し、95 年には台湾出身選手として初の野球殿堂入りを果たしている。

時は流れ 70 年代後半になると、79 年には**李宗源**（り そうげん）が練習生としてロッテ入り。翌 80 年には**高英傑**、**李来発**（り らいはつ）が相次いで南海に入団している。

1983 年、中日・郭源治

そして、台湾国内で「二郭一荘」と称えられた**郭源治**（かくげんじ）が **81 年に中日**に、**85 年には郭泰源**（かくたいげん）**が西武**に、同じく**85 年には荘勝雄**（そうかつお）**がロッテ**に入団。郭源治は 89 年に日本へ帰化した後、96 年まで活躍。NPB 通算成績は 106 勝 106 敗 116 セーブを記録。一方、**「オリエンタル・エクスプレス」**と称された郭泰源は西武黄金時代の立役者として、97 年まで在籍。外国人投手最多となる 117 勝 68 敗 18 セーブという偉大な成績を残している。93～98 年まで在籍した**阪神・郭李建夫**（かく りけんお）も懐かしい。でも、あまり活躍しなかった。

活躍する「二郭」の一方で、期待に応えなかったのが**ヤクルト・郭建成**（かくけんせい）だ。1 勝も

1988 年、サヨナラ本塁打を放つ巨人・呂明賜

できないまま日本球界を去った後、96 年に台湾球界を揺るがした八百長事件に関与していたことが後に明らかに。

投手陣の話題ばかりを紹介したが、打者として強烈なインパクトを残したのが**巨人・呂明賜**（ろめいし）だ。88 年 6 月 14 日、負傷したクロマティに代わって出場した呂は来日初打席初本塁打を記録。**「アジアの大砲」**として出場 10 試合で 7 本塁打を放つ、衝撃的なデビューを飾った。

また、名古屋商科大学卒業後、日本人扱いとなるために 1 年間、球団職員として働き、89 年のドラフト 2 位で中日入りしたのが**大豊泰昭**（たいほうやすあき）だ。94 年には本塁打、打点王を獲得。阪神、中日に在籍、02 年まで現役を続けた。15 年、白血病のため 51 歳で早逝したのが惜しまれる。

00 年代では**西武・許銘傑**（シュウミンチェ）、**張誌家**、**楽天・林恩宇**（リンエンユウ）、**林英傑**（リンインジェ）、**巨人・姜建銘**（ジャンジェンミン）、**黄志龍**（ファンツーロン）、**阪神・林威助**（リンウェイツウ）、**日本ハム・陽岱鋼**（ようだいかん）らの名前が挙げられる。特に 05～11 年まで**中日に在籍したチェン**（陳偉殷）は 12～19 年にはメジャーリーガーとして通算 59 勝をマーク。20 年からはロッテ、21 年は阪神に移籍し現役を続けている。19 年には**日本ハム・王柏融**（ワンボーロン）が日本へ。未完の大器の覚醒のときが待たれている。

近年では北米出身外国人が台湾、韓国球界を経て来日したり、日本でプレーした後、台湾、韓国に渡るケースも増えており、アジアの各地域で高いレベルの野球が展開されている。アジアの仲間として、今後ますます切磋琢磨していくことが期待される。

9

トンデモ助っ人史

**70年代は日本野球を下に見た
助っ人によるトラブルが続出**

　期待通りに活躍する外国人選手の陰には、まったくの期待外れに終わる者、日本野球をナメまくって活躍できない者、素行不良でトラブルばかり起こす者もいる。ここでは、そんな「トンデモ助っ人」の数々をご紹介したい。

　1973（昭和48）年、シーズン途中の6月にヤクルトアトムズに入団した**ジョー・ペピトーン**。メジャー219本塁打の実績を引っ提げて来日したものの、7月には「夫人との離婚調停のため」との理由で無断帰国。8月に日本に戻ったがすぐにアキレス腱を故障。欠場中はディスコで朝まで踊りまくる姿が目撃されている。2年契約のために、翌74年も残留したが、来日せずにそのまま退団。カツラ疑惑だけが印象に残るお騒がせ男。

　74年、太平洋クラブが獲得した**フランク・ハワード**。メジャー通算382本塁打を誇り、こちらも鳴り物入りでの入団だったが、当時すでにひざは限界を迎えており、開幕戦に出場したものの、

その日に故障で退団。「極貧球団」にもかかわらず、球団は契約金を満額で支払ったという。76~77年の第1次長嶋茂雄監督の連覇に貢献したのが**クライド・ライト**。実力は折り紙付きだったが、気性は荒く**「クレイジー・ライト」**の異名を持つ。審判とのトラブルは数知れず。77年に中日に入団した**ウィリー・デービス**は来日時点で2547安打を誇る超大物。熱心な創価学会信者であるため、日本行きを志願したという。与那嶺要監督を完全に見下し、名古屋市内の飲食店では金を払わず、キャンプでは朝から大音量で読経を繰り返し、わずか1年でクラウンライターにトレード。この頃から、**「害人」**という、今では絶対に許されないフレーズが使われ始めたという説も。

　藤井寺球場、日生球場のボロさに幻滅

し、自宅に出たゴキブリに恐怖を感じて退団したのは84年の**ドン・マネー**（近鉄）。それでも、マネーは「球団は悪くない。対応できなかった自分が悪い」と紳士のふるまいを見せた。マネーの退団で近鉄に入団したのが84〜88年まで在籍した**リチャード・デービス**。優秀な成績を残した優良助っ人だったが、86年には西武・東尾修と乱闘騒ぎを起こし、88年には大麻の不法所持で逮捕。即刻解雇。

「ボールが怖い」「神のお告げ」「情熱がなくなった」……

ボブ・ホーナーの大活躍に沸いた87年。大洋に入団したのが、メジャー通算1122安打を誇る**シクスト・レスカーノ**。しかし、まったく打てず、5月に「**ボールが怖くなった**」と発言し、突然の引退。

1995（平成7）年、ダイエーにやってきたのがメジャー通算220発、本塁打王、打点王も獲得した**ケビン・ミッチェル**。開幕戦でいきなり初打席満塁ホームランを放って度肝を抜いたが、医師の診断もないまま病気療養を理由に帰国。再来日したものの、2度目の無断帰国でもちろん解雇。

長嶋茂雄監督の肝入りでテスト入団した**バルビーノ・ガルベス**。極度の神経質で、マウンド上では常にイライラ。特に審判団に対する敵意は異常で、98年には審判員

に向かって剛速球を投げつける蛮行に及び、無期限出場停止処分に。わずか7試合の出場で、自打球を受けると同時に「**神のお告げ**」で帰国したのが、「史上最大の詐欺師助っ人」と称される**マイク・グリーンウェル**（阪神）だ。背中痛だ、自打球だで大騒ぎして帰国。彼が手にした年俸と出場試合数を計算すると「**1試合2570万円**」になるという。時給よすぎだよ！

99年、野村克也率いる阪神で問題を起こしたのは**ダレル・メイ**。「**あの監督は勝てば自分の手柄、負ければ選手の責任**」と痛烈なノムさん批判。わざわざプリントを報道陣に配布する執念を見せた。

何度も何度も不正投球を疑われたのが**ブライアン・ウォーレン**（ロッテ）。紙やすりを使ってボールに細工しているのではとクレームが相次いだものの、一度も発覚はしなかった。執拗なクレームを繰り返す西武に対して、中指を立てて挑発。大問題となったことも印象深い。

02年、試合中の広島市民球場のベンチ裏で大問題を起こしたのが**ルイス・ロペス**。ヒットを打ったのに、ホームに突入しない二塁走者・前田智徳に激高。試合中にもかかわらず、ベンチ裏で前田の胸倉をつかんだのだという。

同年には**アレックス・カブレラ**（西武）と**カルロス・ミラバル**（日本ハム）が試合中に大乱闘。2人は日本でプレーする以前に台湾・和信でチームメイト。当時から犬猿の仲だったという。

98年、横浜優勝の立役者である**ロバート・ローズ**は、03年にロッテで復帰するも、春季キャンプ途中に「**野球に対する情熱がなくなった**」と緊急退団。来日から28日後の史上最速退団が話題に

広島、楽天で監督を務めた**マーティー・ブラウン**は、審判に抗議する際の「ベース投げ」パフォーマンスが話題に。

日本野球を彩る、数々の外国人助っ人たち。決して、品行方正でないけれど、それでも何年経っても、強烈なインパクトを残したトンデモ助っ人たちもまた、日本野球の歴史の一部なのである。

10

外国人監督史

戦前、戦後は日系アメリカ人、75年にはジョー・ルーツが就任

2016（平成28）年から20（令和2）年までの5シーズンにわたってDeNAを率いた**アレックス・ラミレス**は日米を通じて指導者歴がないまま、いきなり監督となった初のケースだった。現役時代から、**「引退後は日本で監督をやりたい」**と語っていたラミレスは、見事にその夢をかなえ、在任5年間でAクラス3度という成績を残し、17年にはクライマックスシリーズを勝ち上がり、日本シリーズにチームを導いた。厳密に言えば、**ラミレスは19年に日本に帰化**しているため、「外国人監督」としては16~18年の3シーズン、「日本人監督」としては19~20年の2シーズンの在任期間

となる。

さて、外国人監督の歴史をひも解いてみると、そのきっかけは戦前の1リーグ時代までさかのぼり、その主役は**日系アメリカ人たちにルーツ**がある。慶応大学から名古屋軍に入団した**本田親喜はハワイ出身**で、1941（昭和16）年シーズン途中から選手兼任監督に就任し、翌42年まで監督を務めた。同じく、**ハワイ出身の若林忠志**は42~44年、47~49年は阪神、53年は毎日で監督に就任。戦争を挟んだ44年と47年には見事に優勝している。

後に日本国籍を取得する**「カイザー田中」こと田中義雄**は58~59年に大阪タイガースの監督に就任。いずれも2位に終わっている。その後、しばらくの空白期間を経て登場したのが、**72年の中日・与那嶺要監督**だ。日系二世でハワイ出身の与那嶺は、自らが現役時代を過ごした巨人に対して反骨精神を発揮。「打倒巨人」を旗印に**全員野球で巨人のV10を阻止**し、74年に20年ぶりのリーグ優勝に導いた。

ここまでは、日系アメリカ人による監督就任が続いたが、転機となったのは75年のことだった。この年、**広島はジョー・ルーツを監督に据えた**。アメリカキャンプの際にクリーブランド・インディアンスのコーチだったルーツに注目し、74年に打撃コーチとして招請。そして、翌75年に大胆な人材登用によって、チーム再建を託して監督としたのだった。

ルーツ監督は「闘争心を表明せよ！」とヘルメットを従来の紺色から赤への変更を指示。**現在まで続く「赤ヘル」の生みの親**

となった。しかし、事態は急展開。開幕間もない4月27日の阪神戦で、ボール判定をめぐって審判団と衝突。**わずか15試合で緊急帰国**。監督通算成績は15試合6勝8敗1引き分け。勝率.429。急きょ、古葉竹識が後を引き継ぎ、この年チームは創設初のリーグ優勝。嵐のように現れ、赤ヘルを置き土産に嵐のように去っていった男、それがジョー・ルーツなのだ。

ブレイザーからラミレスまで、個性あふれる外国人監督たち

続いて、外国人監督となったのが南海・野村克也兼任監督時代のヘッドコーチだった**「ブレイザー」**こと**ドン・ブラッシンゲーム**だ。野村の「ID野球」に多大な影響を与えた「シンキング・ベースボール」を掲げて**79年に阪神の監督に就任**。監督初年度は「江川事件」により新たに加わった小林繁の大活躍もあり、最下位から4位に浮上したものの、翌80年は大物ルーキー・**岡田彰布の起用法をめぐってフロントと衝突**。5月に辞任してしまった。その後、**81～82年は古巣である南海の監督に就任**したものの、いずれも5位と6位のBクラスで退団している。

次に外国人監督が誕生したのは元号が平成に替わった95（平成7）年のこと。このとき、初のメジャー監督経験者として**ボビー・バレンタインがロッテの監督に就任**。選手のヤル気を巧みに引き出し、10年ぶりのAクラス入りを

実現したものの、**広岡達朗GMと衝突**。惜しまれつつ、1年での退団となった。しかし、04年に9年ぶりにロッテに復帰。**05年にはチームを31年ぶりの日本一に導**き、その手腕は**「ボビーマジック」**と称された。

現役時代はロッテ、大洋、ヤクルトで活躍した**レオン・リーがオリックスの監督に**就任したのは03年シーズン途中のこと。石毛宏典監督解任を受けてのシーズン序盤での監督就任も、何もできないまでこの年限りの退団。かわいそう。

派手なパフォーマンスで人気を博したのは**マーティー・ブラウン**。06～09年は古巣である広島、10年は楽天の監督を務めた。退場処分を受けた際に**ベースを引き抜いて放り投げるパフォーマンス**が話題となり、グッズまで作製された。

東京ドームを本拠地としていた03年から、北海道に移転した07年まで日本ハムの監督を務めたのが**トレイ・ヒルマン**。当初はアメリカ流采配を標榜し、犠牲バントを使用しなかったが、すぐに軌道修正。06年には前身の東映以来となる44年ぶりの日本一に導いた。07年も優勝。彼による**「シンジラレナ～イ」**は新語・流行語大賞のトップ10入りした。そして07～08年途中までオリックスを率いたのが**テリー・コリンズ**。在任中に吉本興業の**シルク姐さんとの交際**が話題となったが、チーム成績はイマイチ。そして、冒頭に紹介したアレックス・ラミレスが「外国人監督の系譜」をつないだ。さぁ、次はどんな外国人名将が誕生するのか？

11

名将、知将史

長期政権を誇った昭和の名監督たち

2020（令和2）年は原辰徳「監督」にとってのメモリアルイヤーとなった。在任14年目となるこの年の7月14日に監督通算1035勝を記録。**長嶋茂雄の1034勝を上回り、巨人歴代2位**に躍り出ると、9月11日には通算1067勝を達成。監督通算勝利数において、**川上哲治を超える巨人歴代1位**になった。ちなみに、長嶋は在任15年、川上は在任14年。リーグ優勝は長嶋が5回、川上が11回、日本一には長嶋が2回、川上が無敗の11回輝いているが、リーグ優勝9回、日本一3回の原は決して引けを取らない、名実ともに巨人を代表するナンバーワン監督となった。

これまで、数多くの名将、知将と謳われた偉大な監督がしびれるような戦いを繰り広げてきた。改めて、通算勝利数順に、偉大な顔ぶれをご紹介したい。

監督通算勝利数1位は南海の顔と言ってもいい「親分」こと**鶴岡一人**の1773勝だ。監督在任23年で、リーグ優勝は11度、日本一には2度輝いた。その勝率は実に.609という堂々たるもの。通算1000以上の勝利を挙げている監督で勝率6割超は、南海黄金期をもたらした鶴岡親分だけである。

以下、2位・**三原脩の1687勝**、3位・**藤本定義1657勝**、4位・**水原茂1586勝**と、戦前から活躍する大選手が名監督として君臨している。彼らに共通するのはいずれも、三原26年、藤本29年、水原21年と長期政権である点だ。現在のように「結果が出なければ1年でクビ」という近視眼的なことはなく、フロントも一体となって長いスパンで指揮権を与えることで名将育成に励んでいたのだ。

歴代5位は野村克也が登場。ノムさんは**在任24年間で1565勝1563敗**を記録。貯金はわずかに2つ。勝率は何と.5003。四捨五入して「ジャスト5割」なのだ。南海、ヤクルト、阪神、楽天と弱小球団ばかりを指揮してきたノムさんならではの勲章と言える誇るべき数字である。

6位は**西本幸雄の1384勝**、7位は**上田利治の1322勝**。いずれも阪急を率いた名将が並んだ。大毎、阪急、近鉄で20年にわたって監督を務めた西本は8度のリーグ優勝を果たしながら、日本一は一度もなく**「悲運の名将」**と称されたが、本人

はこれを否定。自らを**「幸運な凡将」**と述べている。上田は78（昭和53）年、ヤクルトとの日本シリーズ第7戦で**1時間19分にわたる猛抗議**。勝負に対する並々ならぬ執念を見せたことで有名。

そして、歴代8位には、現役選手としては数々の記録を打ち立て、巨人、ダイエー、ソフトバンクを指揮して1315勝を挙げた**王貞治**の名前が。注目すべきは1237勝で**9位の別当薫**。毎日・大毎、近鉄、大洋、広島、そして再び大洋の監督、および監督代行を通算20年間務めて、**優勝回数はまさかの0回**。これは今後破られることのない珍記録だろう。

歴代最高勝率監督は、ソフトバンク・工藤公康

歴代10位は**「闘将」星野仙一**。古巣である中日監督を2度、さらに阪神、楽天で監督を務め、すべてのチームで優勝している。さらに08（平成20）年には日本代表監督として北京五輪を指揮するも、惜しくも4位でメダル獲得はならなかった。

そして、ここからは歴代巨人監督が続く。冒頭で触れたように、**11位は原辰徳**。20年シーズン終了時点ですでに1091勝を挙げ、歴代10位・星野の1181勝も射程圏内にとらえている。現在の原は巨人だけではなく、セ・リーグのDH制導入、積極的トレードを提唱するなど、球界全体を見据える発言が多い。

続いて**12位は川上哲治**。ONを軸に65〜73年まで前人未到の9連覇で9年連続日本一に輝いた。前述したように、日本シリーズ11回出場で日本一に11回輝いているのは本当にすごい。

そして**13位は「ミスター」長嶋茂雄**。在位15年間で1034勝。「勘ピューター」と揶揄されることもあったが、長嶋采配には見る者を魅了する華があった。

ここまでは「通算勝利数」について言及してきたが、「通算勝率」に注目すると、また違った一面が見えてくる。

20年終了時点、出場500試合以上で

比較すると、**1位はソフトバンク・工藤公康**（勝率.612）で2位・鶴岡一人（.609）を抜き去っているのだ！ 工藤は在位6年ですべてAクラス入り。1位は3回だが、日本一には5回輝き、ポストシーズンには無類の強さを発揮している。

さらに歴代4位には巨人で2度監督を務めた**藤田元司**が勝率.588でランクイン。第1次政権では長嶋の後を受け、第2次政権では王の後を受けて監督に就任。世間では「つなぎの監督」のイメージを抱かれがちだが、投手陣をきちんと整備し、在位7年でリーグ制覇4回、日本シリーズは2回制した名将なのだ。藤田以降も、**5位・水原茂**（.585）、**6位・天知俊一**（.581）、**7位・森祇晶**（.574）、**9位・原辰徳**（.571）、**10位・濃人渉**（.563）、**11位・落合博満**（.562）、**12位・秋山幸二**（.553）、**13位・広岡達朗**（.551）と「通算勝利数」とはまったく別の顔ぶれが並ぶのが興味深い。

21年時点で現役監督である工藤、原両監督が今後どんな記録を残すのか注目だ。

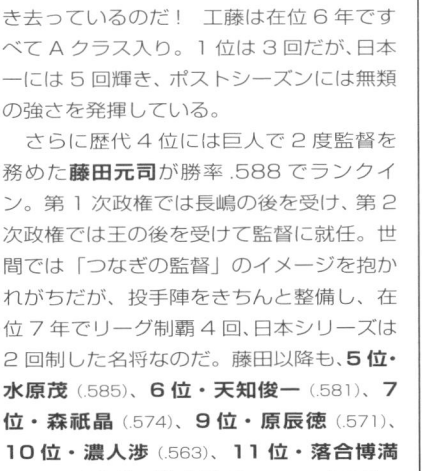

12

戦術、戦略史

「ドジャースの戦法」と、「シンキング・ベースボール」

　鍛え抜かれた一流選手同士による、力と力の激突の一方で、互いに知力を尽くした頭脳戦もまた、野球の大きな魅力の一つだ。ただ「投げる、捕る、打つ、走る」だけでなく、プロ野球誕生以来、さまざまな戦術、戦略が進化、発展を遂げている。

　戦前、戦後すぐは**軍隊出身の指導者による根性野球、精神野球**といった軍隊式統制が主流だった。しかし、野球は頭のスポーツでもある。根性を凌駕する戦術が日本野球にも少しずつ浸透していく。

　1954（昭和29）年、アメリカにおいて『**ドジャースの戦法**』が出版された。長年にわたってドジャースを指導してきたアル・キャンパニスの手になるこの本は、**ピックオフ**、**ランダウン**、**カットオフ**など、現在に通用する斬新な戦術が詳細に記されていた。後に第3代コミッショナーとなる**内村祐之**による邦訳版が発売されたのは57年のことで、この戦法をいち早く取り入れたのが巨人の監督に就任した**川上哲治**だった。61年のベロビーチキャンプの際に本格的に研究を始め、多種多彩な**バントシフトやブロックサイン**を導入し、65〜73年にかけて前人未到のV9を実現することになる。

　一方、この頃パ・リーグでも新しい潮流はアメリカからもたらされた。現役晩年を南海で過ごした**ドン・ブラッシンゲーム（ブレイザー）**は70年に、この年から兼任監督となった野村克也の要請でヘッドコーチに就任すると**「シンキング・ベースボール」**を選手たちに注入。頭を使った「考える野球」で他球団との差別化を図ろうと考えた。在任中の71年に出版された『シンキング・ベースボール』において、ブレイザーは**「野球は両耳の間で争われる」**と宣言。頭を使う重要性を説いている。そこでは、個々のポジションの役割を詳細に説明し、『ドジャースの戦法』をさらに進化させたフォーメーションプレーを解説している。ブレイザーの教えは、後に移籍した広島にも伝播し、当時の**古葉竹識監督**は「本当に勉強になった」と述懐している。

『ブレイザーのシンキング・ベースボール』D. ブレイザー著、1979年、講談社

　ホームランを量産する巨人・王貞治に対抗すべく編み出されたのが**「王シフト」**だった。左打者であり、右方向の打球が多い王に対して、広島の**白石勝巳監督**は王の打球傾向を詳細に分析。64年5月5日の巨人戦においてレフトを左中間へ、センター

1965年、王シフトの裏をかき、二塁打を放つ王貞治

を右中間へ、ファーストを一塁線へ、セカンドを一塁側へ、ショートは二遊間へ、サードはショートの位置に移動させる守備体系を敷いた。目覚ましい効果は挙げられなかったが、その後も松井秀喜や吉田正尚、柳田悠岐、村上宗隆など、強打者を打席に迎えた際に採用されることがしばしばある。

ノムさんの「ID野球」から、セイバーメトリクスの時代へ

　90（平成2）年にヤクルト監督に就任した野村克也が掲げたのが**「ID野球」**だ。「Import Data（データ重視）」の略であり、同時に**「野村ノート」**に象徴されるように人間観察に基づいた心理学でもあり、80年代は一度しかAクラス入りしなかったヤクルトを在任9年間で4度のリーグ優勝、3度の日本一に導き、90年代に黄金時代を築いた。その参謀として、南海時代の野村を支えた**「尾張メモ」**の名スコアラー・尾張久次だった。

　王シフトのアレンジ版として、**「内野5**

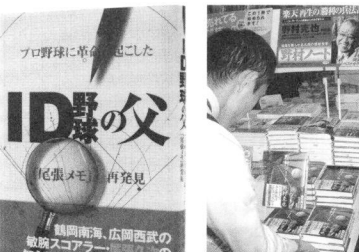

プロ野球に革命を起こした
ID野球の父
尾張メモ再発見
鶴岡南海、広島西武の敏腕スコアラー・尾張久次の知られざる生き様"プロ魂"

戸部良也著、2012年、ベースボールマガジン社

2000年、書店で平積みになる『野村ノート』

人制」も指摘しておきたい。例えば、広島監督時代のマーティー・ブラウンは外野手の一人を内野に配置し、**「内野5人、外野2人」**という変則シフトをしばしば披露した。あるいは、14年7月11日には、巨人・原辰徳監督が内野5人制を選択したものの、打球は無人のセンターに転がり、奇策は失敗に終わったケースも。また、21（令和3）年春のキャンプにおいて、日本ハム・栗山英樹監督はサードをレフト線付近に配する**「外野4人制」**に挑戦している。

継承は読んで活かす
「尾張メモ」の全貌

尾張久次著、1984年、講談社

　近年における「戦術革命」の代表例が**セイバーメトリクス**だろう。アメリカでは70年代にすでに提唱されていたものの、全世界に広まったのは、アスレチックスのGM、ビリー・ビーンの戦略を描いたノンフィクション**『マネー・ボール』**が発売された03年以降のこと。

　同書では徹底的にデータにこだわり、統計学的見地からさまざまな指標を考案。これらの数値を基に打順や守備位置を決定したり、作戦を考えたりしている。アメリカではすでに公式記録として活用されており、日本球界でもすでに常識、定番化している。出塁率と長打率を足した**「OPS」**、守備能力の指標となる**「UZR」**など、すでに一般ファンの間でもかなり定着しつつある。

　野球の科学化はさらに進行し、かつてはストップウォッチで投手のクイックモーションタイムを計る程度だったものが、今では**トラックマンやホークアイなど最新計測機器**が開発されたことで、ボールの回転数、打球弾道、選手の疲労度などが事細かく可視化され、それらが新たな形で戦術、戦略に応用されつつあるのが近年のトレンドであり、時代に取り残された指導者が率いるチームは勝利を逃し続けることになる。野球とは「頭のスポーツ」なのだということを改めて痛感する時代が訪れているのだ。

13

黄金時代史

巨人には、一体、何度の黄金時代があるのか？

ドラフト戦略が成功し、外国人選手が活躍し、ベテランと若手が見事に融合し、投打の歯車がカッチリと噛み合ったとき、チームは無敵の時代を迎える。プロ野球の長い歴史において、黄金時代を謳歌したチームはこれまでにいくつかある。

その先駆けとなったのは、やはり「球界の盟主」を自任する巨人だ。巨人には何度も黄金時代が訪れているが、第1期は戦前のこと。**1938（昭和13）年秋から、39、40、41、42、43年にかけて6連続優勝**を達成。藤本定義監督は早くも「名将」と呼ばれることになる。

戦争が終わり、再び球音が響きわたるようになった50～59年にかけて、**水原茂監督は10年間でリーグ優勝8回、日本一には4度**輝いている。また、61年に川上哲治監督が誕生すると、監督在位14年間でリーグ優勝11回、日本シリーズは無敗で11回も日本一に。特に**65年から73年**

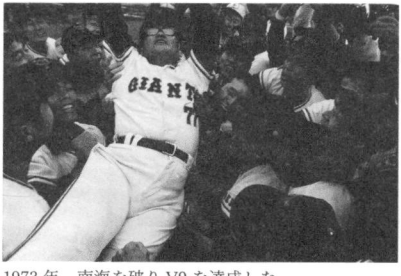

1973年、南海を破りV9を達成した

2002年、西武に4連勝して胴上げされる原監督

にかけて、前人未到のV9を達成。王貞治、長嶋茂雄のONコンビを中心に、柴田勲、高田繁、土井正三、黒江透修ら、1番から9番までそれぞれが自らの役割に徹する完璧なチームを作り上げた。

巨人の栄華は平成期も健在。**第4期黄金時代の主役は原辰徳監督**。07（平成19）～09年はリーグ3連覇（09年日本一）、12～14年もリーグ3連覇（12年日本一）、さらに元号が替わった19（令和元）～20年は2連覇。巨人の監督として歴代最多勝利を誇る原辰徳の面目躍如といったところだ。……このように、原稿の3分の1を巨人に費やしてしまうほど、巨人の黄金時代は各時代にわたっているのだ。

巨人以外のチームに目を転じてみると、三原脩監督が指揮を執った**西鉄ライオンズは56～58年まで3連覇**。宿敵巨人を3度も撃破する無双ぶりを見せつけた。特に

1988 年、西武が 3 年連続日本一を達成

58 年は、「神様、仏様、稲尾様」が獅子奮迅の大活躍で 3 連敗からの 4 連勝。我が世の春を謳歌することになった。

西鉄の後継球団である西武ライオンズは**広岡達朗監督時代の 82〜85 年の 4 年間でリーグ優勝 3 回、日本一には 2 度輝いている**。さらに、広岡の後を引き継いだ森祇晶監督時代の西武は異常な強さで、**86 年から 94 年の 9 年間でリーグ優勝は 8 回。日本一の栄光を 6 回も手にしている**。打っては、秋山幸二、清原和博、デストラーデによる「AKD 砲」を中心に石毛宏典、辻発彦、伊東勤が、投げては工藤公康、渡辺久信、郭泰源、鹿取義隆ら盤石の投手陣がそろい、まさに**「西武黄金時代」を誕生**させたのだった。

野村克也は「ID 野球」を掲げ、ヤクルトを 3 度の日本一に

昭和 40 年代から 50 年代にかけてのパ・リーグでは阪急ブレーブスの強さが目立った。**西本幸雄監督時代の 63〜73 年の 11 年間でリーグ優勝は 5 回達成する**も、日本一は一度もナシ。西本の後を継いだ**上田利治は 74〜78 年の 5 年間で V4 を達成。日本一は 3 度経験している**。オリックスに球団経営を譲渡してからは、**仰木彬監督の下で 95、96 年と連続優勝**。95 年の阪神・淡路大震災の被災地となるも、**「がんばろう KOBE」**を合言葉に、イチローの活躍で日本中の声援を受けた。

80 年代の 10 年間で 9 年も B クラスだったヤクルトに黄金時代をもたらしたのが野村克也だった。90 年に**「ID（データ重視）野球」**を掲げて監督に就任すると、**92、93、95、97 年とリーグ優勝を達成**。92 年こそ、森祇晶率いる西武に惜敗するものの、93 年は西武にリベンジ、95 年はオリックスを撃破、97 年は東尾修監督の西武をまったく寄せつけずに、日本シリーズでも 3 度、宙に舞った。

70 年代後半から 80 年代前半の黄金時代の主役は広島。一塁ベンチの端から戦況を見つめる**広島・古葉竹識監督の下、79、80 年と連続日本一**に輝く。特に 79 年の近鉄との日本シリーズ最終戦は「江夏の 21 球」として語り継がれる名勝負に。平成中盤までは苦難の時期が続いたが、**緒方孝市監督時代の 16〜18 年にかけて 3 年連続リーグ制覇を実現**。日本一達成はならずとも、再び黄金時代をもたらした。

平成後期から令和期にかけて、この世の春を謳歌しているのがソフトバンクだ。前身の南海ホークス時代には**鶴岡一人が指揮していた 46、48、51、52、53、55、59、61、64、65、66 年にリーグ制覇。日本一は 2 度達成している**。その後は長い低迷時代が続き、球団身売りも経験したが、孫正義率いるソフトバンク傘下になってからはチーム成績も急上昇。**秋山幸二監督時代の 10、11、14 年に日本一に輝き、工藤公康監督時代には 15、17、20 年にリーグ優勝。クライマックスシリーズを勝ち上がって日本シリーズにも進出しているため、日本一には 15、17、18、19、20 年と 5 回も輝いているのだ**。

落合博満監督時代の中日や、王貞治監督時代のダイエー、北海道移転後の日本ハムなど、他にも無敵の時代を誇ったチームはいくつもある。現場を託されたユニフォーム組と、チーム編成を託された背広組の連携が見事にハマり、スター選手も控え選手も、裏方さんも一致団結したとき、チームは黄金時代を迎えるのだ。

14

暗黒時代史

> 高橋ユニオンズは3年間で消滅、
> 権藤正利は怒涛の28連敗を記録

わが世の春を謳歌するチームがある一方で、どんなにもがいても、あがいても、真っ暗なトンネルから抜け出せない暗黒時代に苦しむチーム、選手もいる。

1954（昭和29）年、球界再編騒動によって誕生した**高橋ユニオンズ**。「日本のビール王」と称された高橋龍太郎オーナーが、球界発展のために私財を切り崩してチーム運営をしたが、創設初年度の54年こそ53勝84敗3分で、8チーム中6位になったものの、55年は勝率.300、56年は勝率.351で、いずれも8位。この年限りでチームは解散。**わずか3年の「最弱球団」**と揶揄された。

この頃、（悪い意味で）話題となったのが**大洋・権藤正利投手**の連敗記録。55年7月から57年6月まで、およそ2年間、まったく勝ち星を挙げられずに、**怒涛の28連敗を記録**。57年7月7日に待望の白星を記録した。苦難の道を歩んだ権藤だが、73年まで現役生活を続けた。

50年の2リーグ制発足と同時に誕生したものの、球団創設以来なかなか優勝できなかったのが広島とヤクルトだ。

広島は75年、途中でジョー・ルーツの後を継いだ古葉竹識の下で、空前の**「赤ヘルブーム」を巻き起こして、創設26年目にして初優勝**。

遅れること3年、78年には広岡達朗監督率いる**ヤクルトも創設29年目で初優勝**。日本シリーズでは、当時黄金時代の真っただ中にあった阪急ブレーブスを倒し、悲願の日本一に輝いた。

しかし、ヤクルトの栄華も長くは続かない。翌79年は開幕早々、チームは絶不調。広岡監督はシーズン途中で休養、そのまま退団の憂き目にあう。80年こそ2位に躍進したヤクルトだが、**81年から90年までは10年連続Bクラス**。野村克也による黄金時代到来まで、長きにわたる雌伏の時は続いていた。

鶴岡一人監督時代に黄金時代を誇った南海ホークスは、野村克也兼任監督時代の73年に優勝したのを最後に、**長期低迷期に突入**。80年代に入ると、

80年6位、81年5位、82年6位、83年5位、84年5位、85年6位、86年6位、87年4位、そして88年は5位。この年限りでダイエーへの身売りが決まり、**戦前からの「名門南海」に終止符**が打たれた。その後、「ホークス」の名はダイエーから、ソフトバンクに受け継がれ、令和期には他を寄せつけない黄金時代にある。

90年代は阪神、00年代は横浜、いつの時代も、暗黒期球団が

90年代暗黒時代の主役は阪神だった。92（平成4）年こそ、シーズン終盤までヤクルトと激しい優勝争いを展開して2位になったが、それ以外はずっとBクラスに低迷。この間、何もかもがチグハグだった。92年オフに**野田浩司とオリックス・松永浩美の大型トレードを敢行**するも、野田は移籍先で最多勝に輝き、獲得した松永は在籍わずか1年でダイエーにFA移籍。大損となった。また、97年に入団した期待の新外国人、**マイク・グリーンウェルは実働7試合の出場のみ**で、「神のお告げ」で緊急退団。暗黒時代を象徴する出来事として語り草に。99年、ヤクルトで黄金時代を築いた野村克也を監督に迎えたものの、99〜01年までの在籍3年間はいずれも最下位。野村は晩年、**「阪神監督を受諾したのは生涯の失敗だった」**とボヤくことになる。

98年のロッテは何もかもがチグハグだ

った。特に6月13日から7月18日にかけては、打つ手打つ手がことごとく裏目に出て、現在も記録となる**まさかの18連敗**。エース・黒木知宏を先発から抑えにし、再び先発に配置転換するアタフタぶり。7月7日、9回二死からオリックスの

ハービー・プリアムが同点2ラン。マウンド上でガックリとひざをつき、涙目になっているジョニー黒木の姿は今でも多くのファンの記憶に残っているはずだ。

21世紀が訪れた**00年代は横浜にとって試練の時期**だった。02〜15年までの**14年間で実に10回も最下位**に沈んだ。08年は48勝94敗2分で、勝率は.338。この年、首位打者に輝いた内川聖一の打率が・378だったので、**「打率よりも低い勝率」**と揶揄されることになった。08〜12年までは**5年連続最下位**で、08〜10年までは**3年連続90敗以上**という屈辱も経験。主力選手は続々と流出。重苦しい雰囲気の中、ひたすらもがき続けた時期だった。

一方、何度も何度も黄金時代を満喫していた巨人にとって、**「唯一の暗黒時代」**と言っていいのが、堀内恒夫監督が率いた05年、第2次原辰徳政権が誕生した06年の2年間か？ 巨人史上唯一の**「2年連続Bクラス」**となったのがこのとき。巨人ファンの多くが、負けに対する耐性が少ないと言われることが多いのも納得。

広島は91年以来、**25年間も優勝から遠ざかった**が、16〜18年は3年連続優勝で暗黒時代の記憶を帳消しに。現在はオリックスが、96年以来、**24年連続V逸継続中**。前半戦を首位で折り返した21年はどうなるのか？ 光あれば、影あり。栄光あれば、屈辱あり。黄金時代を謳歌する陰には、暗黒時代をもがき続ける存在があるのだ。

15

野球殿堂史

209名の選ばれし者たち、野球殿堂設立までの経緯

日本野球の発展、普及に貢献した人々の功績を後世に永久に讃える——。

そんな崇高な理念とともに**「野球体育博物館」**が開館したのは1959（昭和34）年6月12日のこと。「それを目的として野球を続けてきたわけではない」という理由で名球会入りを辞退している落合博満は11（平成23）年、殿堂入りした際にこんな言葉を残している。

「名球会は努力すれば入れる。でも、野球殿堂は認められないと入れない。だから本当にうれしいんだ」

野球人にとって最高の栄誉である野球殿堂は、プロ野球公式戦開始20周年記念事業の一環として、56年に設立の機運が高まり、翌57年に亡くなった後楽園スタヂアム第四代社長・田辺宗英氏追善事業の一環でもあったという。

開館式には多くの球界関係者が訪れ、来賓として**ダグラス・マッカーサー2世駐日米国大使**（マッカーサー元帥の甥）が祝辞を述べた。記念すべき、第1回殿堂入り人物は**正力松太郎、平岡熙、青井鉞男、安部磯雄、橋戸信、押川清、久慈次郎、沢村栄治、小野三千麿**の9名が選出されており、21（令和3）年時点で209名が殿堂入りの栄誉に浴している。

開館当初は後楽園球場の三塁側に隣接する独立した建物だったが、後楽園から東京ドームとなった**88年にドーム内に移**転。21ゲート右の入り口から館内に入れるようになっている。これにより、博物館の規模も800平米から1760平米と約2倍に拡張されることとなった。

また、開館以来長年にわたって**「野球体育博物館」**と名乗っていたが、公益法人の制度改革にあわせ、13年からは**「野球殿堂博物館」**と改称されている。

理事長を務めるのは代々のコミッショナーであるが、名誉職の意味合いが強い。開館以来、さまざまな変遷を経て、現在では**競技者表彰と特別表彰**という2つの委員会があり、前者は**プレーヤー表彰とエキスパート表彰**の2部門に分かれている。プレーヤー表彰は選手としての評価、エキスパート表彰は監督、コーチとしての評価となっている。エキスパート表彰は**「引退後、21年が経過したプロ野球選手」**という選考基準もあり、プレーヤー表彰の有資格条件は**「引退後5年以降から15年まで」**とされている。

選考条件、選出方式は複雑であり、しばしば変更や改定がなされるため、ここでは詳細については割愛するが、殿堂入りする確率は、歴代プロ野球在籍者の1%程度という狭き門であり、先の落合氏の言葉を借りるまでもなく、誰からも「認められないと入れない」、本当に名誉ある位置づけとなっているのだ。

戦没プロ野球人を追悼する「鎮魂の碑」を訪れてほしい

館内には顕彰者の顔を立体的に彫った

東京ドーム 21 ゲートの近くにある入り口

「殿堂レリーフ」が飾られている。このレリーフは本人や家族のお気に入り写真をベースに彫刻家が粘土で塑像を作製。この塑像をもとに作られたブロンズを桜の木の額にはめ込んで完成される。毎年、オールスターゲーム等の試合前に本人、故人の場合は家族を招き表彰式を開催している。ちなみに**レリーフ本体は約 10 キログラム**とかなりの重量。メインのレリーフが殿堂に飾られ、本人にはレプリカが寄贈されるのだという。

プロ野球関係者のみならず、アマチュア球界の重鎮やマスコミ関係者など、多彩な人々が殿堂入りしているが、毎年候補に挙がりながら殿堂入りを逃していたのが野球漫画の大家・水島新司氏。氏は 20 **(令和2)** 年 12 月、突然「殿堂候補入り」の辞退**を表明。「心境の変化があった」と発表されているが残念だ。詳しくは、本書 201 ページを！

館内には殿堂レリーフだけではなく、国内外の野球に関する多くの資料を収集、保管。**収蔵品は実物および写真を含め約3万点**、常時 2000 点余りを館内に展示中。さらに、**約5万点の資料を誇る図書室**も利用

長「島」茂雄氏のレリーフ

できる。東京ドームで試合が行われる際には、多くの野球ファンが訪れている。また、図書室では、野球ライターが必死に資料を探している姿をしばしば目撃できるはずだ。

博物館入口後方の陸橋左手の階段下には**「鎮魂の碑」**と呼ばれる石碑が建立されている。この碑は本碑と副碑の2基から成り立っており、本碑は**下田武三コミッショナー**による「鎮魂の碑」の碑名と戦没プロ野球選手の氏名が刻まれている。一方の副碑には遺族代表・石丸藤吉氏による弟・進一氏に関する「追憶」と題された銘文が刻まれている。人目につかない場所にあるけれど、ぜひここまで足を延ばし、「戦争と野球」について、思いをはせてみることをおススメしたい。

佐山和夫氏のレリーフ

アメリカにはニューヨーク郊外の**「クーパースタウン」**に立派な野球殿堂があり、多くの野球ファンにとっての心の故郷となっているが、日本の野球殿堂も負けてはいない。**歴史を愛し、歴史を理解する者は歴史に救われる。**2021 年現在、新型コロナウイルス騒動により、時短営業や休館日の変更などが行われているが、ぜひ時間を見つけて野球殿堂の魅力に触れてほしい。

16

コミッショナー史

日本球界のトップにして、最高の権限を有する存在

プロ野球界のトップ・オブ・ザ・トップ、**最高責任者であり、最高の権限を有する存在**、それがコミッショナーである。**任期は3年で再選は可能**。週1回の業務で、ウワサによれば、**月給は約200万円**、年収換算では2400万円となっているが、非常時、不測の事態が起きたときには昼夜を問わぬ指導力を発揮せねばならない。コミッショナーが下す指令、裁定、裁決は絶対的で、最終決定であり、すべての拘束力を持つことになるのだ。

戦後プロ野球が再開した際にチームが急増したことで、選手の引き抜き合戦が横行。収拾がつかなくなった時期に、占領軍の指導により誕生したという経緯がある。コミッショナーは絶対であり、優れたリーダーがいればこそ、プロ野球はさらなる発展を遂げることになるのだが、これまでの歴史を振り返ってみると、絶対的な権限を持つにもかかわらず、一部オーナーの思惑に左右されることで**「お飾り的存在」と揶揄されること**もあったのは事実。

2021（令和3）年時点では14名のコミッショナーが誕生しているが、その経歴は華やかで、**検事総長**（初代・福井盛太、第8代・竹内壽平）、**最高裁判所裁判官**（第2代・井上登、第7代・下田武三）、**早稲田大学総長**（第5代・大濱信泉）、**駐米大使**（第7代・下田武三、第12代・加藤良三）、**内閣法制局長官**（第9代・吉國一郎）、**東京高等検察庁検事長**（第11代・根来泰周）、そして現在の第14代・斉藤惇は**東京証券取引所グループ社長**を歴任するなど、日本を代表するそうそうたる顔ぶれがズラリと並ぶ。

また、第2代・井上登、第3代・内村祐之、第9代・吉國一郎、第10代・川島廣守は、在籍期間中の功績が評価され、野球殿堂入りを果たしている。

なお、歴代コミッショナーには読み方が難しい人物が多い。以下、間違いやすいので要注意。初代・福井盛太は「せいた」と読みたくなるのをグッとこらえて**「もりた」**と読もう。同様に2代目・井上登は「のぼる」ではなく**「のぼり」**、5代目・大濱信泉は**「のぶもと」**、6代目・金子鋭は**「とし」**、7代目の下田武三は要注意。「たけぞう」ではなく**「たけそう」**なのだ。さぁ、続いては特筆すべき業績を残した主要コミッショナーをできるだけ紹介していきたい。

球界の繁栄、発展のために奮闘してきたリーダーたち

1956（昭和31）年、第2代コミッショナーとなった井上登は新人契約金の高騰を抑制すべく、**契約金の最高限度額制限、ボーナス選手制度、選抜会議**など、球団経営の安定化を推進する施策を次々と実現。経営基盤の確立を実現させ、65年に野球殿堂入りを果たす。

医師免許を持ち、東京大学医学部教授からコミッショナーとなったのが第3代・内村祐之だ。キリスト教思想家の内村鑑三を父に持ち、東大在学中にはエースとして活躍した。アメリカで話題になっていた**『ド**

2010年、加藤良三コミッショナー

1985年、下田武三コミッショナー

2007年、根来泰周コミッショナー代行

2020年、斉藤惇コミッショナー

ジャースの戦法』をいち早く翻訳して日本に紹介したのも彼だった。62年のコミッショナー就任後は**新人選手の研修制度を導入**。プロ野球選手の地位向上に努め、83年に野球殿堂入り。

　世間を揺るがした78年の「江川事件」当時、第6代コミッショナーだったのがかつて、ドラフト制度導入に尽力した金子鋭だ。江川事件では「阪神入団後、巨人にトレードを」と**「強い要望」**を出したことで知られ、78年日本シリーズでは猛抗議を続ける阪急・上田利治監督に**「私が頼んでもダメか」**と迫ったことで、いろんな意味で後世に名を残すこととなった。

　江川騒動の混乱を収拾させたのが第7代・下田武三だった。下田は**圧縮バットの禁止、バット、ボールの品質改善促進、応援倫理三則**など、野球界改善に向けて、さまざまな改革を断行し評価された。

　歴代最多となる3期9年、コミッショナーを務めたのが第9代・吉國一郎だ。吉國は球界初となる全体会議**「日本プロ野球コンベンション」**を開催し、アマとプロと

の健全交流を通じて、野球の底辺拡大、国際化を推進。99年に殿堂入り。

　プロとアマの協調体制をさらに加速させたのが第10代・川島廣守だ。00（平成12）年のシドニー五輪ではプロアマ合同チームを実現させ、04年には日本高野連と**「新人選手選択に関する覚書」**を調印。06年に殿堂入りを果たしている。

　「低反発球」導入で話題となったのが第12代・加藤良三だ。球団によってメーカーが異なっていた試合球を統一。11年から導入された、いわゆる**「統一球」**には加藤のサインが印字されることに。

　そして21年現在、**「コロナとプロ野球」**という難関に挑んでいるのが現役の第14代・斉藤惇だ。誰も経験したことのない未曽有の事態の中、どのようなリーダーシップを発揮するのか？　困難な状況だからこそ、コミッショナーの手腕が問われている。これまで14名のコミッショナーがプロ野球発展に尽力してきた。志半ばで去る者もいたが、彼らの奮闘があればこそ、歴史は築かれてきたのである。

17

名球会史

王、長嶋、金田の発案による 誰よりも優れた野球人の集まり

投手なら 200 勝、または 250 セーブ、打者なら 2000 安打以上を記録した者のみが入会できる選ばれし組織、それが 1978（昭和 53）年 7 月に誕生した**名球会**だ。まずは、名球会が 14（平成 26）年に発行した 35 周年記念誌 **『球極』**（学研）の冒頭にある文章を引用したい。

> 「名」という字には、「名高い」「優れた」との意味がある。「名手」「名人」などに使われる。
> 「球」は、まさに野球そのもので、野球をやり遂げた者と解釈できる。
> 「名球会」とは、まさに **「誰よりも優れた野球人の集まり」** ということである。

『球極』にはサイン色紙が多数入っている

同書に掲載されている王貞治の述懐によれば、きっかけは 77 年暮れのことだという。このとき、王の先輩が亡くなり、葬儀に参列した際に、参列者の多くが「あれほどの野球人なのに、参列者が少なかった……」ということに驚いたという。本書では「プロ野球の先輩」の名は伏せられているが、時期的にも、その後に続く文章からも、戦前から巨人のエースとして活躍し、現役通算 209 勝、ノーヒットノーランも記録した**中尾碩志**のことであるのは間違いない。そこで、王と長嶋茂雄、そして金田正一の 3 人が話し合い、「先人への尊敬につながることをしよう」と話がまとまり、名球会誕生の機運が高まったのだという。

こうして、78 年 7 月 24 日、名球会は誕生する。冒頭に掲げた「投手 200 勝、打者 2000 安打以上」に加え、新たに **「昭和生まれ」** という入会条件が加えられた。これは大正生まれである川上哲治を排除したいという金田の思惑があったとウワサされているが真相は定かではない。

その結果、設立時には、投手は**稲尾和久、梶本隆夫、金田正一、小山正明、鈴木啓示、皆川睦雄、村山実、米田哲也**、打者は**江藤慎一、榎本喜八、王貞治、高木守道、土井正博、長嶋茂雄、野村克也、張本勲、広瀬叔功、山内一弘**の 18 名が、栄えある初代メンバーとなった。

その後、81 年には税務上の理由から株式会社となり、年々会員を増やしながら名球会は続いていく。新型コロナウイルス騒動に揺れた 20（令和 2）年には**巨人・坂本勇人**も新たに加わり、同シーズン終了時点で

5

10

15

20

25

30

投手16人、打者48名の計64名となっている。

2020年、2000安打を達成した巨人・坂本勇人

09年の「私物化騒動」を経て、株式会社から一般社団法人に

物故者は自動的に**「名誉会員」**となり、21年2月現在では、初代メンバーである稲尾、江藤、梶本、高木、野村、皆川、村山、山内の他に**大杉勝男**、**衣笠祥雄**が名誉会員となっている。

一方で**落合博満**は有資格者であるにもかかわらず、「名球会に入るために野球をやってきたわけじゃない」と入会を拒否。初代メンバーである榎本喜八も、会の活動にまったく関与せず**除籍扱い**に。カープアカデミーを経由して、広島からキャリアが始まり、ヤンキースなどで活躍した**アルフォンソ・ソリアーノ**も名球会入りの資格を持ち、本人も前向きな発言をしていたものの、21年時点では公式ホームページにその名はない。

また、ある一時期の話ではあるが、往年の名選手たちが集う**「マスターズリーグ」での記録もNPBの記録に合算する**という規定があり、通算1904安打で現役を引退したものの、マスターズリーグで99安打を記録した**松永浩美**が「名誉会員として名球会入り」というニュースが流れた。しかし、こちらもソリアーノ同様、公式ホームページにその記述はない。

名球会は選ばれし者たちの親睦会という側面だけではなく、**健全なる青少年の育成**と**さまざまな社会貢献**に励んでいる。野球教室を通じての**野球振興活動**、震災や災害時には**被災者への支援活動**など、「すべての野球選手の目標であり続けたい」という思いの下、これまで積極的に慈善活動を続けてきたのである。

もちろん、現在に至るまですべてが順風満帆だったわけではない。激震が訪れたのは**「金田会長が名球会を私物化している」**というニュースが流れた09年のこと。こうしたゴタゴタを経て、翌10年には**株式会社から一般社団法人**になり、**金田**は退会。同時に**谷沢健一**、**堀内恒夫**も名球会と一線を引くこととなった。

2008年、200勝を達成した中日・山本昌

現在では積極的にSNSを活用し、さまざまなPR活動を行っている。特に20年10月に開設したYouTubeの**「日本プロ野球名球会チャンネル」**は21年8月現在でチャンネル登録者数7万人に迫る勢いで、なおも増え続けている。あるいは、コロナ禍により名球会主催の野球大会や野球教室が次々と中止になったことを受け、新たに**「オンライン動作解析イベント」**を開始。40代、50代の（名球会では）若手会員が積極的に新たな取り組みに挑戦。かつての「オフになるとハワイでゴルフをしている人々」というイメージはかなり払拭された。シンボルマークである**空を駆け巡る天馬のペガサス**のように、名球会はなおもさらなる発展を遂げる。

2018年、内川聖一

18

オールスターゲーム史

「人気のセ、実力のパ」と、呼ばれた時代を経て……

　両リーグのスーパースターたちが一堂に会する夢の舞台。いつしか、ファンはそれを**「球宴」**と呼んだ──。

　オールスター前史は、戦前の**「職業野球東西対抗戦」**にさかのぼる。日本職業野球連盟誕生の翌 1937（昭和 12）年 10 月 7 日、大阪朝日新聞に告知が載ると同時に大反響を呼び、同年 11 月 20 日に第 1 戦が行われ、東軍の沢村栄治が見事な完封劇を演じたことで夢の対戦はスタートした。戦局の悪化により、リーグ自体が中断されて

1977 年、最優秀選手になったヤクルト・若松勉

1951 年、初のプロ野球オールスターが開催

いた間も、**東西対抗は毎年行われていた。**41 年 12 月 8 日、真珠湾攻撃の日も試合が開催されていたというから驚きだ。この頃、**殊勲選手に贈られる賞品はラジオ、火鉢、生きたままのアヒルや子豚、日本人形（以上 48 年）、鮭（49 年）など、**戦後の食糧難をしのばせるものが多い。また、セ・リーグとパ・リーグが誕生した 50 年は、両リーグそれぞれで東西対抗戦が行われている。

　現在のようなセとパが激突するスタイルになったのが 2 リーグ制になった翌年の 51 年のこと。それまではシーズン終了後に開催されていたが、日本シリーズがスタートしたことによって、オールスターは夏場に行われることになった。

　51 年 7 月 4 日に記念すべき第 1 戦が行われ、このときは全セが 2 対 1 で全パに勝利し、巨人・川上哲治が MVP に輝いている。第 8 回となる 58 年には、この年限りで現役を引退する川上哲治が最後の出場となり、同時にゴールデンルーキー長嶋茂雄が初出場を果たしている。

　65 年から 73 年の 9 年間は巨人 V9 時代で、ON をはじめとする巨人、セ・リー

グが話題の中心だったが、パ・リーグの面々は徹底的に勝敗にこだわり、**60年代の10年間を17勝9敗2分**と大きく勝ち越し、この頃から**「人気のセ、実力のパ」**と言われるようになっていく。当時、近鉄だった関根潤三は「オールスター前になると、パの監督から"絶対にセに負けるな"と檄を飛ばされ、絶対に負けられない雰囲気だった」と述懐している。

71年には阪神・江夏豊が9連続奪三振のいまだ破られぬ不滅の大記録を達成。この試合で江夏は自ら3ランホームランを打っていることはあまり知られていない。78年には阪神・掛布雅之が3打席連続ホームランをかっ飛ばし、スターへの切符を手にしている。

80年の第1戦で、巨人・王貞治がオールスター通算13号を放ち、存在感を見せつけたものの、この年限りで現役引退。ときを同じくするように、80年代に入るとニュースターが続々誕生する。**84年第3戦は巨人・江川卓が8連続奪三振**を記録するものの、9人目の近鉄・大石大二郎にセカンドゴロを打たれて大記録達成はならず。なおこの年、近鉄・鈴木康二朗が3連戦3連投を記録している。

87年第3戦では巨人・桑田真澄と西武・清原和博による「KK対決」が実現。PL学園の同級生であり、85年ドラフトにおいて、期せずして「因縁の両雄」となってしまった両者の対決は桑田の初球のストレートを清原が強振すると、打球はきれいな放物線を描いてレフトスタンドへ。清原が見事に勝利した。

91（平成3）**年第1戦**では、ヤクルト・古田敦也が見事な強肩を披露。全

パのオリックス・松永浩美、日本ハム・白井一幸、西武・秋山幸二の盗塁をことごとく阻止。オールスター史上初となる**「肩」で獲得したMVP**だった。さらに古田は翌92年第2戦では**球宴初となるサイクルヒット**を記録。長嶋茂雄に続く**「新お祭り男」**としてMVPに輝いた。

96年第2戦、9回表にマウンドに上がったのは、まさかのイチロー（オリックス）。全パ・仰木彬監督ならではのファンサービスだったが、全セ・野村克也監督は「球宴侮辱行為だ」との考えから、松井秀喜（巨人）に代わって、投手の高津臣吾（ヤクルト）を代打に送り、**「イチロー対ゴジラ」**の実現を避けた。

99年第1戦は巨人・上原浩治、西武・松坂大輔のルーキー対決が実現。**「上原対イチロー」**はイチローがバックスクリーンに豪快な一発。**「松坂対松井」**は149キロのストレートを投じて、レフトフライに打ち取り松坂が勝利した。

21世紀到来後の02〜10年は従来の3試合制から2試合制になったものの、11年の東日本大震災時には「東北復興のため」ということで3試合が行われた。05年に交流戦が始まり、ペナントレースにおいて「セ対パ」が普通に行われるようになったことで、**「オールスターの役目は終わった」**という声も出るようになり、今後のあり方が問われるようになっているのが現状だ。冠スポンサーは**サンヨー**（88〜06年）、**ガリバー**（07年）、**マツダ**（08〜16年）、**マイナビ**（17〜）と変遷しつつ、今でも夏の風物詩として野球ファンに完全に定着。だからこそ、コロナ禍により、史上初となる**「オールスターのない夏」**となった20（令和2）年は忘れられない1年となったのである。

19

日本シリーズ史

全関係者の悲願で誕生した「日本ワールド・シリーズ」

セ・リーグとパ・リーグの2リーグ制がスタートした 1950（昭和 25）年、当時誰もが「両リーグ覇者による日本一決定戦を！」と願い、その実現に奔走した。当時は「選手引き抜き合戦」の影響で、両リーグの関係は最悪状態だったが、同年 1 月に GHQ 経済科学局長であり、世界ノンプロ野球日本委員長・マーカット少将の指示により、何とか実現することとなった。こうして始まったのが、現在の**「日本シリーズ」**であり、当時は**「日本ワールド・シリーズ」**という壮大なネーミングによる覇者同士の真剣勝負だった。来日中の**ジョー・ディマジオとマッカート少将による始球式**で始まった第 1 戦はパ・リーグ覇者・毎日が、セ・リーグ覇者・松竹を 3 対 2 で破って、歴史の扉は開かれた。この年は**毎日が 4 勝 2 敗で松竹を下し、初代日本一**に輝いた。

54 年までは「日本ワールド・シリーズ」と命名されていたが、55 年からは「日本シリーズ」に改称。この頃の名勝負は 56〜58 年までの西鉄対巨人の激突。西鉄・

1979 年、日本シリーズ第 7 戦の「江夏の 21 球」

三原脩、巨人・水原茂両監督は長年のライバル関係にあり、巨人を追われた三原の執念はすさまじく、この対決は**「巌流島の対決」**と称された。長嶋茂雄がプロ入りした 58 年のシリーズは、西鉄が 3 連敗からの 4 連勝で逆転優勝。**西鉄のエース・稲尾和久は全 7 戦中 6 試合に登板**という信じられない大活躍を見せた。

65〜73 年は川上哲治監督率いる巨人の黄金期。ON を中心に不動のメンバーが、それぞれ自分の役割に徹し、パ・リーグ王者をまったく寄せつけずに **V9 達成**。

しかし、徐々に戦力は拮抗し、70 年代半ば以降になるとシリーズ初出場チームが相次いで誕生することに。**75 年は広島、78 年はヤクルト、79 年は近鉄**がリーグ初制覇。シリーズ進出を決めた。

78 年のヤクルト対阪急のシリーズでは、第 7 戦にヤクルト・大杉勝男のレフトポー

1950 年、初の日本選手権試合

ル際の打球をめぐって**1時間19分の中断**。結局は判定通りにホームラン。ヤクルトが悲願の日本一に輝いた。翌79年の広島対近鉄戦では第7戦9回裏に広島・江夏豊が、後に**「江夏の21球」**と称される絶世のピッチングを披露した。

猛虎フィーバー、西武黄金時代、ON決戦……と名場面が続出

85年は**「猛虎フィーバー」**に沸いた一年となった。ランディ・バース、掛布雅之、岡田彰布のクリーンアップが打ちまくり、「管理野球」で名を馳せた広岡達朗率いる西武を撃破。11月2日、2リーグ制後初となる日本一を成し遂げた。

そして、ここからしばらくの間は森祇晶監督率いる**「西武黄金時代」**が到来する。森が監督に就任した86年の対広島戦以降、87年・巨人、88年・中日、90（平成2）年・巨人、91年・広島、92年・ヤクルトと、ことごとくセ・リーグ覇者を撃破して日本一に君臨し続けた。

「王者西武」に引導を渡したのが93年、野村克也監督率いるヤクルトだった。前年は全7戦中4試合が延長戦という激戦の末敗れたヤクルトは、翌93年には逆に4勝3敗で雪辱を果たした。西武・森とヤクルト・野村による詰むや、詰まざるやの2年間の戦いは、今でも**「史上最高の日本シリーズ」**の呼び声が高い。

ここまで、「日本シリーズはデーゲーム」がお約束だったが、94年は平日の試合のみ、そして翌95年からは全試合**ナイター開催**となる。同年の阪神・淡路大震災以降、

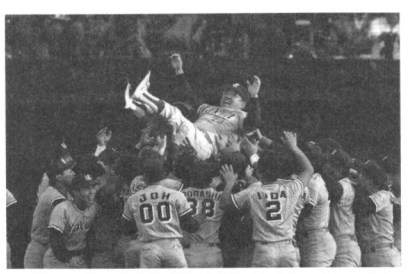

45　1993年、日本一を達成して胴上げされる野村監督

「がんばろうKOBE」をスローガンに掲げたオリックスは、95年こそ野村ヤクルトに敗れたものの、翌96年は4勝1敗で巨人を撃破。日本一決定の瞬間、ライトのイチローは満員のグリーンスタジアム神戸のファンに向かってガッツポーズを見せた。

2000年、開幕前の長嶋・王両監督

20世紀最後となる**2000年は「ON決戦」**で沸きに沸いた。ダイエー・王貞治と巨人・長嶋茂雄の両雄が、今度は指揮官としてグラウンドで対峙して、4勝2敗で巨人が日本一に輝いた。両監督の雄姿は往年のすべての野球ファンを魅了した。なお、この年のシリーズではダイエー側の不手際により、本拠地・福岡ドームが使用できず、3連戦の後、2日間の休みが入る変則日程となったことも印象深い。

00年代は長い苦難の道のりを経て日本一となるチームが相次いだ。**05年・ロッテは31年ぶり、06年・日本ハムは44年ぶり、07年・中日は53年ぶり**に日本一に。明けない夜はないのだ。

11年の東日本大震災で壊滅的なダメージを負った東北地方を本拠地とする楽天がチーム創設初の日本一となったのが13年のことだった。これで、**12球団すべてが日本一を経験**することに。ちなみに、04年限りで消滅した近鉄は79、80、89、01年と四度のリーグ優勝も、一度も日本一の経験がないままチームは消滅。ファンの無念の思いは今でも大きい。

元号が替わった19（令和元）年、そして翌20年はいずれもソフトバンクと巨人が激突。**両年ともソフトバンクが4勝0敗で巨人をスイープ。**盟主を自任する巨人のプライドはズタズタに。ちなみに、20年までの日本一の通算回数は**パ・リーグ36回**（209勝）、**セ・リーグ35回**（202勝）。日本一の回数はほぼ互角。実は両リーグの力は拮抗しているのだ。

20

ドラフト会議史

「人買い」「人身売買」の そしりを受けつつも……

ドラフト制度誕生以前——。各球団による選手獲得は**「完全自由競争」**で行われていた。当然、裕福な球団に有利で、経済的に逼迫（ひっぱく）していた球団は、有望選手が他球団に入団していくのをただ黙って見ているだけだった。札束が飛び交い、スカウト担当者は**「人買い」「人身売買」**のそしりを受けることもあったという。その結果、球団ごとの**戦力は不均衡**となり、契約金をはじめとする**選手獲得費用は高騰**の一途をたどっていた。

こうした現状を打破すべく、アメリカの**NFL**の**「新人選手プール制度」**を参考に、新しい選手獲得ルールの作成に取り組むこととなった。日本に先駆けて、1965（昭和40）年7月8日には、メジャーリーグで完全ウェーバー制による第1回ドラフト会議が行われた。**「ウェーバー」**とは、その年の下位チームから順に選手を指名していくことを指している。

そして、同年11月17日、日本でも最初のドラフト会議が開催された。このときは、各球団が事前に指名名簿を提出した上で、1位指名が重複した場合に抽選が行われた。この頃はまだ試行錯誤が続き、翌66年は9月に高校生、社会人選手を対象に、11月には大学生と秋の国体に出場する高校生を対象に、2回に分けて行われた。そして、67年は希望選手名簿の提出を廃止し、「指名順を決める抽選」を行う新制度を

1982年、ヤクルト入りを決めた荒木大輔

導入した。また、68年の第4回からは報道陣に公開するようになり、法政大・山本浩司（浩二）は広島、法政大・田淵幸一は阪神、富士鉄釜石・山田久志は阪急に1位指名されている。

この頃、物議を醸したのが韓国籍選手指名に関する**「ドラフト破り」**だった。当時の規定には**「獲得対象選手は日本国籍を持つ者」**とあり、対象外となる韓国籍の静岡商業・新浦寿夫や、鳥取西・松原明夫（福士敬章）の獲得をめぐって、熾烈（しれつ）な争奪戦が繰り広げられた。この一連の騒動をきっかけとして、対象選手規定から「日本国籍を持つ者」の文言が消され、**「日本の学校に所属した選手はすべてドラフトにかける」**と変更された。

69年は早稲田大学・**荒川尭が大洋の指名を拒否**。一度は入団したものの、すぐに希望するヤクルト入り。協約違反を問われた荒川は「開幕1カ月の出場停止処分」を受けた。このとき荒川は暴漢に襲われ、選手生命に影響するケガを負うことに。

「空白の一日」騒動を経て、さまざまな制度改革を実行

ドラフト史上、最大の「事件」が、78年第14回ドラフトの**「空白の一日」**だ。会議前日の11月21日、巨人は野球協約の欠陥を指摘し、「この日はどこの球団とも交渉できる空白の一日だ」と主張し、前年にクラウンライターから1位指名されていた**江川卓と強行契約**。しかし、他の11球団はもちろん、世間からの猛バッシングを浴びることに。これを受けて、**巨人は翌日の会議をボイコット**。事態はさらに泥沼化していく。この日、阪神が江川の交渉権を獲得。結局、金子鋭コミッショナーの**「強い要望」**により、江川は阪神に入団後すぐに巨人にトレード。交換要員となった小林繁は「悲劇のヒーロー」として世間の同情を集め、翌79年は巨人相手に大活躍。

あるいは**85年の第21回は「KKドラフト」**として後世に語り継がれている。PL学園の桑田真澄は早大志望を表明しつつも巨人へ。意中の球団は巨人だった清原和博は西武へ。清原の涙は今でも、多くの人の記憶に焼きついているはずだ。

1977年、クラウン入り拒否を表明する江川卓

89（平成元）年には新日鉄堺の野茂英雄に、翌90年には亜細亜大の小池秀郎に、それぞれ8球団が競合。野茂は近鉄に、小池はロッテの指名を断って、松下電器に入社。結局、92年に近鉄に入団した。

93年からは**逆指名制度が導入**され、「談合ドラフト」の批判を浴びたこともある。また、01年から04年までは**自由獲得枠制度**が誕生。あるいは、04年に発覚した、巨人、横浜、阪神、広島による明治大学・一場靖弘への裏金問題により、ドラフト会議をめぐる混乱はなおも続いた。これを受けて、05年からは新たに**希望入団枠**を導入。

1985年、ドラフト直後のPL学園の桑田

05〜07年は高校、大学・社会人の**分離ドラフト**もスタート。しかし、07年にはまたも**西武による裏金問題**が露呈。球界の自浄作用が求められる事態はまだまだ続いている。これを受けて、**08年からは1位のみ抽選で、2位以降はウェーバー制**が導入された。

ドラフト誕生後、国会において「憲法で保障されている**職業選択の自由に抵触するのではないか？**」と議論を呼んだこともある。しかし、「プロ野球界」を一つの企業と考えた場合、本人の意思とは関係なく、会社都合で「北海道支社」や「福岡支社」に配属されることは一般企業においても見られるケースである。そんな判断を経て、ドラフト会議は定着してきた。**「球界の寝業師」**と称された**根本陸夫**が仰天指名を見せたこともあった。91年まで続いた**パンチョ伊東**の名司会も懐かしい。現在ではテレビ中継も行われ、毎年秋の恒例行事となった。人生を左右する「一世一代のくじ引き」に関する世間の関心は今後も尽きることがないだろう。

1986年、近藤真一を引き当てた中日・星野監督

21

二軍史

戦後すぐの混乱期から始まった 二軍システムの発展と変遷史

　英語で「農場」を意味するファーム。若手にとっては汗と泥にまみれて研鑽（けんさん）を積む地であり、ベテランにとっては調整の場であり、巨人・桑田真澄による地獄のリハビリによる**「桑田ロード」**に象徴されるように、故障を抱えた者にとっては復活を期す決意の地でもある。

　その歴史は古く、戦後間もない1948（昭和23）年までさかのぼる。このとき、アメリカのマイナーリーグを参考に金星スターズが二軍チーム**「金星リトルスターズ」**を発足。7月4日には金星と、同じく二軍を発足させていた**「急映チック・フライヤーズ」**との初の二軍戦が函館市民運動場で行われている。

　翌49年には阪急、大陽、巨人も二軍を結成し、全国巡業を展開するように。50年の2リーグ制誕生後も、各球団が続々と二軍を結成。この時期、注目すべきは一軍

1961年、多摩川グラウンドの巨人軍

球団を持たない独立二軍球団**「山陽クラウンズ」**の存在だ。無名の若者を育ててプロ球団に送り込むことで「移籍金」を得たり、他球団の選手を育てて「業務委託費」を得ることを目的としたものだが、わずか3年で解散している。

『二軍史』松井正著、2017年、啓文社書房

　52年になると阪神、南海、阪急、松竹、西鉄、名古屋、山陽の7チームによる**「関西ファームリーグ」**が発足。この頃、女子プロ野球チームと合同で全国遠征を行ったり、巣鴨プリズンで慰問試合を行ったり、二軍チームには育成とは別の役割も求められていたという。54年には森永製菓をメインスポンサーとする**「新日本リーグ」**が誕生。そして、翌55年になると現在に続く**「イースタンリーグ」**が発足する。発足初年度は毎日、巨人、国鉄、大映、東映、大洋、トンボの7チームだった。各球団の正式名称は**グリッター・オリオンズ、ジュニア・ジャイアンツ、フレッシュ・スワローズ、ジュニア・スターズ、チック・フライヤーズ、ジュニア・ホエールズ、Bユニオンズ。**

　さらに、同年には**ウエスタンリーグ**も誕生。こちらは阪神、南海、阪急、中日、広島、西鉄、近鉄の7チーム。それぞれ、**阪神ジャガース、南海ホークス、阪急ブレーブス、中日ダイアモン**

ズ、広島グリーンズ、西鉄ライオンズ、近鉄パールスとなっている。

チームが整備されたことで、少しずつ環境も整っていく。55 年には**巨人・多摩川グラウンド**が、翌 56 年には**大洋・多摩川球場**が相次いで完成する。一軍に比べると、二軍は自由度が高く、**「監督とコーチも試合出場は可能」**というルールがあり、大差がついた試合において「ファンサービスのため」と、58 年には巨人・千葉茂二軍監督が試合に出場している。

柴田勲が自ら作詞した伝説の『多摩川ブルース』

63 年にはイースタンとウエスタンの精鋭が対決する**「第 1 回ジュニアオールスター」**が神宮球場で行われ、全イが 2 対 0 で勝利している。しかし、その 3 年後の 66 年には支配下登録が 60 名から 50 名に削減されたことにより、**「監督、コーチの出場も認める」**とルールを改定し、実際にコーチが試合に出るケースもあったものの、選手不足は解消されずに**ジュニアオールスターは中止**となっている。その後、何度か名称を替え、98（平成 10）年からは**「フレッシュオールスター」**となって現在も存続している。

1992 年、Jr. オールスター

この 66 年の秋には経費のかかる海外への選手派遣を見直すべく、大洋・三原脩の発案によって、国内で行われる**「教育リーグ」**が**スタート**している。

この当時の二軍選手の素直な心情をつづった『多摩川ブルース』という歌がある。62 年に法政二高から巨人に入団した柴田勲はプロ入り後、投手から野手へ転向し、苦難の時代を多摩川で過ごした。このとき柴田は練馬鑑別所（東京少年鑑別所）の悲哀を歌った『練鑑ブルース』の替え歌を作っ

ている。とてもいい歌詞なのだが、ここでは八番の歌詞をご紹介したい。

一年二年は夢のうち
だんだん消えてく同期生
今年は俺もあぶないと
夜も眠れぬオフシーズン
夜も眠れぬオフシーズン

驚くべきことに柴田は 19（令和元）年、自らこの歌をレコーディングして CD を自主制作しているのだ！

『多摩川ブルース』柴田勲（長谷川私物）

多摩川と言えば土手沿いの名物店**「グランド小池商店」**を忘れてはいけない。若き日の長嶋や王が舌鼓を打ったおでんは今も健在。店内には往年の名選手のサイン色紙がギッシリ。現在も営業しているのはオールドファンにはうれしい。

平成後期になるとファーム施設は近代化され、日本ハムの**「鎌ケ谷スタジアム」**やソフトバンクの**「HAWKS ベースボールパーク筑後」**は最新鋭の設備がそろい、続々と優秀な選手を輩出している。

阪神の**虎風荘**、中日の**昇竜館**、日本ハムの**勇翔寮**、西武の**若獅子寮**、オリックスの**青濤館**など、伝統ある各球団の選手寮では、今日も若者たちが明日の飛躍を夢見て、来るべき日を待ち構えている。

2019 年、西武の「若獅子寮」に入寮する新人選手

22

独立リーグ史

四国4県から始まった 独立リーグ発展の歴史

平成期に入り、バブル崩壊後の長引く経済不況の影響で、伝統ある社会人チームの休廃部が相次いだ。有望な若手選手の受け皿がどんどん減少していく中で、新たな受け皿として独立リーグ誕生の機運が高まるのは当然のことだった。

古くは、戦後間もない1947（昭和22）年から翌48年まで存在した**国民野球連盟**や69年の**グローバルリーグ**など、日本プロ野球機構以外のリーグも存在したものの、いずれも短命に終わっている。それからかなりのときが流れ球界再編騒動を経た05（平成17）年に**四国アイランドリーグ**（現・**四国アイランドリーグplus**）が発足。西武などで活躍した石毛宏典氏が中心となり、四国4県にチームを誕生させた。

- ・愛媛マンダリンパイレーツ
- ・香川オリーブガイナーズ
- ・高知ファイティングドッグス
- ・徳島インディゴソックス

四国を舞台に4チームによるリーグ戦が展開されることで、多くの若者にチャンスが与えられることとなった。06年ドラフトにおいて**高知・角中勝也がロッテ**に、07年には**香川・三輪正義がヤクルト**に、あるいは13年には同じく**香川・又吉克樹が中日**に入団。角中は独立リーグ出身選手としての初安打、初本塁打、初オールスター

出場、初のタイトル獲得など、独立リーグからNPBへの道を切り開いたパイオニアとして、名実ともに「成功例」として評価されている。また、三輪も又吉もいぶし銀の活躍を残し、雑草育ちのたくましさを見せつけた。又吉は現在も活躍中。

四国での成功を受けて、07年からは**北信越ベースボール・チャレンジ・リーグ**（現・**ルートインBCリーグ**）が誕生。当初は4チームでスタート。

- ・新潟アルビレックス
- ・信濃グランセローズ
- ・富山サンダーバーズ
- ・石川ミリオンスターズ

その後、翌08年には**群馬ダイヤモンドペガサス**、**福井ミラクルエレファンツ**が誕生。これに伴って、リーグ名から「北信越」が外れ、「ベースボール・チャレンジリーグ」、通称**「BCリーグ」**と改称。さらに13年12月に埼玉県を拠点とする**武蔵ヒートベアーズ**、14年5月に福島県を拠点とする**福島ホープス**が新加入。15年シーズンからは8球団体制となった。

ますます発展を続ける ルートインBCリーグ

その後も、BCリーグの発展は続く。17年シーズンから、**滋賀ユナイテッドベースボールクラブ**（現・オセアン滋賀ブラックス）、**栃木ゴールデンブレーブス**が参入、19（令和元）年には**茨城アストロプラネッツ**、20年

に**神奈川フューチャードリームス**が相次いで誕生。20 年シーズンには全 12 球団にまで発展を遂げ、さらに静岡や千葉にも新球団誕生の動きがあるという。21 年シーズンを例にとれば、神奈川・鈴木尚典 (元横浜)、新潟・橋上秀樹 (元ヤクルト) など、NPB で実績を積んだ往年の名選手が指導者となり、選手たちはみな、過酷な環境下にいながらも、明日の NPB プレイヤーを目指して奮闘を続けている。

07 年には**石川・内村賢介が楽天**に育成選手として指名されたのを皮切りに、翌08 年には**富山・野村祐也が阪神**に、**信濃・鈴江彬がロッテ**に、**福井・柳川洋平がソフトバンク**に、それぞれ育成選手として指名されている。09 年には**福井・前田祐二**がリーグ史上初となる支配下登録枠での指名でオリックスに入団した。あるいは、11 年オフには元日本ハム、阪神の正田樹が新潟を経て、ヤクルトに入団。BC リーグ経由での NPB 復帰のパイオニアとなった。

発展を続ける BC リーグとは対照的に、09 年に発足した第一次関西独立リーグは13 年に消滅。その後、翌 14 年にはベースボールファーストリーグとして再出発し、18 年 12 月には**関西独立リーグ**と改称。

21 年は**神戸三田ブレイバーズ、06BULLS、和歌山ファイティングバーズ、堺シュライクス**の 4 チームで運営されている。

また、20 年には**北海道ベースボールリーグ**が誕生。北海道を舞台に**レラハンクス富良野 (現・富良野ブルーリッジ)、美唄ブラックダイヤモンズ**の 2 チームで発足したものの、新型コロナウイルスにより無観客試合が続くなど、苦戦を強いられている。しかし、21 年からは**石狩レッドフェニックス、士別サムライブレイズ**が新たに加わり、今後の発展に期待が持たれる。今後、**砂川ドリームリバーズ**の設立も準備されており、30 年までに 6 地域 8 球団制の確立を目指しているという。10 年には女子野球リーグ、日本女子野球機構、通称 **GPBL** (現・JWBL) が誕生。女子球児たちの夢の舞台として運営を続けてきたが、21 年時点では完全に活動休止状態に。その一方では、九州、沖縄にも男子チーム誕生中。

各リーグとも、運営状況は厳しく、決して恵まれた環境ではないものの、野球教室やボランティアなど、さまざまな地域貢献活動を行いつつ、若い選手の育成機関として機能しており、独立リーグの重要性はますます高まりつつある。

日本の独立リーグ球団 (2021年)

ルートイン BC リーグ　中地区
新潟アルビレックス・ベースボール・クラブ
福島レッドホープス
群馬ダイヤモンドペガサス
信濃グランセローズ

ルートイン BC リーグ　西地区
富山 GRN サンダーバーズ
石川ミリオンスターズ
福井ワイルドラプターズ
オセアン滋賀ブラックス

北海道ベースボールリーグ
士別サムライブレイズ
富良野ブルーリッジ
美唄ブラックダイヤモンズ
石狩レッドフェニックス

ルートイン BC リーグ　東地区
栃木ゴールデンブレーブス
茨城アストロプラネッツ
埼玉武蔵ヒートベアーズ
神奈川フューチャードリームス

関西独立リーグ
神戸三田ブレイバーズ
06BULLS
堺シュライクス
和歌山ファイティングバーズ

九州アジアリーグ
大分 B-リングス
火の国サラマンダーズ

四国アイランドリーグ plus
香川オリーブガイナーズ
徳島インディゴソックス
愛媛マンダリンパイレーツ
高知ファイティングドッグス

琉球ブルーオーシャンズ

ニックネーム史

各球団の「ミスター○○」は、球史に残るスターぞろい

古今東西、スター選手には個性的なニックネームがつきものだ。その選手の性格、プレースタイル、趣味、生き様が表現されており、通り名を見ているだけで楽しい。時代を追って紹介したい。

戦前、戦後の代表的ニックネームとして、「**スクールボーイ**」(沢村栄治)を、まずは挙げたい。名づけたのは全米選抜軍。当時16歳の沢村に驚嘆し、敬意を込めて命名された。他にも、「**七色の変化球**」(若林忠志)、「**人間機関車**」(呉昌征)、「**猛将**」(景浦将)、テキサスの哲(川上哲治)、「**じゃじゃ馬**」(青田昇)などなど。戦局の悪化により「敵性語」である英語の使用が禁止された頃、**スタルヒンは「須田博」**と改名を余儀なくされた。ニックネームではないが、戦前の緊迫した実態をしのばせる通り名としてここに挙げておきたい。

1958(昭和33)年、立教大学から長嶋茂雄が巨人に入団するとプロ野球人気は爆発する。**長嶋は「ミスタージャイアンツ」**と呼ばれ、後に「**ミスター**」と称される。もはや、球団名は不要。「ミスター」が代名詞となる男。さすがだ。ちなみ

に、各球団それぞれ「ミスター」は存在。「**ミスタータイガース**」は藤村富美男や掛布雅之、「**ミスター赤ヘル**」は山本浩二、「**ミスタースワローズ**」は若松勉、「**ミスターロッテ**」は有藤通世。

長嶋のライバル**村山実**の代名詞は「**ザトペック投法**」、阪神の名手・吉田義男は「**牛若丸**」、「**天秤打法**」と称されたのは大洋の近藤和彦だ。来る日も、来る日も投げ続けた**西鉄・稲尾和久**は「**神様、仏様、稲尾様**」と称され、同じくマウンドに立ち続けた**中日・権藤博**は、「**権藤、権藤、雨、権藤**」と呼ばれていた。抜群のスタミナと酒量を誇った阪急・**米田哲也**のあだ名は「**ガソリンタンク**」。実にパワフル。実にすばらしいネーミングセンスだ。

「ゴジラ」は世界中に広まるも、「ウルフ」はまったく定着せず(笑)

戦後の高度経済成長期を経て、プロ野球が「国民的スポーツ」となると、ニックネームもさらにバラエティー豊かに。**ロッテ・村田兆治**は、その独特のピッチングフォームから「**マサカリ投法**」と呼ばれるようになる。また、**巨人のエース・堀内恒夫は「悪太郎」**、または「**甲府の小天狗**」と呼ばれた。いずれにしても、生意気な若者というニュアンスだった。

故障があっても、フルイニング出場を続け、「**鉄人**」と呼ばれたのは広島の衣笠祥雄。後にこのニックネームは**金本知憲**に受け継がれることに。80年代ヤングジャイアンツの象徴が「**若大将**」の原辰徳。60代を

過ぎた今でも「若大将スマイル」健在なのはすごい。**中畑清は「ヤッターマン」「絶好調男」**と呼ばれ、元気はつらつプレーを披露。

快速ランナーの**松本匡史は「青い稲妻」**と呼ばれたが、他球団ファンからはちょこまか走り回ることから**「青いゴキブリ」**と揶揄されたのも懐かしい。

マンガの主人公ソックリだという理由で**「ドカベン」**と名づけられたのは**南海・香川伸行**。14（平成26）年、52歳という若すぎる死が惜しまれる。

平成時代が訪れても、選手の個性的なニックネームは次々と登場する。**「ゴジラ」**と呼ばれたのは巨人・**松井秀喜**。この松井にあやかって**「赤ゴジラ」**と称されたのは同じく背番号《55》を背負っていた広島・**嶋重宣**。90年代の巨人では、**高橋由伸**が「ウ

ルフ」、**元木大介は「くせ者」**と呼ばれた。いずれも、長嶋監督の命名だが、「ウルフ」はあまり定着しなかった。ヤクルト黄金時代の立役者である**古田敦也**は、眼鏡をかけていることから**「のび太君」**で、**池山隆寛は三振を恐れぬフルスイングから「ブンブン丸」**と名づけられ、ファンの間でも定着。

大洋・横浜の不動のクローザー・**佐々木主浩は「大魔神」**と呼ばれ、他球団の脅威の的に。この「大魔神」にはいくつかの派生形があり、同じく横浜の中継ぎの一人、**五十嵐英樹は「ヒゲ魔神」**、現役の**山﨑康晃は「小さな大魔神」**とアレンジされている。**「宇宙人」は井納翔一**（巨人）、**糸井嘉男**（阪神）、**柳田悠岐**（ソフトバンク）など、歴代数名が。

歴代外国人選手たちにも、個性的なニックネームを持つ選手は多い。大洋、巨人で活躍した**ジョン・シピン**。大洋時代はヒゲもじゃだったため**「ライオン丸」**と呼ばれていた。78年、ヤクルト初優勝の立役者、**チャーリー・マニエルは「赤鬼」**。のちに、87年に大旋風を巻き起こす**ボブ・ホーナー**も「赤鬼」と呼ばれた。西武・**郭泰源は「オリエンタル・エクスプレス」**で、巨人・**呂明賜は「アジアの大砲」**、日本ハムの**トニー・ソレイタは「サモアの怪人」**で、同じ「怪人」でも、**オレステス・デストラーデ**（西武）**は「カリブの怪人」**。ここは紛らわしいので要注意。テストに出るよ。そして、**「マッド・ドッグ（狂犬）」はビル・マドロック**（ロッテ）などなど。最後にニックネーム史上、最も弱そうなネーミングをご紹介。**DeNA・大貫晋一は「ハマの豆苗」**。理由は細身だから（笑）。いつの時代も、ニックネームは面白い。

24

異業種転身史

うなる16文、「世界の巨人」から、「ブルース・リーと戦った男」まで

現役引退後、プロ野球の世界から異業種に転身して、成功を収めた選手も多士済々だ。その筆頭として忘れてはならないのが1955（昭和30）年から59年まで巨人に在籍していた**馬場正平**。そう、後に**「世界の巨人」**として国際的存在感を誇った**プロレスラー・ジャイアント馬場**だ。56、57、59年と二軍では最優秀投手賞を獲得する逸材だったが一軍では結果が残せずに現役を引退。その後、**力道山率いる日本プロレスに入門**し、その巨体を生かして大スターとなった。

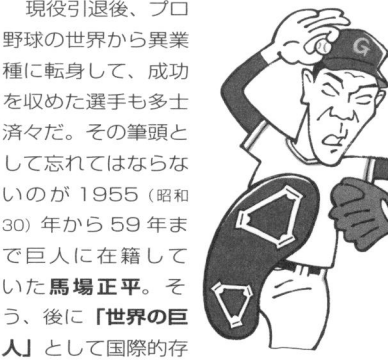

青汁のCM、「ああっ、マズい。もう一杯！」でおなじみの**俳優・八名信夫**は56～58年まで東映フライヤーズに在籍。その後、親会社である映画会社、東映からのスカウトで悪役俳優に転身。**「長嶋や王に打たれるより、高倉健に撃たれろ」**と口説かれたというのは有名な話。

意外と知られていないのが、53～59年まで毎日、大毎オリオンズに在籍した**橋本力**。現役引退後、大映・永田雅一から「役者になれ」と勧められ、俳優に転身。背の高さを生かして『**大魔神**』のスーツアクタ

ーとして活躍。香港映画『ドラゴン怒りの鉄拳』では**ブルース・リーの敵役**として国際的存在となった。

テレビタレントとして大成功を収めたのが、59～69年まで中日に在籍していた**板東英二**。70年にCBCラジオでパーソナリティーデビューを果たすと、その後はテレビ、ラジオに大活躍。俳優として、『金曜日の妻たちへ』に出演、篠ひろ子、小川知子の夫役を見事に務め上げた。その後、税金のことや頭髪のことでいろいろあったものの、ここでは割愛。武士の情け。現在では**長嶋一茂**が連日、テレビに登場、お茶の間をザワつかせている。

スポーツキャスターとして『**プロ野球ニュース**』を大成功に導いたのが高橋ユニオンズなどに所属した**佐々木信也**。寄席に通って話術を研究した努力が実った。

「野球選手は歌がうまい」という俗説を実証

するようにムード歌謡の世界では、「マムシ」と呼ばれた**巨人・柳田真宏**、同じく**巨人・藤城和明**が有名。なんと藤城は**「ムード歌謡の帝王」**と呼ばれた『**敏いとうとハッピー＆ブルー**』にメンバー入りし、メインボーカルを任された経験を誇っているのだ。

意外な転身と言えば、東映、南海、阪神で現役を過ごした**江本孟紀**は、92（平成4）年にアントニオ猪木率いるスポーツ平和党から比例代表で出馬し、参議院議員となった。98年には民主党から出馬して再選。**2期12年を無事に務めた。**

公認会計士、宅建士、ライター、そして、犯罪を犯した者まで

飲食業界に進出したプロ野球選手は枚挙にいとまがない。立教大学からドラフト1位で巨人入りした**横山忠夫**は現役引退後に、堀内恒夫の紹介で銀座のうどん店で修業を積み、母校のすぐそばに「手打ちうどん　立山」をオープン。**「横山」をもじって「立山」**と名づけて現在も大繁盛。「巨人とうどん」で言えば、00～05年まで巨人に在籍した**條辺剛**。24歳で現役引退後、同郷の先輩である水野雄仁の勧めでうどんの世界に飛び込み、その後は讃岐うどんの本場・香川県で修業。08年に『**讃岐うどん　條辺**』を開店。暖簾に染め抜かれた店名は長嶋茂雄の手になるも

のとして有名だ。

近年では、西武、巨人に在籍した**デーブ大久保**が新橋に**「肉蔵でーぶ」をオープン**。ヤクルト、西武、日本ハムを渡り歩いた**米野智人**は、現役引退後に「食の伝道師」として、東京・下北沢にヘルシー志向の自然食レストランをオープンした。21（令和3）年からは古巣・メットライフドームにビーガン専門店「バックヤード・ブッチャーズ」を開店した。

難関資格を取って新天地で成功を収めているのは98～01年まで阪神に在籍した**奥村武博**。13年に**公認会計士試験に合格し**、プロ野球出身者初の偉業を成し遂げた。また、お立ち台での「キモティー！」で人気だった**GG佐藤**は現役引退後、父親の経営する住宅測量、地盤改良会社に就職。新規事業立ち上げのために**宅地建物取引士（宅建）試験に一発合格**。

意外なところでは、巨人、日本ハム、DeNAに在籍した**林昌範**は、現在では父の経営する**船橋中央自動車学校の取締役**となり、「東大出身」と話題になった元ロッテの**小林至**は、桜美林大学教授であり、**福岡ソフトバンクホークス元取締役**であり、江戸川大学教授、立命館大学客員教授などなど、さまざまな肩書を誇っている。**川本良平はアパホテルのやり手ホテルマン**となり、**鵜久森淳志はソニー生命の営業マン**として日々奮闘中。

野球選手の形態模写が得意だったDeNA・**高森勇旗**は野球雑誌『野球太郎』で「ブルペンキャッチャー高森勇旗」の連載を持つ**スポーツライター、世界を股にかける実業家**として活躍中。

また、現役引退後に殺人を犯して現在も服役中のA、覚せい剤取締法違反での執行猶予を経て奮闘中のB、強制性交で逮捕されたCなど、新世界での生活になじめなかった者もいる点も念のため、指摘しておきたい。

○○世代史

沢村栄治とスタルヒンが同学年 世代別で見る、意外なつながり

一人の傑出したスター選手が登場する。すると、彼の周りにはよきライバルたちが続々と現れ、いわゆる「○○世代」と称される百花繚乱の時代を迎えることはしばしばある。1980（昭和55）年生まれの松坂大輔を中心とする**「松坂世代」**がその代表格だが、プロ野球史をひもといてみると、その歴史はかなり古い。

文豪・夏目漱石が逝去した1916（大正5）年生まれの代表選手には、戦前の大スター沢村栄治とスタルヒンがいる。さらにこの世代は**南海・鶴岡一人、阪神・呉昌征、藤村富美男**らスターぞろい。まさに**「沢村世代」**こそ、「○○世代」ブームの走りなのである。ちなみに、異業種ではプロレスの鉄人ルー・テーズ、名優グレゴリー・ペックが同級生。

プロ野球人気を決定づけた長嶋茂雄が生まれた**35年「長嶋世代」**は、杉浦忠、皆川睦雄、野村克也（いずれも南海）、近藤和彦（大洋）、梶本隆夫（阪急）、仰木彬（西鉄）が並

ぶ。同世代は美輪明宏、赤塚不二夫、寺山修司ら個性的な顔ぶれが並ぶ。

戦後、本格的なベビーブーム時代が到来した人口爆発によって、各年代にスター選手が続々と誕生する。今も伝説となっている68年ドラフトの主役である山本浩二、衣笠祥雄（広島）、田淵幸一（阪神）、星野仙一（中日）、有藤通世、山崎裕之（ともにロッテ）、基満男、池永正明（ともに西鉄）ら、枚挙にいとまがないのが46年生まれの**「黄金ドラフト世代」**だ。ちなみに、日本ハムで活躍した「サモアの怪人」ソレイタもこの世代。

翌47年生まれではヤクルト初優勝の立役者となった、若松勉、松岡弘、安田猛、大矢明彦ら**「花の昭和22年組」**が。さらにこの年には鈴木啓示（近鉄）、福本豊（阪急）、谷沢健一（中日）、堀内恒夫（巨人）、門田博光（南海）、平松政次（大洋）などなど、名球会選手がズラリ。まさに**「名球会世代」**と言えるだろう。48年生まれは江夏豊（阪神）、山田久志（阪急）の**「江夏・山田世代」**が有名。

その後、スター選手が続出するのは55年生まれの**「江川世代」**だ。江川卓（巨人）、掛布雅之（阪神）、大野豊、達川光男（ともに広島）、遠藤一彦（大洋）ら、80年代のスター

5

10

15

20

25

30

選手が並ぶ。この年に生まれたのは桑田佳祐、西城秀樹、鳥山明、千代の富士など各ジャンルの才人が並ぶ。

百花繚乱、スターぞろい！1980年生まれの「松坂世代」

65年生まれの **「昭和40年会」** もスター選手がズラリと並ぶ。ヤクルト黄金時代を牽引した古田敦也、池山隆寛を筆頭に、山本昌、与田剛（ともに中日）、小宮山悟（ロッテ）、武田一浩（日本ハム）、星野伸之（オリックス）、佐々木誠（南海）、八木裕（阪神）ら、球界を代表する顔ぶれが一堂に会している。PL学園時代に一世を風靡した桑田真澄（巨人）、清原和博（西武）が誕生した67年の **「KK世代」**。他には佐々木主浩（大洋）、佐々岡真司（広島）も同世代だ。

第二次ベビーブームの代表格が73年生まれの **「イチロー世代」** だ。イチロー（オリックス）、小笠原道大（日本ハム）、松中信彦（ダイエー）、中村紀洋（近鉄）ら巧打者ばかり。投手では石井一久（ヤクルト）、黒木知宏（ロッテ）、三浦大輔（横浜）もこの世代。ちなみに、宮沢りえ、後藤久美子、松嶋菜々子も同学年。

そして、「○○世代」の代表格が80年生まれの **「松坂世代」** だろう。以下、超豪華メンバーを紹介したい。松坂大輔（西武）、和田毅、杉内俊哉、新垣渚（いずれもダイエー、ソフトバンク）、館山昌平（ヤクルト）、藤川球児、久保田智之（と

もに阪神）、村田修一（横浜）、森本稀哲、小谷野栄一、多田野数人（いずれも日本ハム）、梵英心、東出輝裕（ともに広島）、木佐貫洋（巨人）、外国人ではブランコ（中日）、ブラゼル（西武）……。どうだろう、このラインナップ。ちなみに、マコーレ・カルキン、朝青龍、壇蜜も松坂世代なのだ。

「谷間世代」 と呼ばれることもある84年生まれは岸孝之（西武）、嶋基宏（楽天）、西岡剛（ロッテ）、坂口智隆（オリックス）、浅尾拓也、吉見一起（ともに中日）など、決して「谷間」ではない。

昭和後期になると、86年 **「ダルビッシュ世代」** ではダルビッシュ有（日本ハム）、涌井秀章（西武）、森福允彦（ソフトバンク）がいる。さらに88年の **「ハンカチ世代」** には斎藤佑樹（日本ハム）、田中将大（楽天）、前田健太、會澤翼（ともに広島）、坂本勇人、沢村拓一（ともに巨人）、柳田悠岐（ソフトバンク）、秋山翔吾（西武）などなど、ほぼすべてのポジションにスターが出そろう。

平成生まれのスター集団は99年生まれの **「清宮世代」** だろう。早稲田実業高校時代から注目を浴びていた清宮幸太郎（日本ハム）が中心だった99年組だが、現在は **「村神様」** こと、村上宗隆（ヤクルト）が世代リーダーとなり、安田尚憲（ロッテ）や平良海馬（西武）が後を追う。

同世代による切磋琢磨が、さらなるレベルアップを生み出す好循環。世代で斬る野球史にも、それぞれのドラマがあるのだ。

26

プロ野球二世史

「非野球系」を目指したプロ野球選手の二世たち

ワイドショーのコメンテーターとして、バラエティ番組のメインタレントとして、テレビで大活躍中の**長嶋一茂が「ミスター」こと、長嶋茂雄の長男**であることは誰もが知っている。あるいは、福山雅治の妻にして、女優の**吹石一恵は近鉄で活躍した吹石徳一の娘**であることは、多くの野球ファンが知っていることだろう。このように、プロ野球選手を父に持つタレント、女優、アイドルは意外と多い。ここではそんな「二世史」を振り返る。

元 AKB48 でチーム B のキャプテンも務めた**倉持明日香はロッテ**のリリーフエース・**倉持明のお嬢さん**。現役時代からアートネイチャーのCMに出演していたことが思い出される。同じく**AKB48の大森美優の父は巨人や近鉄に在籍し、現在は巨人の統括スカウト兼国際部課長の大森剛**。あの坂本勇人に早くから注目し、ドラフト1位指名した辣腕スカウトだ。

現在はフジテレビの社員で、元 HKT48 のメンバーだった**若田部遥の父は若田部健一現ソフトバンク三軍投手コーチ**。21（令和3）年から古巣のヤクルト投手コーチに就任した**尾花高夫の娘の尾花貴絵**は身長174cmのナイススタイルを誇るモデル、女優、グラビアアイドル。「美の殿堂」とも呼ばれるオスカープロモーション所属。「プロ野球選手の奥さまは美人ぞろい」という定説通り、娘さんもまた美しいのは当然のことなのだろう。

プロ野球選手の子どもでアナウンサーになった代表格がフジテレビ ONE『プロ野球ニュース』のメインキャスターを務めたこともある**田淵裕章。父は田淵幸一**。息子の名前に「ユウショウ（優勝）」と名づけるのが心憎い。彼が生まれた翌 82 年、田淵の所属する西武は見事に初優勝を果たしている。**元近鉄の島本講平の娘・島本真衣はテレビ朝日のアナウンサー**。中堅アナウンサーとして、現在も多くの番組に出演中だ。もちろん、「甲子園の顔」として活躍中のミスターの次女、**スポーツキャスター・長島三奈**も忘れてはいけない。

『海賊戦隊ゴーカイジャー』のゴーカイブルーで俳優デビューした**山田裕貴の父は、中日や広島に在籍した山田和利**。現在、ソフトバンク監督として黄金時代を謳歌している**工藤公康監督の息子は、売り出し中の人気俳優・工藤阿須加**。池井戸潤原作の人気ドラマ『ルーズヴェルト・ゲーム』では、野球未経験ながら投手役を見事に務め上げて、存在感を発揮。

5
10
15
20
25
30

桑田真澄は「Mattの父」として、若者たちに認知される時代に

中日のリリーフエース・**郭源治**(かくげんじ)**の息子は俳優の佳久創**。彼は池井戸潤原作『ノーサイドゲーム』で好演。その演技力について、父に褒められたという。恵まれた肉体は父親譲りで、今後に期待が集まる。

『SHAZNA』のメインボーカルとして活躍した **IZAM の父は、まさかの国鉄スワローズ戦士・日根紘三**。IZAM と国鉄スワローズのギャップがスゴイ。現在は都内で印刷所を経営しているそうだ。IZAM の正統派後継者として忘れてならないのが、現在テレビで引っ張りだこの **Matt。もちろん、父は桑田真澄**。21 年シーズン、コーチと

して古巣巨人に復帰した際に「選手の個性を伸ばしたい」と発言。誰もが Matt の姿を思い浮かべ、その指導に期待した。桑田も今では「Matt の父」として有名に。

個性を尊重したと言えば、「オレ流」**落合博満と福嗣親子**。子どもの頃のワンパクぶりが強烈なインパクトを残すが、福嗣氏もすでに3児の父。19 年には「第 13 回声優アワード」で新人男優賞を獲得。現在は期待の声優として注目を浴びる。広島を3連覇に導いた**緒方孝市とタレント・緒方かな子を両親に持つ緒方佑奈**は慶應義塾大学卒業の才媛。現在は歌手、

声優としてマルチに活躍している。18 年には母が絵を描き、娘が文章を担当した絵本『ぼくのヒーロー』を出版。父・孝市の胴上げシーンは注目だ。

コロナ禍において、たびたび騒動を引き起こした石田純一。その奥さまはもちろん、元プロゴルファーの**東尾理子。父は西鉄、太平洋、クラウン、西武とライオンズひと筋の大エース・東尾修**。54 年生まれの石田と、50 年生まれの東尾修。わずか4歳違いの義理の親子である。

東尾理子同様、野球以外のスポーツに進

んだのが**高木豊**(大洋)**の息子たち。長男・俊幸**(セレッソ大阪)、**次男・善朗**(アルビレックス新潟)、**三男・大輔**(レノファ山口FC)はいずれも、プロサッカー選手。「高木三兄弟」として注目されていた。西武黄金時代、「AKD砲」の「A」こと、**秋山幸二の娘はタレントの秋山真凜**。上智大学国際教養学部を卒業し、英語と韓国語が堪能な国際派。21 年 4 月からはラジオのスポーツ番組のパーソナリティーを2番組で務めている。得意のゴルフは九州女子アマ8位の実績を誇る。

中日や阪神で活躍した**大豊の娘は、タカラジェンヌのひろ香祐**、「トレンディエース」と称された**西崎幸広**(日本ハム)**の娘はグラビアアイドルの西崎あや**などなど、枚挙にいとまがない。「非野球系」のプロ野球二世も、芸能界を中心に各ジャンルにわたり、さまざまなのだ。

27

野球報道史

新聞がリードした時代を経て、テレビ、ラジオ、マンガの時代に

日本の野球報道をリードしたのは新聞だった。その端緒については諸説あるものの、1896（明治29）年、第一高等学校（現・東京大学教養学部）が横浜在住の外国人チームに29対4で勝利したことが新聞で報じられたことが最初だと言われている。野球人気の高まりとともに、1911年、東京朝日新聞は**「野球害毒論」**連載をスタートする。当時の識者たちが「青少年にとって野球はいかに害毒であるか」を訴えるもので、5000円札でおなじみの**新渡戸稲造は「野球は賤技なり剛勇の気なし」と酷評**。それはちょっと言い過ぎではないのか、新渡戸さん（※記者による捏造説も）。

大正時代が訪れると、新聞社主催の野球大会が次々と開始された。15（大正4）年には**朝日新聞社が全国中等学校優勝野球大会**を創設。「野球は害悪だ」と唱えていた舌の根は乾いたのだろうか？　また、24年には**毎日新聞社が全国選抜中等学校野球大会**をスタート。この2つの大会は、いずれも甲子園球場を舞台に現在まで白熱した戦いが続いている。36（昭和11）年にプロ野球リーグが発足すると、**読売新聞社が東京巨人軍**を、**中日新聞社が名古屋軍**を創設。いずれも新聞社を親会社として発足したものだ。

この頃はメディアの王様の座に君臨していた新聞社が部数拡大競争のために、こぞって野球を活用し、朝日と毎日は自社主催大会を、読売、中日は自チームを保持して部数拡大を図っていたのだ。

さらに戦後にはスポーツ紙の創刊ラッシュが相次いだ。46年には「日本初のスポーツ新聞」として**日刊スポーツ**、48年には**デイリースポーツ**、49年には**報知新聞（現・スポーツ報知）**、**スポーツニッポン**、56年に**東京中日新聞（現・東京中日スポーツ）**が創刊されている。

野球と新聞の蜜月期を経て、次に台頭したのが新メディアのラジオとテレビだった。27年にはラジオで、戦後の53年にはテレビで野球中継がスタート。60年代に入って、家庭用テレビが急速に普及し始めると、**お茶の間の話題を独占したのが巨人戦中継**となった。同時に、60年代から70年代にかけてのV9時代の到来前後に、『**ちかいの魔球**』（原作・福本和也／作画・ちばてつや）『**巨人の星**』（原作・梶原一騎／作画・川崎のぼる）『**侍ジャイアンツ**』（原作・梶原一騎／作画・井上コオ）

雑誌の体裁で、主に若手選手を中心に人気選手のグラビアやインタビューが多数掲載された。特に毎号掲載される独自調査の人気ランキングは読者の人気も高かった。17年に一度休刊したものの、18年にミライカナイの発行で復刊され、現在も好評発売中だ。

インターネット時代の到来とともに、野球報道にも変化が訪れた。90年代の半ばには、かつてはテレビ局にとっての「ドル箱」だった巨人戦の視聴率が著しく低下し、**地上波からプロ野球中継が次々と撤退**。BSやCSなど衛星放送に、その舞台を移すこととなっていく。その一方で、本格的にインターネット中継が行われたのが04年のこと。その2年前となる02年にワイズ・スポーツ株式会社が設立。以降、「スポーツナビ」、略称**「スポナビ」**は野球速報のパイオニアとしてどんどん進化を遂げていく。同社の**「一球速報」**は野球ファンには欠かせないサービスとなった。16年には**DAZN**が登場。見逃し配信も含めて、いつでもどこでもタブレットで野球中継が見られる時代に突入した。

メディアの進歩発展に伴い、次々と野球を報じるスタイルは変わっていく。ある者は淘汰（とうた）され、ある者は姿を変えて生き残る。野球ファンにとってはいつでもどこでも、「常に身近に野球がある」という幸せな時代が訪れたと言えるだろう。

など、巨人を舞台にしたマンガが子どもたちの人気を独占していくこととなった。子どもも大人も夢中にさせた野球マンガ史については138ページで詳述したい。

地上波放送はほぼ消滅し、インターネット配信の時代へ

　プロ野球中継が軒並み高視聴率を記録する中、76年には佐々木信也をキャスターとして『プロ野球ニュース』がスタートする。巨人一辺倒だった時代に、「12球団を満遍なく扱う」というコンセプトで野球ファンの喝采を浴び、フジテレビを代表する長寿番組となる。また、この番組のスピンオフ企画として、83年からは『プロ野球珍プレー好プレー大賞』がスタート。天才・みのもんたの軽快なナレーションは、新たな野球ファンの獲得に大きく貢献することとなった。

　雑誌の世界では戦前の1908年から戦後の59年まで創刊された『**野球界**』が嚆矢（こう）だが、野球ファン拡大に大きく貢献したのが58年発行の『**週刊ベースボール**』だ。出版不況の中、現在も変わらずに刊行されている。また、80年には『**Number**』が誕生。創刊号には**山際淳司の『江夏の21球**』が掲載され、スポーツノンフィクションの新たな地平を開くことに。

　異色の野球雑誌として話題になったのが91（平成3）年、日刊スポーツ出版から発行された『**プロ野球ai**』だろう。アイドル

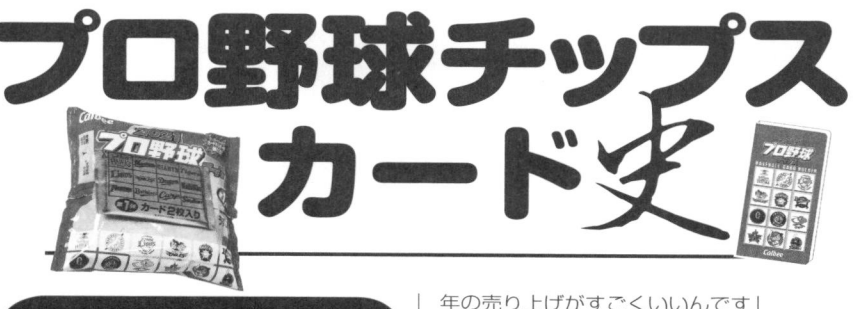

28

プロ野球チップスカード史

発売49年目のロングセラー 約2万種類、18億枚発行

「今度は誰のカードが出るのかな？」と期待と不安とともに袋を開封する喜びと興奮。友達と交換したり、コレクションしたり、昭和、平成、令和と、時代が変わっても、その快感は不変だ。子どもも大人も魅了する僕らのプロ野球チップスカード。カード作りにかかわる**三井剛さん**に話を聞くために**カルビー株式会社**を訪ねてみた。

「元々は 1971 **（昭和46）** 年発売の『**仮面ライダースナック**』のオマケとしてカードをつけたことがキッカケでした。それを受けて、73 年に『プロ野球スナック（当時）』にもカードをつけるようになりました」

73 年と言えば巨人V9達成の年であり、長嶋茂雄の現役最晩年だ。当然、記念すべき**「カード第 1 号」**は笑顔の長嶋さん。

「当時は巨人人気が最高潮でしたから、カードも巨人中心でした。実際、巨人が強いと売り上げもいいんです。これまでの販売記録を見ても、76 年、87 年、そして 00 （平成 12）年の売り上げがすごくいいんです」

三井さんが挙げた年は、いずれも巨人が優勝しており、同商品は現在にいたるまで一貫して**カルビーの看板商品**なのだ。

「現在は年 3 回に分けて、まずは開幕に 5
合わせて 3 月に第 1 弾、第 2 弾は 6 月、第 3 弾は 9 月に発売して 11 月に終売。そして、翌年の 3 月にまた新しい年度の商品を出します。第 1 弾のカード作りは前年の 12 月にNPBに申請して、各球団と契約。 10
現在は 12 球団均等に作っています」

21 （令和3）年の第 1 弾を例に挙げると、通常の**「レギュラーカード」**や印象的な場面をモチーフにした**「エキサイティングシーンカード」**、前年の引退選手をカード 15
化した**「レジェンド引退選手カード」**、主要タイトルを獲得した選手による**「タイトル**

ホルダーカード」、そして、「**チェックリストカード**」で約120枚ほどがラインナップされている。

「以前は新聞社さんが撮影したものをお借りしていたんですが、現在は各球団からお借りすることが多いです。1月には写真のセレクトを終え、2月には入稿をして、3月の開幕に合わせて発売しています」

ところで、73年の発売以来、一体どれだけのカードが作られたのだろう？

「おおよその累計になりますが、21年度までに**約2万種類、18億枚**になりますね」

単純計算で日本国民全員が一人10枚以上持っていることになる。もはや「国民食」と言っても差し支えないのではないか！

「コンビニやスーパーでの購入データを見ると、購入は大人が多いんです。ただ、ラッキーカードの応募者の半分以上は15歳以下。買うのは親かもしれないけど、実際

はお子さんが楽しんでいるんですね」

そして、三井さんはこうしめくくる。

「**お子さんが生まれて初めて自分のお小遣いで買うカルビー商品が『プロ野球チップス』**だといいなと思っています。そこでうちのポテトチップスを食べることで、大人になっても"あの味を食べたい"と言ってもらえるようにしたい。それが私にとってのやりがいですね」

実にいい言葉だ。

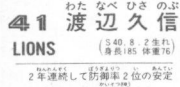

1987 BASEBALL CARD No.329

4 大石第二朗 おおいしだい じろう

ORIONS

1987 BASEBALL CARD No.38

30 津野 浩 つの ひろし

FIGHTERS

1987 BASEBALL CARD No.14

29 村田兆治 むら た ちょう じ

ORIONS

1987 BASEBALL CARD No.180

17 山田久志 やま だ ひさ し

BRAVES

1987 BASEBALL CARD No.219

41 渡辺久信 わた なべ ひさ のぶ

LIONS

1987 BASEBALL CARD No.322

2 香川伸行 か がわ のぶ ゆき

HAWKS

野球マンガ史

梶原一騎の「スポ根」、巨人マンガ全盛時代

戦時中に「敵性スポーツ」とされていた野球の情報不足に対する飢餓感（ふっしょく）を払拭するように、戦後プロ野球が復活し、少しずつ復興への道を歩み始めた 1947 (昭和22) 年、雑誌『野球少年』が創刊された。この雑誌には、トキワ荘でおなじみの寺田ヒロオによる『背番号0』が連載されており、この頃から 50 年代にかけては、寺田の『スポーツマン金太郎』や、『バット君』(井上一雄)、『くりくり投手』(貝塚ひろし)、『ナガシマくん』(わちさんぺい) など、牧歌的でほのぼのとした作品や熱血作品が多かった。

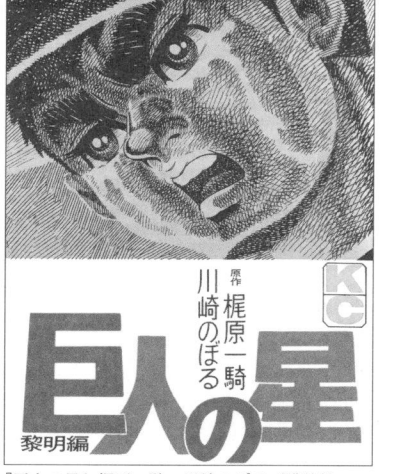

『巨人の星』梶原一騎・川崎のぼる／講談社

『キャプテン』
ちばあきお／集英社

野球マンガに転機が訪れたのは 60 年代に入ってから。61 年に原作・福本和也／作画・ちばてつやによる『ちかいの魔球』がヒットし、66 年には「野球マンガの金字塔」と言っても過言ではない『巨人の星』(原作・梶原一騎／作画・川崎のぼる) が一大ブームを巻き起こした。この頃は『侍ジャイアンツ』(原作・梶原一騎／作画・井上コオ) など、「巨人マンガ」が野球マンガの主流を占めていた。

梶原一騎に代表される「スポ根路線」に変化が訪れるのは 70 年代になってから。特に 72 年は「野球マンガ史に残る一年」と言ってもよく、アマチュア野球を舞台にした『ドカベン』(水島新司)、『キャプテン』(ちばあきお) がそろってスタート。「等身大の選手たちの野球マンガ」が読者の共感を得ることに。さらに水島は、73 年には、後に長期連載となる『あぶさん』も発表し、名実ともに野球マンガの大家となっていく。その後、『ドカベン』は「プロ野球編」「スーパースターズ編」「ドリームトーナメント編」と登場人物の生涯をなぞるように展開されていくこととなる。

70 年代後半から野球マンガの世界はさらに芳醇（ほうじゅん）となる。77 年には『すすめ!!パイレーツ』(江口寿史)、『がんばれ!!タブチくん!!』(いしいひさいち) が相次いで発表された。千葉パイレーツという架空のチームと実在

5

10

15

20

25

30

のチームで展開される前者と、阪神の人気者だった田淵幸一、ヤクルト・安田猛らが登場する後者により、「野球ギャグマンガ」が広く受け入れられ、60年代までとは異なる「脱スポ根化」、そして「野球のギャグ化」が進んでいくことになる。『がんばれ‼タブチくん‼』は映画化もされ、80年代初頭にブームを巻き起こした。

「スポ根路線」は完全に終焉し、「ラブコメ&パロディ路線」が登場

80年代に突入すると「脱スポ根」「野球ギャグ」路線がさらに進化を遂げる。78年の『ナイン』、そして81年には『タッチ』と、あだち充が立て続けに「ラブコメ野球マンガ」を発表。「汗と努力」の高度経済成長期は終わりを告げ、「明るく楽しい」爛熟（らんじゅく）の80年代の到来を象徴する出来事だったと言えるだろう。

『ナイン』
© あだち充／小学館

その後、あだちは『H2』『クロスゲーム』『MIX』など、長年にわたって野球マンガの名作を生み出し、水島新司と並ぶ野球マンガの神様となる。

80年代後半になると、87年に『パロ野球ニュース』（はた山ハッチ）、『かっとばせ！キヨハラくん』（河合じゅんじ）が登場。実在のプロ野球選手を題材に徹底的にパロディ路線を邁進（まいしん）する。89（平成元）年には島本和彦が『逆境ナイン』を発表。あまりにも非現実的な逆境を不屈の闘志で乗り越えていく物語。後に実写映画化された。この頃になると、すでに「スポ根」はパロディで描かれる存在となっていたのだ。

平成期に入ると、野球マンガはリアリズム路線を筆頭に多彩な作品が登場する。91年には等身大の高校野球を描いた『やったろうじゃん‼』（原秀則）、94年には、16年間の長期連載となった『MAJOR』（満田

『おおきく振りかぶって』
ひぐちアサ／講談社

『ダイヤのA（エース）』
寺嶋裕二／講談社

拓也）、96年『ストッパー毒島』（ハロルド作石）、98年『ROOKIES』（森田まさのり）などなど、名作マンガが続々と登場する。

2000年代に入ると、03年に『おおきく振りかぶって』（ひぐちアサ）、06年に『ダイヤのA（エース）』（寺嶋裕二）が登場。前者は普通の公立高校の普通の日常を丁寧に描き、多くのファンを獲得。後者はそれまであまり注目されることのなかった強豪校のリアルにスポットを当てた。「野球マンガランキング」において、この2作品は常に上位にランクイン。また、同時期の04年にスタートした『ラストイニング』（原作・神尾龍／作画・中原裕）も忘れてはいけない名作。元高校球児のインチキセールスマンが母校の監督に就任し、野球部存続をかけて奮闘する。繊細な野球描写が多くの野球ファンの共感を呼んだ。

異色の野球マンガとして注目されたのが10年にスタートした『グラゼニ』（原作・森高夕次／作画・足立金太郎（アダチケイジ））だ。中継ぎ投手が主人公なのも異色だし、「グラウンドにはゼニが落ちている」の哲学通り、プロ野球を「カネ」の面から描いたのも異色。

15年に始まったのが『バトルスタディーズ』（なきぼくろ）。PL学園野球部出身の作者の実体験がとにかくリアル。体罰、暴力事件、不祥事を正面から描いた意欲作として評価は高い。……紹介したい作品はまだまだあるが紙幅が尽きた。それこそ、我が国の野球マンガが豊かな歴史を誇っていることの証明なのだ。

30

プロ野球バカ本史

バカ本史に燦然と輝く、カネやんとエモやん！

現在、プロ野球選手自身による情報発信手段はSNSやYouTubeが花盛りだが、昭和、平成中期まではアナログの王道「書籍」一辺倒だった。スター選手になれば、自らの苦難の道のりを描いた**「自叙伝」**でファンの涙を誘い、アイドル選手であれば**「フォトエッセイ集」**でキュンキュンさせ、大物が引退すれば**「暴露本」**を出版。

古今東西、さまざまな野球選手本が登場しては消えていったが、コンプライアンスが厳しく問われる現代であれば、決して出版できない本もあれば、「どうしてこんな本の企画が通ったのか？」と首をかしげたくなるものもある。かつて、野球本研究の泰斗である長谷川晶一（僕です）はこうした本を「プロ野球バカ本」と命名し、**「バカ本を知らずして、プロ野球史を語るかなれ」**と語り、バカ本に敬意を表して、**「ノーコンプライアンス、ノータブー」**という名言を残している。改めて、プロ野球バカ本の深遠なる歴史をたどってみたい。

「バカ本」研究勃興の契機となったのが、1982（昭和57）年に発売された**『プロ野球を10倍楽しく見る方法』**（江本孟紀）だ。「球界一のミスター・デカチンは誰だ」という、誰もが知りたか

江本孟紀著、1982年、ベストセラーズ

ったものの、誰も口にしなかったことを白日の下にさらしてくれたのがエモやんこと、江本孟紀なのだ。下ネタあり、選手同士の人間関係の裏話あり、単なる悪口ありの百花繚乱。続々とシリーズ化され、累計400万部を誇る大ロングセラーとなり、アニメ映画にもなった偉大な一冊。

「バカ本史」は「10倍～」以前と、以後に分けられるのだが、エモヤン以前の**「バカ本界の偉人」は金田正一**だ。エモやん、カネやんコンビはグラウンド外でも偉大なのだ。巨人在籍時の65年に出版された自伝**『やったるで！』**では、中学時代の犯罪歴、性体験を赤裸々に告白。71年には**『失礼！金田です』**、73年には『**カネやんの八方破れ人生論**』と立て続けに出版。いずれも自らの悪事の暴露

金田正一著、1973年、徳間書店

と放送禁止用語のオンパレード。生ぬるい令和の時代では企画すら通らないはずだ。

助っ人バカ本、夫婦バカ本、読売バカ本、若気のバカ本

エモやんの系譜を継いだのが現役引退後にテレビタレントとして活躍した板東英二。84年に発行された**『プロ野球知らなきゃ損する』**では「こんなことは僕にしか書けないだろう」との宣言通り、実名を挙げて選手間のイジメ問題や各監督、選手の人脈相関図を掲載して120万部超の売り

上げを記録した。一連の『毒舌バカ本』の系譜は、後に『球界の野良犬』（愛甲猛）や、『デーブ大久保一発逆転』（デーブ大久保）へと継承される。

　80年代には外国人選手たちによる『助っ人バカ本』が花盛り。87年に衝撃的なデビューを飾り、同年限りでヤクルトを去った、ボブ・ホーナーによる『地球のウラ側にもうひとつの違う野球があった』や、巨人史上ナンバーワン助っ人の呼び声も高いウォーレン・クロマティが王貞治監督や当時のチームメイトである江川卓らをディスり続ける『さらばサムライ野球』、あまりにも誠意のない阪神球団とのやり取りを赤裸々に綴った『バースの日記。』などなど、プロ野球版英米文学が確立することとなった。

　さらに、一流スター選手を支える奥様たちがテーマとなった『夫婦バカ本』というジャンルも忘れてはならない。野村克也が沙知代夫人の逮捕劇の真相を激白した『女房はドーベルマン』、落合博満への献身的な愛、通称「落愛」がダダ漏れする名著『一心同体　愛と人生、成功のセオ

リー』（落合信子）、元アイドルの緒方かな子が絵を描き、娘の佑奈が作者となった異色絵本『ぼくのヒーロー』は、緒方孝市を支える家族の愛情の深さが垣間見えて落涙する（誇大表現）。

　球界の盟主を任じる巨人については、内部告発モノ、アンチ巨人による糾弾モノなど、『読売バカ本』と呼ぶべきジャンルも存在。ルポライター・武田頼政の手になる『G　FILE　長嶋茂雄と黒衣の参謀』や、中日移籍直後に出版された、西本聖の『さらば巨人軍』、登板日漏洩問題を告発した『さらば桑田真澄、さらばプロ野球』（中牧昭二）、元巨人軍広報室長の若林敏夫が著した『巨人軍の最高機密』などの過激な暴露本は枚挙にいとまがない。

　アイドル級の人気を誇ったスター選手たちの『若気のバカ本』も大充実だ。特に原辰徳の『僕の汗、僕の愛。』『原辰徳　青春そして音楽』『原辰徳　青春讃歌』など、80年代前半にリリースされた作品群は名著ぞろいで注目だ。原さんに「いっしょに笑い、いっしょに泣ける、そんな友情を育ててみないか。」と言われたら、「はい！」と答えるしかないだろう。この系譜はもちろん坂本勇人にも受け継がれ、彼も『だから僕は、笑顔になれる』というあざとく、さわやかな名著を発表している。

　活字離れと野球人気低下のダブルパンチに見舞われた昨今、「プロ野球バカ本」の今後はどうなっていくのだろうか？　一抹の不安もなくはないが、そこに書籍と野球がある限り、バカ本もまた永久に不滅なのだ。これでいいのだ。

武田頼政著、2006年、文藝春秋

西本聖著、1989年、アイペック

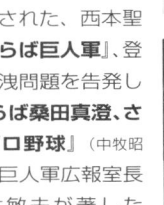

若林敏夫著、1992年、リム出版

主婦と生活社編、2013年、主婦と生活社

デーブ大久保著、2000年、新潮社

ボブ・ホーナー著、1988年、日之出出版

ウォーレン・クロマティ著、1992年、講談社

愛甲猛著、2012年、宝島社

愛甲猛著、2009年、宝島社

野村克也著、2002年、双葉社

31

プロ野球ニュース史

「巨人偏重」の時代に全6試合を満遍なく放送

日本プロ野球報道史において、フジテレビの『プロ野球ニュース』は画期的な番組だった。「巨人偏重」の時代にあって、「12球団を均等に扱う」というコンセプトで、単なる試合結果だけではなく、そのプロセス、戦術をその日の夜に生放送で徹底的に解説。日本人の野球偏差値を大幅に向上させた。

この番組の第1期は1961（昭和36）年から始まり、65年まで続いた。この時点では、特に大きな話題となることもなく、他局と同様の「普通のスポーツニュース」でしかなかった。

しかし、76年から始まる「第2期」はスポーツ報道史に残る伝説的な番組となる。当時の夜11時台は日本テレビ系列の『11PM』が圧倒的な人気を博しており、深夜帯ならではのお色気路線で視聴率ナンバーワンを独走していた。この牙城を打ち崩すべく、フジテレビが対抗馬として送り出したのが『プロ野球ニュース』だった。4月1日の初回放送は視聴率3.1%だったものの、着実にプロ野球ファンの心をつかみ、少しずつ視聴率は上がっていく。フジテレビの誇るFNS系列の全面協力の下、「全試合を満遍なく扱う」というコンセプトにより、当時はまったく見ることのできなかったパ・リーグの試合も詳細に解説。この番組のおかげで「初めて、"動くパ・リ

プロ野球ニュース時代の佐々木信也さん

（左余白・縦書き）キーワード別 日本プロ野球史

ーグ選手"を見た」という野球ファンは多かった。

番組の象徴は月曜から金曜日のキャスターを務めていた**佐々木信也**だった。それまで、野球評論家として活動していた佐々木の司会術は視聴者のハートをつかんだ。「いつかは自分で番組を進行してみたい」と考えていた佐々木による、爽やかで、冷静で、平等で、なおかつ批評精神もある進行役はまさに適任だった。

番組開始後すぐに「番組の顔」となった佐々木信也とは対照的に、土曜日、日曜日のキャスターはなかなか定着しなかった。76年は**土居まさる**が務め、翌77年は漫画家の**はらたいら**、78年が**押阪忍**と、毎年顔ぶれが変わる時期が続いたが、80年に**みのもんた**が登場。これにより、**「平日の佐々木信也、週末のみのもんた」**という黄金コンビが誕生。番組の人気を不動のものとする。放送時間も、開始当初は30分だったが、80年には45分、83年には55分とどんどん拡大していく。

ペナントレース時期には詳細な試合情報を伝え、オフシーズンになると選手たちの帰京に密着する**「わがふるさと」**、荒川博が打撃の極意を解説する**「アラさんのバッティング談義」**、専属解説者の豊田泰光が選手の素顔に迫る**「トヨさんの家庭訪問」**など、バラエティに富んだオフシーズンの名物企画も充実。オフシーズンも含めて一年中野球を楽しめることとなった。

「珍プレー好プレー」で、みのもんたが大ブレイク

番組の人気を不動にした名物企画が**「珍プレー好プレー」**だった。みのもんたによるテキトーかつ、絶妙なナレーションにより、ファインプレーを集めた「好プレー集」のみならず、凡ミスをした際に見せる選手たちの素の表情や、グラウンド外のおちゃめな姿、あるいは迫力あふれる乱闘シーン、審判や観客たちのおかしな姿に注目した「珍プレー集」が人気コンテンツとなり、他局も類似企画を連発するようになる。

83年には『**珍プレー好プレー大賞**』として特番となり、高視聴率を記録。以降、定期的に放送されることとなる。こうした内容が認められ、85年には**「テレビ大賞」の優秀番組賞**を獲得。名実ともに日本を代表する人気番組へと成長した。

しかし、東京ドームが開場した88年、番組に転機が訪れる。「番組の顔」である佐々木信也に代わって、フジテレビアナウンサーの**野崎昌一**が新キャスターとなり、それまで普通のOLだった**須田珠理がアシスタント**に就任。一連の出来事について、「まったく予兆がなかったので本当に驚いたし、私自身の衰えもなく、今でも納得していない」と佐々木は振り返る。

さらにこのとき、週末キャスターには入社2年目の**中井美穂**を大抜擢。「12支は言えても、12球団名は言えない」と揶揄されたが、中井は天性の明るさとひたむきな努力によって、次第に視聴者に認められていくことになる。90（平成2）年には**放送5000回を達成**。番組の栄華は永遠に続くものと思われた。

ところが、93年に**Jリーグ**がスタートし、その後、**K-1**に代表される格闘技ブームが勃興。スポーツの多様化によって、「プロ野球」だけを扱うことができなくなり、少しずつ番組名との齟齬が生まれていくことに。93年には初のタレントキャスターとして、**森口博子、森脇健児**が、94年には局アナの**福井謙二**、95年には野球以外のスポーツでは初となる**陣内貴美子**、96年は**西山喜久恵**、97年は**木佐彩子**ら、目まぐるしく司会が替わっていく。そして、2002年日韓ワールドカップを前に、ついに番組は息絶える。「プロ野球」の看板を下ろし、01年3月31日をもって『**感動ファクトリー・すぽると**』にバトンタッチすることになった。その後はCS版『プロ野球ニュース』として、現在も絶賛放送中。

長谷川晶一著、2021年、新潮社

32

コンピューター野球ゲーム史

83年のファミコン登場が契機 『ファミスタ』発売で大ブームに

日本に野球が普及し始めた頃、戦前の子どもたちは野球カルタや野球すごろく、あるいは「元祖野球盤」に夢中になっていたという。戦後の1958（昭和33）年にはエポック社が野球盤を発売。現在まで続くロングセラー商品に。詳しくは146ページ。

コンピューターによる野球ゲームは70年代後半から登場。たとえば78年8月には『テレビ野球ゲーム』（エポック社）、翌9月には『LSIベースボール』（バンダイ）が発売されている。「世界初のTV野球ゲーム」と言われている前者は野球盤のデジタル版で、後者は発光ダイオード（LED）による野球ゲーム。ボタンにより投手は4つの球種を選択し、打者はタイミングよくボタンを押してヒッティングする。いずれも、専用機として発売され大ヒットを記録する。

コンピューター野球ゲーム時代の本格到来は83年。任天堂からファミリーコンピュータが発売され、早々に『ベースボール』が大ヒットを記録。十字キーが各塁に対応し、野球とファミコンの親和性の高さが早くも証明された。

85年には野球シミュレーションゲームの元祖である『ベストナインプロ野球』（アスキー）がパソコン版で発売。プレイヤーは監督になって優勝を目指す。選手名や能力のエディットも可能で、当時のマニアを喜ばせた。86年には一大ブームを巻き起こした『プロ野球ファミリースタジアム』（ナ

ムコ）が発売。初期「ファミスタ」ではパ・リーグチームに対する扱いはぞんざいで、近鉄、南海、阪急は親会社が鉄道会社であることから「レールウェイズ」、ロッテ、日本ハムは食品会社なので「フーズフーズ」とひとまとめにされていた。また、発売元のナムコのゲームをモチーフにした「ナムコスターズ」は個性派ぞろい。異常に足の速い「ぴの」に好き放題に走られた苦い経験を持つ人も多いはず。その後、ゲームボーイ、スーパーファミコン、NINTENDO64、プレイステーション、アーケードタイプ、オンラインタイプとさまざまな形式で現在までリリースされている。

昭和の最後期、東京ドームのできた88年はファミコンとしては初のセンターアングルとなった『燃えろ!!プロ野球』（ジャレコ）、ニセ徳光アナとニセ長嶋茂雄のやり取りが印象的な『究極ハリキリスタジアム』（タイトー）が相次いで発売。前者はバントの打球がホームランとなり、後者は既存の12球団の他に全選手が女性という「アイドール」というチームが存在したことが印象深い。それにしても、止めたバットでスタンドインはあり得ないバグだった（笑）。

『パワプロ』『やきゅつく』、そして『プロスピ』の大ヒット

元号が平成に変わった89年にはファミコンでは『甲子園』（ケイ・アミューズメントリース）、『ファミコン野球盤』（エポック社）、PCエンジンでは『これがプロ野球89』（インテック）発売。さまざまなハードで約20本の

新作が登場。玉石混交ながら、野球ゲームの百花繚乱<ruby>繚乱<rt>りょうらん</rt></ruby>時代が訪れた。

　この頃、インパクトを与えたのが通称「パワプロ」と呼ばれることになる『**実況パワフルプロ野球**』（コナミ）だ。第 1 弾はスーファミ版として発売された。バットの芯<ruby>芯<rt>しん</rt></ruby>でジャストミートする快感をゲームで見事に再現。シリーズ化され、第 3 弾では二軍選手をじっくり育てるサクセスモードが登場。現在までさまざまなバージョン、スピンオフ作品が登場する大ヒットシリーズとなっている。現役プロ野球選手にインタビューをすると、「パワプロで選手を覚えました」という人がとても多い。このゲームは野球人口拡大にも大いに寄与しているのだ。

　98 年にはセガサターンの代表作となった、通称「やきゅつく」こと『**プロ野球チームをつくろう！**』（セガ）が発売された。試合前のオーダー決定以外はプレーに関する操作は一切なく、資金調達、チーム運営、施設管理など、球団経営に主眼が置かれたシミュレーションゲーム。近年では「オーナー」「選手」、それぞれの立場でプレーすることが可能に。

　ゲーム機の表現力が格段に進化すると、それまでの**デフォルメ路線からリアリティ路線へ**の希求が始まるのは当然のことだった。02 年には『ファミスタ』のイメージとはまったく異なる『**熱チュー！プロ野球2002**』をナムコが発表。リアリティを追究したゲームを目指したものの、04 年にリリースされた『**プロ野球スピリッツ2004**』（コナミ）ほど、後に多大な影響を与えるには至らなかった。その名作『プロスピ』は、当初は PS2 での発売だったが、PS3、ひかり TV などを経て、現在の『**プロ野球スピリッツ A（エース）**』はスマホでのオンラインゲームに。ユニフォームの着こなし、球場看板など何から何までリアルに再現されている。

　技術革新によって、ゲームの持つ表現力は格段に向上し、NPB もまたゲーム化による肖像権ビジネスを確立し、ライセンス料は大きな収入源になっている。「プロ野球とゲーム」の蜜月関係は今後も間違いなく続くだろう。

プロ野球スピリッツ A
一般社団法人日本野球機構承認　プロ野球フランチャイズ球場公認
ゲーム内に再現された球場内看板は、原則として 2020 年プロ野球ペナントシーズン中のデータを基に制作しています。

eBASEBALL パワフルプロ野球 2020
一般社団法人日本野球機構承認　 © 2019 SAMURAI JAPAN

33

野球盤史

1958年発売の歴史ある野球盤 約75種類、累計1700万台発売

コンピューターゲーム全盛の令和期でもなお売れ続けているエポック社の野球盤。テレビ朝日の特番『とんねるずのスポーツ王は俺だ!!』内の**「リアル野球BAN」**は、もちろんこのゲームをモチーフにしている。昭和から令和まで、どの時代の子どもも虜にする超ロングセラー商品だ。

「エポック社の創業社長・前田竹虎はジグソーパズルの穴にパチンコ玉をコロコロ転がして落として遊んでいる子どもの姿を見て、**"これを野球ゲームで活用できないか"**とひらめいたそうです。自社で商品化しようとしたものの、実現しなかったことで、**"じゃあ、自分で会社を作って販売しよう"**ということで、弊社を創立したということです」

こう語るのはエポック社マーケティング部の岩崎挙太郎さん。**「野球盤を販売するためにエポック社を作った」**とは驚きだ。ちなみに、同社の創立は 1958（昭和 33）年、長嶋茂雄が巨人に入団した年だ。

前田社長の思惑通り、大卒初任給が1万2千円の時代に 1750 円で発売したものの、発売と同時に生産が追いつかないほどの大ヒットを記録したという。

「以降、21（令和 3）年まで**約 75 種類、累計で 1700 万台が発売**されています」

エポック社の公式ホームページには「野球盤の歴史」と題して、1950 年代から 2010 年代まで、10 年ごとの歴代モデルが掲載されている。ちなみに、僕が子どもの頃購入したのが 78 年発売「野球盤AM型人工芝球場」だ。懐かし〜い。打率や勝敗を記録しながら毎日一緒に遊んでいた一馬クンは元気にしているのかなぁ？　続いて岩崎さんに「どのモデルが一番売れたんですか？」と尋ねる。

「野球人気によって、売り上げは左右されますが、一番売れたのは 78 年発売の『**AM型**』ですね。20 年発売の『**野球盤３Dエーススタンダード　侍ジャパン野球日本代表ｖｅｒ.**』も売れています」

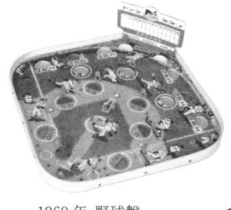

1960 年、野球盤
ポピュラーC 型

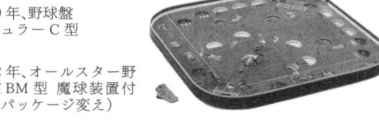

1958 年、
［初代］野球盤

1969 年、巨人の星野球盤
C 型

1972 年、オールスター野球盤 BM 型 魔球装置付き（パッケージ変え）

5

10 1988年、ビッグエッグ
野球盤

1982年、巨人軍原選手の
パーフェクト野球盤B型

1997年、フルオート
野球盤PRO

1999年、松坂大輔
野球盤Jr.

　おぉーっ。まさに僕が夢中になって友だ
ちと遊んでいたタイプではないか！　あの
15 頃、昭和の男の子たちにとって野球盤は「少
年のたしなみ」の一つだった。そして今で
も「侍ジャパン版」で令和の子どもが夢中
になって遊んでいるのである。

おじいちゃん、お父さん、子ども
20 どの世代でも楽しめるロングセラー

　冒頭でも述べたように、コンピューター
ゲーム全盛の時代、野球盤の売り上げも苦
戦しているのではないか？　そんな質問を
25 投げかけると意外な答えが返ってきた。
　「コンピューターゲームの影響はもちろ
んありますけど、野球盤は発売以来ずっと
売れ続けていました。"アナログだから古
い"とか、"アナログだから昭和だ"という
30 ことはなかったと思います」
　確かに野球盤の歴史を見ていくと「人工

芝化」「消える魔球装置」「ドーム化」「３D
化」「コースの投げ分け」「球速表示」など
さまざまな進化を遂げているのがよくわか
る。常に、その時代に合った創意工夫がな
されているのである。
　「発売以来、野球盤はずっと進化を続け
ています。開発担当者も職人気質で、常に
"次はどうしよう、どうすれば世の中がビ
ックリするようなものが作れるのか？"と
いつも考えています」
　創業社長のこだわりは現在でも受け継
がれている。まさにエポック社を代表する
商品なのだということが伝わってくる。
　「野球盤はどんな状況下でも売れ続けて
いるし、今後も売り続けていきます。長く
販売することで、おじいちゃんもお父さん
も子どもさんも一緒に楽しめる。そんなゲ
ームであり続けたいと思っています」
　祖父や父、そして子どもたち。野球盤史
はまだまだ続くのだ――。

2015年、野球盤3D
エースモンスターコ
ントロール

2017年、野球盤3D
エーススタンダード

40 2006年、実況パワフル
プロ野球野球盤

2004年、野球盤阪神
タイガース

2021年8月現在、販売されている野球盤は以下の5点
・野球盤3Dエース スタンダード
・野球盤3Dエース スーパーコントロール
45 ・野球盤3Dエース モンスターコントロール
・野球盤3Dエース スタンダード 侍ジャパン 野球日本代ver.
・野球盤Jr.

2000年、野球盤復刻版

2020年、野球盤
3Dエーススタ
ンダード　侍ジ
ャパン　野球日
本代表ver.

野球盤史

147

名言史

一流選手の魂の言葉には男の意地、プロの誇りが宿る

1974（昭和49）年、長嶋茂雄が引退試合で発した**「我が巨人軍は、永久に不滅です」**は半世紀が経とうとしている現在でも語り草になっている。空前絶後の400勝投手、金田正一は200勝達成直後、**「200勝の感想ですか？ 次は300勝を目指します」**と平然と語り、「神様、仏様、稲尾様」と称えられた稲尾和久は故障でなかなか勝てないとき、**「オレは同情されたくない。人間が弱くなるから」**と発言。ヒトとしての強さを見せつけた。

精密機械のようなコントロールを誇った小山正明は、東京在籍時に**「コントロールは自分で覚えるもの。人に教わるものではない」**とプロの矜持（きょうじ）を見せつけた。また、中日・江藤慎一は**「剣は武士の魂。バットは打者の魂だ」**と、こちらもプロのすごみを感じさせる発言を残している。

長年にわたって南海ホークスの監督を務めた鶴岡一人は**「グラウンドにはゼニが落ちている」**と、元祖「グラゼニ」発言で選手たちを鼓舞した。また、「打撃の神様」川上哲治は**「ボールが止まって見える」**と神様らしいコメント。西鉄・三原脩監督の「今ここで規則書を見せろ」という猛抗議に対して、審判の二出川延明は**「私がルールブックだ」**と毅然とした態度を見せたが、真相は自宅に規則書を忘れたことによる苦し紛れの発言。

大毎、阪急、近鉄の監督を務め、8回も日本シリーズに出場したものの、一度も日本一になれずに「悲運の名将」と呼ばれた西本幸雄は**「一度も日本一になれなかったからといって、ワシは不運な男やない。8度も日本シリーズに出られた幸せ者や」**と深みのあるコメント。

監督時代には「闘将」の異名を持つ、中日・星野仙一は現役晩年、リリーフを任されていた頃、**「若いピッチャーの足がガタガタ震えだしたら、オレの出番さ」**とカッコよすぎる不敵なコメント。エースにはエースの矜持がある。ロッテ・村田兆治は**「エースは絶対に負けてはならないものだ」**と言い、江夏豊は**「ピッチャーは一球で地獄を見る。バッターは一振りで天国へ上れる。しかもピッチャーは一球では天国には上がれない」**と語る。

ボールが止まって見える

私がルールブックだ

我が巨人軍は永久に不滅です

191勝190敗、200勝まで残り9勝で引退したヤクルトのエース・松岡弘。周囲が「あと9勝なのに」と惜しむ声に対して、「みんなは"あと9勝"って言うけど、僕にとっては190敗の方が誇りなんだ。負けても、負けてもそれだけ投げさせてくれた。信頼された証だから」と涙が出るほどカッコいい男の姿を見せる。

オレのヒザより、チーム状態が悪いから帰ってきた

名言メーカー・ノムさんと世界の王の重みある言葉

西鉄、太平洋、クラウンライター、そして西武とライオンズひと筋のエース・東尾修は「乱闘は子どもの教育上よくない」という意見に対して、**「僕らがやっているのはプロ野球だから。子どもの教育をしているわけじゃないから」**と言い、巨人V9時代のエース・堀内恒夫は**「飛行機や電車はオレが乗らなくても出発してしまう。でも、野球の試合は、オレがマウンドに立って投球しなければ、何も始まらないんだ」**と、両者ともいかにも「らしい」発言でファンをしびれさす。

87年シーズン途中で来日し、「ホーナー旋風」を巻き起こしたヤクルトのボブ・ホーナーに対して、巨人のウォーレン・クロマティは**「ホーナーを史上最強の助っ人と呼ぶのはどうかな？　オレがいるじゃないか」**と男の誇りを見せる。あるいは、現役時代に3度の三冠王を獲得した落合博満は中日に移籍して2年目の88年に「オレは確かにチームで浮いているよ。でも、そのくらいじゃなきゃ三冠王は取れないんだ」とコメント。阪急の伝説助っ人、ブーマー・ウェルズはひざの故障のためにアメリカに帰国するも、チームの低迷を見て急きょ来日。その際に口にしたのが、**「オレのヒザより、チーム状態が悪いから帰ってきた」**というセリフ。「鉄人」と称され、多くの人から尊敬された衣笠祥雄は、87年の現役引退時に**「野球に勝ったとも負けたとも言えない。引き分けでしょうか？」**と含蓄のある言葉を残す。犠牲バントの世界記録を持つ川相昌弘は**「バントは僕の飯の種です」**と渋いコメント。

名言メーカーとして名高いのが野村克也。ヤクルト監督時代の**「勝ちに不思議の勝ちあり、負けに不思議の負けなし」「自己を過大評価した瞬間から、思考の硬直化が始まる」「優勝というのは強いか、弱いかで決まるんじゃない。優勝するにふさわしいかどうかで決まるんだ」**などなど、枚挙にいとまがない。

最後に紹介するのは「世界の王」こと、王貞治の珠玉の言葉。**「努力は必ず報われる。もし報われない努力があるとすれば、それはまだ努力とは呼べない」**と述べている。**「基本的にプロというのは、ミスをしてはいけないんです」**と自己を律し、**「カネほしさに野球をやる人は、決して本物になれないでしょう」**と語る。王さんが言うんだから間違いない。プロ野球選手の言葉はとても芳醇（ほうじゅん）だ。数々の修羅場を経験してきた一流選手の言葉は時を超えて受け継がれる、人々の胸に生き続けるのだ。

バントは僕の飯の種です

勝ちに不思議の勝ちあり、負けに不思議の負けなし

35

迷言史

外国人助っ人による日本食評、根性野球時代の非科学的発言

　かつて、古代ギリシャの哲学者プラトンは言った。**「一人の皇帝の陰に、アリの数ほどの奴隷あり。一つの名言の陰に、星の数ほどの迷言あり」**、と（ウソ）。後の世から見れば、「この言葉はどんなシチュエーションで口にしたものなのか？」「この言葉の真意はどこに？」と言いたくなるものも多い。そんな「迷言」の数々を思いつくままに紹介したい。

　1960（昭和35）年、阪神に入団した新外国人、マイク・ソロムコは報道陣に対して**「オシンコがうまいデス」**と満面の笑み。同時期、阪急に在籍していたロベルト・バルボンは**「ご飯には牛乳と砂糖がいいようです」**と謎の発言。時が流れ、西武・東尾修のデッドボールに激高して、乱闘騒ぎを起こしたことでおなじみ、近鉄のリチャード・デービスは**「すき焼きは好きだけど、あの食べ方は絶対にできない」**と、肉と生卵を絡めて食べることを全否定する。本腰を入れて日本でプレーする決意をしたサンケイのルー・ジャクソンは**「来年、僕は英語を話さない」**と英語で宣言。南海の監督に就任し

たドン・ブラッシンゲームは、なかなか結果が出ないことを嘆き、**「チームが強くなるにはどうすればいいか教えてください」**と報道陣に切実に懇願した。

　科学トレーニング全盛の今からは信じられない根性系迷言としては、ロッテ監督時代のカネやんの**「死ぬまで走れ！」**を忘れてはいけない。

　また、「酷使」の象徴として語られる、「権藤、権藤、雨、権藤」のフレーズでおなじみ権藤博について、当時の濃人貴実（渉）監督は**「権藤は疲れない。何と言っても九州男児だ」**と発言。根拠ナシ。そりゃあ故障する。

　通算代打本塁打27本の世界記録を誇る阪急・高井保弘は、自らの鈍足を自嘲して**「オレの辞書に三塁打はない」**と断言。しかし、記録を見ると、発言の翌78年に生涯唯一の三塁打を放っている。実は高井の辞書には改訂版があったのだ。

　10勝の大台を前に足踏みを繰り返す阪神・工藤一彦は**「家の壁は薄いけど、10勝の壁は厚いね」**と嘆き、「スーパーカートリオ」の生みの親である大洋・近藤貞雄監督は、活躍しない3人に業を煮やし、**「あれじゃあ、スーパーカートリオじゃない。ただの耕運機ですよ」**と愚痴をこぼした。

失敗を糧にして前に進む 宇野勝とGG佐藤の生き方

96（平成8）年、優勝を目前に控えた巨人・長嶋茂雄監督は自らを戒めるべく、**「勝負は家に帰って、風呂に入るまでわかりません」**と言った。そうだ、家に帰るまでが遠足なのだ。98年開幕直前に阪神入りしたダレル・メイの初勝利について、吉田義男監督は**「メイがメイ（5月）に勝てずに、ジュライ（7月）に勝ちましたな」**と6月（ジューン）の初勝利を祝福したことは忘れてはいけない。

選手思いの阪神・星野仙一監督は、来日中のレアル・マドリード、デビッド・ベッカムに対抗心を燃やし、**「ベッカム？ なんぼのもんや。うちの藤本（敦士）や井川（慶）の方がいい顔してる」**と全サッカーファンを挑発する。

『プロ野球珍プレー好プレー』が超人気番組になったのは、間違いなく「ヘディング事件」の宇野勝（中日）のおかげだ。宇野の引退後の自己紹介は**「僕が球界で初めて、ボールをヘディングした男です」**。これでツカミはOKだ。08年北京五輪で痛恨の落球劇を演じたGG佐藤（西武）は、現役引退後、自らのツイッターで**「おはようございます！椎名林檎さんと同い年、北京事変のGG佐藤です！」**と自虐ネタに。「EE佐藤」と揶揄されたのも今は昔。宇野もGGも、ミスを力に変えて生きる男のカッコよさを教えてくれる。

90年代の巨人は誤算続きだった。96年に入団したジェフ・マントはまったく活躍せずに5月初旬に解雇。渡邉恒雄オーナーは**「クスリとマントは逆から読んだらダメ」**とため息。ナベツネオーナーは、03年オフの原辰徳監督退任会見において**「読売グループ内での人事異動」**と表現したことでも有名。2年5億円契約でロッテから移籍したエリック・ヒルマンは**「肩に小錦が乗っているようだ」**と左肩の違和感を訴え、登板回避を連発。この件に関してのナベツネ氏の反応は不明。

98年12月1日の契約更改をすっぽかしたのが、近鉄・前川勝彦だ。球団フロントから詰問された前川は**「今日は11月31日だと思った」**と弁解。たとえうう年であっても、11月は30日までしかない。

「宇宙人」と称される糸井嘉男（阪神）は17年のチームスローガン「挑む」にちなみ、**「新しい挑戦に挑む」**と宣言。馬から落ちて落馬した。福岡の生放送番組において、自打球が股間に直撃した本田雄一について、ソフトバンク・柳田悠岐は**「キンタマ」**発言。サンタさんに願うものは**「筋肉！」**で、球団主催のゴルフコンペでは広島のキャップをかぶるも、**「レッズの帽子です」**と言い張るほどの大のカープファンだ。……まだまだ紹介したいところだが、紙数が尽きた。残念無念。

36

暴言、舌禍史

「ベンチがアホやから……」、エモやんの衝撃発言は不滅

野球は人間のやるスポーツだ。一時の感情が爆発した際に、しばしば「暴言、舌禍事件」が問題となる。ときには球団フロントに、ときには首脳陣に、ときにはチームメイトにその矛先が向けられる。1981（昭和56）年8月26日、阪神・江本孟紀は試合後、報道陣に対して、**「ベンチがアホやから野球がでけへん」**と発言。翌27日に引退を申し出、28日には任意引退をしている。こうした発言は、古今東西、枚挙にいとまがない。

61年、西鉄・若生忠男は、デコボコだらけの東映の本拠地・駒澤球場に激怒し、**「駒澤はグラウンドじゃない、芋畑だ」**と発言。若生が「芋畑」なら、阪神時代の松永浩美は**「甲子園は幼稚園の砂場だ」**と発言して波紋を呼んだ。後に本人はこの発言そのものを否定している。

「空白の一日」騒動で、すったもんだの末に巨人入りした江川卓。プロ入り前後は完全なヒール役だった。入団会見の席上、「自分さえよければ、人はどうなってもいいのか」とヒートアッ

プする報道陣に対して、江川は冷静に**「そう興奮しないでください」**と発言。火に油を注ぐ結果となってしまったのは皮肉だ。

巨人と言えば、「絶好調男」中畑清が当時の王貞治監督のことを**「ワン公」**と呼んでいたオフレコテープの存在が問題となったのが85年のこと。この一件について、中畑は電話で陳謝。王さんは「何も聞かなかったことにする」と謝罪を受け入れたという。しかしその中畑は、打撃コーチだった93（平成5）年、駒田徳広から**「もう、あの人の言うことは絶対に聞かない」**と酷評を受けている。

80年代、広岡達朗の「管理野球」が注目されていた頃、パ・リーグ各球団の「反西武」の動きが加速する。その急先鋒となったのが「親分」こと、大沢啓二

日本ハム監督。菜食主義の広岡に対して、**「菜っ葉食って強くなるなら苦労しねぇよ」**と挑発。同じく主力投手の工藤幹夫は**「西武は嫌いなんです。嫌いに理由はないでしょう」**と報道陣に答えている。

また、阪急の上田利治はえげつないインコース攻めをしてくる西武のエース・東尾修に激高。**「東尾は汚い。こんなチームに負けられんで」**と発言している。

一方、西武内部からは、広岡とそりが合わなかった江夏豊が**「こんな冷たい球団にはおれん」**とトレードを直訴。自ら退団する道を選んでいる。

異国でのフラストレーション？ 外国人選手の相次ぐ暴言、失言

球史に残る舌禍事件と言えば、近鉄・加藤哲郎による、一連の**「巨人はロッテより弱い」**騒動だろう。89 年日本シリーズ第 3 戦に勝利して、近鉄の 3 勝 0 敗となった直後の発言とされるが、ヒーローインタビューで放った

「打たれそうな気がしなかった」発言と、記者団に語った**「巨人打線よりロッテ打線の方が怖い」**という発言がミックスされ、翌日のスポーツ紙において「巨人はロッテより弱い」と報道されてしまったのが真相のようだ。また、この発言には 86 年に伏線があることはあまり知られていない。86 年に加藤はロッテ打線について、**「他の人が何で打たれるのかわからない。僕はあの打線が怖いとは思わないですけどね」**と発言しているのだ。なぜか、加藤はロッテ打線について語りたくて仕方ないらしい。

外国人選手による舌禍騒動で忘れ難いのは 91 年、オリックスのブーマー・ウェルズが、当時の土井正三監督について語っ

た**「もう、土井監督のオリックスではプレーしたくない」**発言だ。楽天時代のノムさんに対してはトッド・リンデンが問題発言。6 点を追う場面で代打に出されたリンデンはベンチ裏で大激怒。**「オレに 6 ランホームランを打てと言うのか！」**と皮肉を飛ばし、**「クレイジー」**を連呼。対するノムさんも「（彼は）人間失格」と応戦。独断で解雇を決めた。その後、リンデンは直接謝罪するも、Ｔシャツに短パン姿で、ポケットに手を突っ込んだままだったため、ノムさんの怒りはまったく収まらなかった。

06 年には日本ハム・金村暁が当時のトレイ・ヒルマン監督に対し、途中降板に納得がいかず**「外国人の監督は個人の記録なんてどうでもいいんじゃない？　絶対に許さない。顔も見たくない」**と発言。その後、**「絶許」「絶許顔見」**というネットスラングが誕生するきっかけに。

阪神のマット・マートンはチームメイトの能見篤史に対して、**「アイドントライクノウミサン」**と発言。自身への苛立ちからの発言で、本心ではないということだったが、当然大問題となった。翌年のヒーローインタビューでは能見とともにお立ち台に立ち、**「ノウミサンアイシテル」**と発言して和解をアピール。

最後に、オリックスを率いたテリー・コリンズの発言を紹介して本稿の結びとしたい。08 年 5 月、コリンズは**「野球の監督というのは情熱がなくなった人間がやるものではない」**と突然の辞任表明。コリンズに一体、何があったのか？

野球は人間のやるスポーツ。真剣であればあるほど衝突は避けられない。衝突があれば、そこに暴言が生まれ、舌禍が誕生するのだ。

37

スキャンダル＆事件史

プロ野球勃興期の混乱を経て、未曽有の「黒い霧事件」勃発

　男たちのプライドが真正面から激突するとき、そこには感情のほとばしりとともに、人間の持つ「生の感情」が表出する。それはときには世間を揺るがす大騒動となり、ときにはトホホなトンデモ案件となる。本稿では、スキャンダル＆事件史を追いたい。

　プロ野球が誕生して間もない 1934（昭和9）年、後に日本初の 300 勝投手となる北海道・**旭川中学のヴィクトル・スタルヒン**が**「強奪」**される事件が起こった。これは、日米野球の目玉としてスタルヒン獲得をもくろむ読売新聞・正力松太郎社長と、「人さらいの手に渡すな」と反対する旭川中学サイドとが真正面から激突したもの。スタルヒン少年は謎の失踪をするも、11 月 29 日の日米野球で突然姿を現して登板。大騒ぎとなった。

　戦後再開された 48 年には南海のエース・別所昭（毅彦）が待遇不満を訴え、巨人に移籍。世に言う**「別所引き抜き事件」**となる。これが遠因となって、この年の巨人対南海戦では、乱闘の際に巨人・三原脩監督が南海の筒井敬三の頭をはたく**「三原ポカリ事件」**が勃発。

　翌 50 年には戦後のプロ野球人気爆発を受けて、新チームに参入する企業が続々と登場。既存球団と新規球団の思惑が入り混じって大混乱。「分裂」に近い「分立」という形で**「2 リーグ制誕生」**となった。

　2 リーグ制スタート後も、混沌は続く。57 年キャンプ中に**高橋ユニオンズがまさかの消滅**。61 年には、プロとアマとの断絶の契機となった**「柳川事件」**が起こる。いまだ協約が整備されていない中で、中日が日本生命の柳川福三と契約。社会人協会がプロとの絶縁を宣言。ここから長い間、「国交断絶」が続くこととなる。

　68 年にはたび重なるビーンボールが原因となって**阪神・バッキーと巨人・荒川博コーチが大乱闘**。バッキーは利き手である右手を骨折。選手生命を棒に振る。

　69 年 10 月 8 日、読売、報知新聞によ

る「公式戦で八百長」のスクープが報じられた。その後、野球賭博による八百長行為が続々と明らかに。騒動は翌70年まで続き、永久追放処分を含めて多くの選手が処罰された。この一連の騒動は「黒い霧事件」として国会でも問題視される。

「空白の一日」「野茂騒動」、そして未曽有のコロナ禍まで

　混乱とともに始まった70年代は、73年には「太平洋とロッテの遺恨試合」が話題に。あるいは、77年には当時南海の選手兼任監督だった**野村克也**が「女性問題」により**電撃解任**。その「女性」こそ、サッチーこと、後の沙知代夫人だ。

　78年、ヤクルトと阪急の日本シリーズ第7戦では、ヤクルト・大杉勝男のレフト際への大飛球をめぐって、阪急・上田利治監督が**1時間19分の猛抗議**。結局はホームランと判定されたが、上田は生涯にわたって「あれはファウルだった」と訴え続けた。79年、世間を巻き込む大騒動となったのが「江川卓獲得」をめぐる一連の騒動。巨人はルールの盲点を突く大胆な行動に出て、クラウンライターが江川の交渉権を保有していたにもかかわらず、交渉権の切れる「空白の一日」の存在を主張。11月21日に江川と電撃契約を結ぶも、こんな暴論は誰からの賛同も得られず、江川の入団は白紙に。すったもんだの末に、新たに交渉権を獲得した阪神への異例すぎるトレードという形で、江川はダーティーなイメージのまま巨人に。

　85年のドラフト会議はPL学園の「KKコンビ」こと、桑田真澄と清原和博が目玉に。早大進学を明言していた桑田、巨人志望の清原だったが、巨人がまさかの桑田指名。涙の清原は西武に入団。

　球史に残る一日となったのが**88年10月19日**。全日程を終えた西武に対して、近鉄はロッテとのダブルヘッダーに連勝すれば逆転優勝。第1戦は勝利したものの、第2戦は規定により時間切れ引き分け。日本中が注目する中、勝率2厘差で涙をのんだ。

　平成が訪れた95（平成7）年には近鉄・野茂英雄がメジャー行きを直訴。任意引退の末、念願のメジャーリーガーに。この「野茂騒動」によって、多くの日本人選手の夢の扉が開かれることになった。

　ダイエー監督の王貞治が、結果の出ないチームに業を煮やしたファンから**生卵を投げつけられた**のは96年。審判のジャッジにいらついて**球審に向かって剛速球を投げつけた**のは98年の巨人・ガルベス。

　そして迎えた21世紀。2004年には「**球界再編騒動**」によって、選手会による**史上初のストライキ**を決行も、この年限りで**近鉄は消滅**。翌05年には50年ぶりとなる新球団・**東北楽天ゴールデンイーグルスが誕生**することとなった。

　11年の東日本大震災では両リーグともに当初の開幕日を延期。楽天・嶋基宏の「**見せましょう、野球の底力を**」という言葉は多くの人に勇気を与えた。

　そして、20（令和2）年は世界中を混乱の渦に巻き込んだ新型コロナウイルス騒動により**東京オリンピックは延期**に。プロ野球開幕も大幅に遅れ、**試合数も120試合に**大幅短縮。その後、コロナに感染する選手、関係者も相次いだ。「不要不急」という言葉に揺れ、野球の持つ意味を考えさせられた日々は今もなお続く——。

38

アメトーーク！野球企画史

人気番組「アメトーーク！」でも、「野球企画」は鉄板ネタに

一般視聴者はもちろん、「業界視聴率ナンバーワン」の呼び声高い、雨上がり決死隊の代表的番組『アメトーーク！』。2003（平成15）年の初放送以来、何度か放送日、時間、形式を変えながら、現在も毎週木曜日に放送されている。「運動神経悪い芸人」「踊りたくない芸人」など、さまざまな人気企画がある中で、「野球企画」も定期的に放送され、人気を博している。現在のスタイルとなった06年10月から現在に至るまでの「野球企画」の歴史を振り返ってみよう。

最初のプロ野球企画が07年7月12日OAの「**プロ野球芸人**」だ。出演者は中日ファン代表としてスピードワゴン小沢、阪神・千秋、ヤクルト・出川哲朗、巨人・レッド吉田、広島・アンガ田中、横浜・ジョーダンズ山崎、西武・キンコメ今野、ソフトバンク・カンニング竹山、ロッテ・リットン藤原、オリックス・ますおか岡田、楽天・ずん飯尾となっている。注目すべきは**12球団中、日本ハムファンのみ不在**であること（MCの蛍原徹は日ハムファン）。さらに、後に「ヤクルトファン代表」として登場するずんの飯尾和樹が「楽天ファン代表」で出演していることだ。

その後、しばらくの空白期間を経て、12年6月12日には、その後の定番となる「**広島カープ芸人**」がオンエアされる。チュート徳井、有吉弘行、アンガールズ、ロザン宇治原、ザ・ギース尾関がカープユニを着て集結。カープ女子ブームが高まりつつある中で好評を博した。「カープ女子」が新語・流行語大賞のベスト10に選ばれるのは14年で、広島が25年ぶりの優勝を決めるのが16年のこと。

13年になるとWBC応援企画として、2月19日に過去大会の名場面や第3回大会の見どころを解説する「**侍ジャパン応援芸人**」を放送。大会の中継権を持つテレビ朝日ならではの企画。これは15年の「**世界プレミア12　侍ジャパン応援芸人**」にも引き継がれていく。14年には、夏の定番企画となる「**高校野球大大大好き芸人**」が7月31日、8月7日と2週連続で放送される。さらにこの年は9月11日に野球マンガの名作『**タッチ芸人**』、11月27日に『**気付け！大谷翔平スゴいんだぞ芸人**』と野球色の強い企画が続出。番組内で「野球企画」の割合が増加していく。

宮迫博之と渡部建の不在は、どんな影響を及ぼすのか？

15年3月19日には「**緊急！広島カープ芸人**」をオンエア。広島のリーグ制覇により、翌16年9月29日にも「**25年ぶりの優勝で公約実現…緊急！広島カープ芸人**」と完全に人気企画に成長することに。

厳密に言えば純粋な「野球企画」ではないものの、15年4月30日には「**スポーツ新聞芸人**」という異色の企画も。また、夏の甲子園開催時期には、「**緊急アメトーーーク高校野球大大大好き栄冠は君に輝くSP!!**」が15、16、17、18年と夏の定

番企画として放送されている。

この時期、注目すべきは**「アメトーーク！の大谷翔平推し」**だ。大谷にとっての日本ラストイヤーとなった17年2月5日には**「大谷翔平スゴイぞ芸人」**が放送され、メジャー行きが決まった翌18年4月19日には**「緊急放送！大谷翔平スゴイぞ芸人振り返りSP」**を立て続けに放送。アンジャッシュ渡部、長島三奈らがその魅力を存分に語り尽くした。

そんな王道企画の間隙を突くように、18年7月5日には**「草野球楽しいぞ芸人」**が登場。チュート徳井、スピードワゴン小沢、サンド伊達らがほのぼの、和気あいあいと草野球の魅力を語る楽しい回に。

この頃からは「個人企画」が登場し始める。18年8月2日は**「高校野球大好き芸人延長戦　横浜高校松坂大輔芸人」**がオンエア。高校野球企画でおなじみのアンジャッシュ渡部、長島三奈、かみじょうたけしらが登場し、**「平成の怪物」**の原点を熱く振り返った。さらに、翌19年5月2日には**「ありがとうイチロー芸人」**を放送。イチローの現役引退のタイミングに合わせて、アンジャッシュ渡部、出川哲朗、陣内智則、中

川家礼二、TIMレッド吉田、ますおか岡田、アンガ田中が日米両国でスターとなった不世出の英雄・イチローの引退を惜しんだ。

記憶に新しいのが、20（令和2）年4月23日**「ありがとうノムさん芸人」**だ。ノムさんの死を受けて、出川哲朗がヤクルト、サンド伊達が楽天、陣内智則が阪神と、ノムさんが監督したチームのユニフォーム姿で登場。偉大過ぎる野球人の死を、笑いとともに和やかなムードで悼んだ。

最新作は21年2月25日**「今こそジャイアンツ芸人」**だ。「今こそ」というのはもちろん、19、20年と日本シリーズでソフトバンクに計8連敗を喫した後の放送だからだ。ビビる大木、ブラマヨ小杉、さまぁ〜ず三村が昭和、平成の名場面を数多く紹介して大いに盛り上がった。

19年6月27日放送回から、MCの一人である**宮迫博之の姿が消えた**。翌20年6月からは野球企画のほぼレギュラー選手だった**アンジャッシュ渡部が無期限の活動自粛**となった。そして、21年8月には、雨上がり決死隊の解散も決まった。今後の「アメトーーク！」の野球企画はどうなるのか？その動向を温かい目で見守りたい。

算 数

プロ野球
ヒストリー
テスト

100満点

---

1 次の方程式の空欄を埋めよ。　30点

① 防御率 ＝（　　　　　　）× 9 ÷ 投球回

② 打　率 ＝（　　　　　　）÷ 打数

③ 勝　率 ＝（　　　　　　）÷（勝利数 ＋ 敗戦数）

④ WHIP ＝（ 被安打＋与四球 ）÷（　　　　　　）

　※ 20 年、パ・リーグ平均 1.32、セ・リーグ平均 1.33

⑤ OPS ＝（　　　　　　）＋ 長打率

　※ 20 年、パ・リーグ平均 .703、セ・リーグ平均 .714

---

2 21 年の各選手の背番号を基に、
次の計算式の正しい答えを選択肢から選べ。　30点

① 岡本和真 ＋ 宮崎敏郎 － 清宮幸太郎 ＝（　　　　　　）

　a 佐藤輝明　b 中村剛也　c 村上宗隆　d 吉田正尚

② 田中将大 × ソト × 木浪聖也 ＝（　　　　　　）

　a 増田大輝　b 杉谷拳士　c 安達了一　d 藤原恭大

③ 工藤公康 ＋ 原辰徳 － 佐々岡真司 ＝（　　　　　　）

　a 杉村繁　b 阿波野秀幸　c 西口文也　d 紺田敏正

---

3 次の文章題を読んで、問いに答えよ。　20点

赤星君と川藤さんの 2 人が 100m 競争をしたところ、赤星くんがゴールしたとき、川藤くんはゴールの 40m 手前を走っていました。2 人はそれぞれ一定の速度で走るとき、赤星君と川藤さんの速さの比を求めなさい。

---

4 次の文章題を読んで、問いに答えよ。　20点

兄・レロンと弟・レオンのリー兄弟は全部で 30 枚のビックリマンチョコシールを持っていて、レロンはレオンよりも 8 枚多くシールを持っています。さて、レロンは何枚のシールを持っているでしょう？

問題制作：長谷川晶一　制作日：2021 年 8 月 1 日

理 科

1　オリオン座は冬の代表的な星座の
一つであるが、次の中からオリオ
ンズに在籍経験のない選手をすべ
て選べ。

a 野村克也　b 張本勲　c 落合博満

d 王貞治　　e 伊良部秀樹

f 小宮山悟　g 高橋慶彦

h 山本浩二　i 初芝清　j 大塚明

k 大村三郎　l 山本功児

30点

オリオン座の超新星

2　1955年、トンボ鉛筆の名義貸し
によって誕生したトンボユニオン
ズ。トンボは卵から、幼虫、成虫
という成長段階を経る不完全変態
の昆虫である。さて、トンボユニ
オンズを最後に現役引退した、戦
前戦後の大投手と言えば誰？

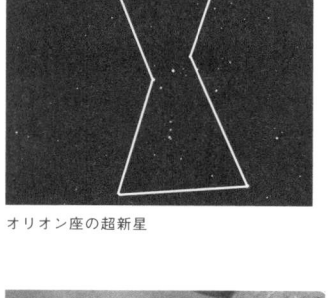

15点

ハッチョウトンボ

3　阪急ブレーブスで活躍し、2013
年に54歳の若さで亡くなったア
ニマル・レスリー。動物のような
荒々しいピッチングスタイルで人
気だったが、実は「アニマル」は
本名ではない。彼の本名を答えよ。

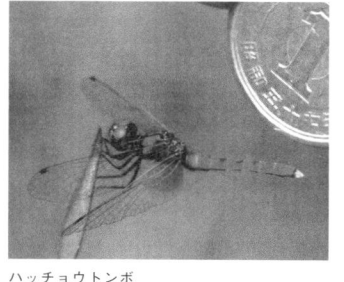

15点

マウンド上でポー
ズをとる阪急ブレ
ーブスのアニマル

4　プロ野球には動物、生物に由来するニックネームを持つ選手
が多い。以下のヒントを参考に、その選手名を答えよ。

40点

a 黒いハヤブサ　b ゴジラ　c 赤ゴジラ　d ライオン丸

e フラミンゴ打法　f じゃじゃ馬　g 猛牛　f ムース

問題制作：長谷川晶一　制作日：2021年8月1日

プロ野球ヒストリーテスト

算数　解答

1

① 自責点　② 安打数

③ 勝利数　④ 投球回

⑤ 出塁率

2

① $25 + 51 - 21 = 55$

　　正解は c.

② $18 × 99 × 0 = 0$

　　正解は a.

③ $81 + 83 - 88 = 76$

　　正解は d.

3

5:3（赤星君が 100m 走るとき、
川藤くんは 60（100-40）m
走るので、100:60=5:3）

4

$(30+8) ÷ 2 = 19$ 枚

```
（配点）
 問1　各6点
 問2　各10点
 問3　20点
 問4　20点
 計100点
```

プロ野球ヒストリーテスト

理科　解答

1

d 王貞治

h 山本浩二　j 大塚明

k 大村三郎

2

スタルヒン

3

ブラッドリー・ジェイ・レスリー

4

a ラリー・レインズ（阪急）

b 松井秀喜（巨人）

c 嶋重宣（広島）

d ジョン・シピン（大洋ほか）

e 王貞治（巨人）

f 青田昇（巨人）

g 千葉茂（巨人）

f 野村克也（南海ほか）

```
（配点）
 問1　30点
 問2　15点
 問3　15点
 問4　各5点
 計100点
```

PART 3

球団別ヒストリー

球団それぞれに歴史がある──。戦前の1リーグ時代から、さまざまな紆余曲折を経て、現在の2リーグ12球団制は維持されてきた。もちろん、すべてが順風満帆だったわけではない。離合集散、誕生と消滅の果てに、現在がある。各球団、それぞれに個性があり、ドラマがあり、現在に至る歴史を築き上げたのだ。現行の12球団、そして2004年限りで惜しくも消滅してしまった近鉄バファローズの輝かしい歴史をここではたっぷりとご紹介したい。

読売ジャイアンツ 略史

1934 年 12 月 26 日創立
1936-2020 通算成績　6066 勝 4336 敗 333 分
優勝回数　1 リーグ：9 回　セ・リーグ：38 回　日本シリーズ：22 回

自他ともに認める球界の盟主

　日本プロ野球は 1934 (昭和 9) 年 12 月 26 日**「大日本東京野球倶楽部」**の誕生とともに始まった。創設者は読売新聞社主・正力松太郎。アメリカから大リーガーを招いた「第 2 回日米野球」の対戦相手として結成されたのがきっかけとなったチームで、36 年からは**「東京巨人軍」**となり、以降も球界の盟主を自任する**日本最古のプロ球団**である。

　戦前には藤本定義、中島治康監督の下、V6 を達成。早くも第 1 期黄金時代を迎える。この時代は中島の他に、川上哲治、千葉茂、青田昇、沢村栄治、スタルヒンら伝説の名選手がいっぱい。第二次世界大戦による中断期を挟んだ戦後は三原脩監督の下で完全復活。戦前戦後の黎明期は完全に巨人の時代だった。

　戦争の傷跡も癒え、高度経済成長期が訪れると、日本経済の復活と軌を一にするようにその後も巨人の全盛期は続いた。

　その象徴となった**偉大過ぎるゴールデンコンビこそ、「ON」**だった。野球が「国民的スポーツ」だった時代、背番号《1》の王貞治と《3》の長嶋茂雄の両雄は全国の子どもたちの憧れとなった。当時の子どもたちの大好きなものを並べた**「巨人、大鵬、卵焼き」**は流行語に。この ON を中心に、川上監督時代の 65 年から 73 年までは前人未到の 9 連覇達成。笑っちゃうほどの強さで巨人ファンは歓喜し、**アンチ巨人も全国に大量発生**することになった。マンガ『巨人の星』『侍ジャイアンツ』など、巨人を舞台にした少年マンガも続々と登場。テレビ中継もほぼ巨人戦のみ全国中継がなされていた。「強すぎる巨人」「大人も子どももみんな大好き巨人軍」。それがこの時代のジャイアンツだった。

球界を揺るがす大騒動の主役にも

　74 年限りで現役を引退した「ミスター」こと長嶋は翌 75 年に 39 歳の若さで監督就任も、球団ワーストの 11 連敗を記録するなど、まさかの球団史上初の最下位に。この年の投手たちは「最下位」と「再会」をかけて**「さい会」**という同期会を作ったのは豆知識。

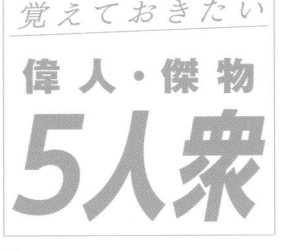

覚えておきたい 偉人・傑物 5人衆

藤田元司

現役時代は在籍 8 年ながら通算 119 勝をマーク。監督としては、長嶋茂雄の後を受けて 81 〜 83 年に、王貞治の後を受けて 89 〜 92 年に巨人を率いて、7 年間で 4 度の優勝、2 度の日本一。彼を慕う巨人 OB は多い。

江川卓

作新学院、法政大学時代から世間の注目を集めていた「怪物」。巨人を愛しすぎた男なのに、なぜか巨人に縁はなく高卒時は阪急、大卒時はクラウン、浪人時は阪神に指名された。78 年ドラフトの「空白の一日」の主役。

その後、張本勲の加入もあって長嶋巨人は2年連続優勝を果たす。77年9月3日にはヤクルトの鈴木康二朗から**王が世界記録となる756号を記録**。日本中が大熱狂した。

80年オフには長嶋監督が**「男のケジメ」**で電撃解任。親会社の読売新聞不買運動が話題となった。しかし、「ポストON探し」が急務となった80年代は「若大将」原辰徳を筆頭に江川卓、西本聖、定岡正二、中畑清、篠塚利夫（和典）、松本匡史らヤングジャイアンツの面々が新時代を築く。駒田徳広、吉村禎章、槙原寛己の**「50番トリオ」**も人気者に。

平成が訪れ、93（平成5）年からは満を持して長嶋が監督に復帰。星稜高校のスーパースター・松井秀喜も入団し、新時代の訪れを感じさせた。**94年10月8日には「国民的行事」**と称された最終戦での優勝決定戦が行われ長嶋巨人が見事に優勝。自由獲得枠を最大限に利用したドラフト戦略、FAによる選手獲得も貪欲で、高橋由伸、上原浩治、落合博満、清原和博、江藤智ら片っ端から有望選手を獲得。「金満球団」のそしりを受けつつ徹底的な補強を続けたものの、90年代は野村克也率いるヤクルトと交互に優勝。常勝球団を築くことはできなかった。徹底的に挑発を続ける月見草・野村と何とかそれをスルーしようとするヒマワリ・長嶋の対立構造が話題に。

懐かしの助っ人としてはジョンソン、トマソン、ホワイト、スミス、クロマティ、呂明賜、ガリクソン、ガルベス、ローズなどなど。球界の盟主を任じるがゆえか、古くは**「別所引き抜き事件」**から始まり、**「湯口事件」「空白の一日」「KKドラフト」「登板日漏洩疑惑」「1リーグ構想」**などなど、球界を揺るがす大騒動の主役となることも多い。

原辰徳が3度目の指揮を執る令和期は若き名球会会員・坂本勇人を中心に若手も育ち、中田翔も電撃移籍し、効果的なFA戦略で常勝球団の息吹を感じさせつつある。かつてほどの圧倒的存在感は薄れつつあるが、まだまだ球界の中心として話題に事欠かない。

ゲーリー・トマソン

80年限りで引退した王貞治の穴を埋めるべく、ドジャースから入団も完全な期待外れ。「トマ損」「巨大扇風機」など酷評の嵐。後に赤瀬川原平らによる芸術運動「超芸術トマソン」として人々の記憶に残る。

元木大介

上宮高校時代は甲子園のアイドルで、巨人時代は長嶋茂雄監督に「クセ者」と命名された。現役引退後は「ヘキサゴンファミリー」として活躍し、上野や広尾にラーメン店をオープンも、現在は一軍ヘッドコーチに大出世。

渡邉恒雄

読売新聞所属でありながら、戦後日本のフィクサー的役割も担った実力派政治記者。96年にオーナーに就任すると、その言動が常に世間をにぎわせた。04年の球界再編騒動時の「たかが選手が」発言で世間の反発を招く。

阪神タイガース略史

1935 年 12 月 10 日創立
1936-2020 通算成績　5379 勝 5057 敗 325 分
優勝回数　1 リーグ：4 回　セ・リーグ：5 回　日本シリーズ：1 回

「お家騒動」に翻弄される歴史

　1935（昭和 10）年、日本最大の甲子園球場を有する阪神電鉄が創設した、読売ジャイアンツに次いで 2 番目に歴史のあるチーム。設立当初は**「大阪タイガース」**と名乗り、「東京の巨人」「名古屋の名古屋軍」と伍する「大阪のチーム」として関西圏の象徴となった。

　チーム創設後は、藤村富美男、松木謙治郎、景浦將、若林忠志ら、実力あるスター選手も多く、順調な滑り出しを見せる。戦火を挟んだ 47 年には藤村を筆頭に呉昌征、金田正泰、土井垣武らが大爆発。**「ダイナマイト打線」**で戦後初、通算 4 度目の優勝を飾った。

　2 リーグ分立の際には、「賛成」の立場から一転して「反対」の立場を取ることで、毎日オリオンズの報復に遭い、選手の大量引き抜きにより大幅に戦力ダウン。56 年には藤村の監督留任に対して選手たちが猛反発。いわゆる**「藤村排斥運動」**が勃発。後に阪神の代名詞となる「お家騒動」の先駆けとなった。

　61 年からはフランチャイズ制の導入によって（プロ野球行事の独占権を持つ）保護地域が兵庫県となったことでチーム名から「大阪」が外れ、新たに現在まで続く**「阪神タイガース」**と改称される。62 年には吉田義男、鎌田実、藤本勝巳、藤井栄治らが大活躍。投げては村山実、小山正明の両エースを宿敵・巨人にぶつけて、2 リーグ分立後初優勝も、64 年にはエース・小山を放出し、大毎オリオンズの看板打者・山内一弘を獲得。**「世紀のトレード」**と呼ばれた。

　66 年は藤田平、67 年は江夏豊、69 年は田淵幸一が入団。スター選手がそろい始めるも、V9 時代の巨人の前に涙をのむシーズンが続いた。巨人・荒川博コーチと大乱闘を演じたジーン・バッキー、爪楊枝（つまようじ）のウイリー・カークランドがこの頃を代表する忘れ難き助っ人。

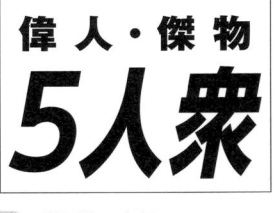

覚えておきたい
偉人・傑物
5人衆

池田純一
1973 年 8 月 5 日、当時 V9 に向け邁進していた巨人戦で「あと一人」の場面で転倒し逆転を許す。後に「世紀の落球」と呼ばれ、戦犯扱いされたことで人間不信に陥るものの、長い時間をかけて前向きな生き方を取り戻す。

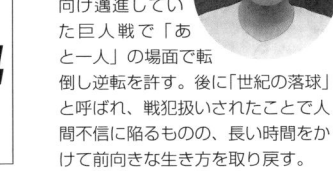

江本孟紀
「ベンチがアホやから野球がでけへん」発言で、81 年限りで現役引退も、引退後は『プロ野球を 10 倍楽しく見る方法』が大ベストセラーに。俳優になり、国会議員になり、現在も『プロ野球ニュース』で辛口評論は健在だ。

忘れじの85年の猛虎フィーバー

　70年代にも「お家騒動」が続出する。74年には江夏と金田監督が対立し、監督が辞任。翌75年は吉田監督と江夏が対立し、江夏は南海ホークスに移籍する。さらに78年には球界を揺るがす大騒動が勃発。**「空白の一日」**を利用し、江川卓は巨人と契約するも、阪神は1位指名を強行。見事に指名権を獲得。翌79年1月、巨人との間で江川と小林繁のトレードが実現する。さらにこの年には新生西武ライオンズに**田淵幸一らが移籍**。スター選手が続々と流出する非常事態が訪れる。

　80年代になると、田淵に代わる新たな**「ミスタータイガース」**として掛布雅之が台頭。82年には本塁打、打点の二冠王を獲得。リーグを代表する選手となった。そして阪神ファンにとっては忘れられぬ年、85年が訪れる。2度目の監督就任となった吉田の下、ランディ・バース、掛布、岡田彰布の超強力クリーンアップに加え、真弓明信の4人が本塁打30本以上を記録。伝説の**「バックスクリーン3連発」**に代表される猛攻で21年ぶりのリーグ制覇。日本シリーズでも西武を倒し、悲願の日本一を達成。関西圏は「猛虎フィーバー」に揺れに揺れた。歓喜のどさくさに紛れてケンタッキーフライドチキン店頭のおなじみの人形が道頓堀に投げ込まれ、以降**「カーネル・サンダースの呪い」**に苦しめられる

ことになる（人形は09年に無事に発見）。

　この85年をピークに阪神は暗黒期に突入する。92（平成4）年こそ、新庄剛志、亀山努の台頭などでシーズン最終盤まで優勝争いに加わるものの、惜しくも2位に。**95〜01年までの7年間で6度の最下位**に沈んだが、窮地を救ったのが野村克也の後を受けて監督となった星野仙一だった。就任2年目となる03年にはFAで獲得した金本知憲、ヤンキースから移籍した伊良部秀樹、台頭著しい赤星憲広、井川慶らの活躍で見事に優勝。

　体調不良で監督職を辞した星野の後を引き継いだ岡田が就任2年目の05年にリーグ制覇を果たすも、日本シリーズでは千葉ロッテマリーンズを相手に4連敗。4試合で33失点ではなす術もなかった。その後、真弓明信、和田豊、金本知憲、矢野燿大が監督となり、令和期に突入。善戦はするものの、05年以来、優勝から遠ざかっている。

川藤幸三

「浪速の春団治」と呼ばれ、最低年俸を提示されても、「阪神で野球を続けたい」と訴え、多くのファンの支持を受けた。プロ19年間で放ったヒットは211本。「記録より記憶」を体現。現在でも、阪神のご意見番的存在。

亀山努

92年の阪神大躍進の主役。売り出し中の新庄剛志とともに「亀新フィーバー」を巻き起こした。「平成のスライディング王」として勇猛果敢なプレーを披露した。引退後はタレントに転身。信じられないぐらい豊満な体形に。

佐藤輝明

21年、阪神大躍進の主役。一人のルーキーがチームの雰囲気を劇変させた。オープン戦では12球団最多の6本塁打。交流戦では長嶋茂雄以来となる新人1試合3本塁打。オールスターでも本塁打。三振も多いが将来性は抜群。

中日ドラゴンズ略史

1936年1月15日創立
1936-2020 通算成績　5342勝 5050敗 355分
優勝回数　セ・リーグ：9回　日本シリーズ：2回

東京、大阪に次ぐ「第3の球団」

　1934（昭和9）年の大日本東京野球倶楽部、翌35年の大阪タイガースに続く「第3の球団」が、36年に新愛知新聞が旗揚げした**「名古屋軍」**だ。このとき、同時に名古屋新聞による「名古屋金鯱軍」も誕生しているが、こちらは44年に消滅している。36年には巨人、タイガース、名古屋、セネタース、金鯱軍に阪急、大東京が加わった7チームで日本職業野球連盟が設立され、本格的にプロ野球がスタートする。現在のような野球協約が整備されていなかったため、多くの有力選手が引き抜かれるなど、設立当初の数年間は苦戦が続いたが戦火が激しくなった43年には2位に躍進。

　第二次世界大戦による中断を経た46年に**「中部日本チーム」**と改称し、翌47年にはニックネームを「ドラゴンズ」とすることが決まった。これは**中部日本新聞社長・杉山虎之助が辰年だったことが由来**だという。

　その後、名古屋鉄道が球団運営を委任されていた51〜53年までは**「名古屋ドラゴンズ」**と名乗ったこともあったが、中部日本新聞（中日新聞）による単独運営となった54年からは現在の**「中日ドラゴンズ」**に変更。51年8月19日の**試合中に全焼した中日球場**（中日スタヂアム）も、翌52年4月5日には超スピードでリニューアル完成。ちなみに、火災の起きたこの日、球場には後に監督となる高木守道少年の姿もあったという。　⁵

　経営基盤が安定したことで、54年には、天知俊一監督の下で悲願の初優勝。その原動力　¹⁰
となったのは32勝12敗を記録した杉下茂、プロ3年目で21勝9敗の石川克彦だった。打撃陣では主砲の西沢道夫、児玉利一、杉山悟が大活躍。日本シリーズでもパ・リーグ覇者・西鉄ライオンズを下し、シリーズ初出場で日本一に輝いた。　¹⁵　²⁰

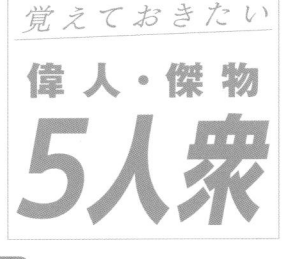

高木守道
ネット上では「ジョイナス」と揶揄する向きもあったが、中日史に残る名選手で「2代目ミスタードラゴンズ」と呼ばれた。敗れはしたものの、監督として、伝説の「10・8」のもう一人の主役。20年、78歳で亡くなる。

星野仙一
現役時代は「燃える男」、監督時代は「闘将」と称された。『珍プレー』では怒り狂う場面が何度も放送された。中日、阪神、楽天の監督を務めていずれも優勝。08年には北京五輪の代表監督も歴任。18年、70歳で没する。

巨人V10を阻止した74年

　55年から59年まではずっとAクラスだったものの、なかなか優勝には手が届かなかった。61年には新人の権藤博が大活躍。来る日も、来る日も投げ続け、その酷使ぶりから**「権藤、権藤、雨、権藤」**と揶揄されたが、権藤は新人王、最優秀投手賞、沢村賞を獲得。翌62年も30勝を記録するも、実質3年の短命に終わった。63年には全球団に勝ち越しながら2位に終わるという珍事。65〜67年は西沢道夫監督の下、3年連続2位で涙をのむ。

60年代は江藤慎一や中暁生（利夫）が首位打者を獲得。巨人V9の真っただ中、毎年のように奮闘するも、どうしても巨人の牙城は崩せなかった。川上巨人は強すぎた。しかし、ついに、歓喜の瞬間が訪れる。

　山本正之が作詞作曲し、板東英二が高らかに歌い上げた『燃えよドラゴンズ』がリリースされた74年、**「巨人V10」を打ち砕いた**のは中日だった。打っては、高木守道、谷沢健一、大島康徳、マーチン、木俣達彦が、投げては星野仙一、松本幸行、三沢淳、鈴木孝政が躍動し、ついに20年ぶりにリーグ制覇。日

本シリーズではロッテに敗れたものの、ついに名古屋の街に紙吹雪が舞ったのだ。

　しかし、この後もしばらくの間優勝からは遠ざかるが、80年代に入ると、近藤貞雄監督率いる**「野武士軍団」**が躍進した82年、**「闘将」**と呼ばれた星野仙一が指揮官を務めた88年と、80年代の中日は2度のリーグ制覇を果たす。日本シリーズではいずれも西武に敗れたものの、80年代後半は戦力も整い、安定した強さを発揮した。

　後に**「10・8」**と呼ばれることになる94（平成6）年10月8日はまさに**「国民的行事」**となった。史上初の同率最終戦対決で巨人に惜敗。あと一歩のところで優勝を逃した。97年は**ナゴヤドームがオープン**。リリーフエース・宣銅烈の大活躍はあったものの、まさかの最下位に終わった。しかし、99年には開幕11連勝と勢いに乗って、星野仙一監督自身2度目のリーグ優勝も、日本シリーズではダイエーホークスに完敗。

黄金時代は04年、落合博満監督時代に訪れた。就任1年目でリーグ制覇。06年も優勝。07年はシーズン2位ながらクライマックスシリーズで巨人を倒してシリーズも勝利。さらに10、11年もリーグ制覇。**東京でも、大阪でもない独自の道を歩む名古屋の象徴**、それがドラゴンズなのだ。

宇野勝

「宇野ヘディング事件」で名高い、元祖『珍プレー男』。84年に37本で本塁打王を獲得、現役通算で338本塁打。これはNPBにおける史上唯一の遊撃手としての本塁打王であり、遊撃手としてのシーズン＆通算最多本塁打記録。

種田仁

現役時代は中日、横浜、西武で活躍。誰にもまねできない（まねしない）「ガニマタ打法」が特徴。彼が打席に入ると、スタンドのファンは彼の打撃フォームをまねて、一斉に「タネダンス」を行うのが当時の風物詩だった。

根尾昂

大阪桐蔭高時代には春夏連覇を達成。18年ドラフトでは4球団から1位指名を受けた期待の逸材。プロ入り後、いまだ雌伏のときは続くが、そのポテンシャルは誰もが認めている。学業優秀、スキーも全国優勝の文武両道男。

広島東洋カープ略史

1949 年 12 月 5 日創立
1950-2020 通算成績　4421 勝 4734 敗 358 分
優勝回数　セ・リーグ：9 回　日本シリーズ：3 回

焦土の中から誕生した市民球団

「市民球団」――。このフレーズこそ、この球団の独自性と特異性を象徴する言葉だろう。1945（昭和20）年8月6日、広島に原爆が投下されたが、それからわずか4年後の49年12月に球団設立が発表される。このときの趣意書には**「カープはこれを一個人、一会社のチームとすることなく、株も一般から募集せんとする」**と書かれてあった。翌50年1月15日には広島市の西練兵場跡地で球団結成披露式が行われる運びとなった。この日集った2万人の観衆はもちろん、すべての市民の希望の象徴、それがカープだったのだ。ちなみに「カープ」の由来となったのは、広島城が「鯉城」と名づけられていること、県内を流れる太田川が鯉の産地であることから。

他球団のようにバックには頼るべき親会社を持たなかったため常に資金は乏しかった。当初予定していた県下の各自治体からの出資計画は早々に頓挫し、選手の給料遅配という非常事態に。このとき、球団の窮地を救うべく立ち上がったのが広島市民であり、後に伝説となる**「たる募金」**だ。一般市民からのカンパによって存亡の危機を脱したのだ。

その後も経営状況は苦戦が続いた。経営基盤が安定しないから、当然成績も低迷した。創設以来、8位、7位、6位、4位、4位と続き、「お荷物球団」のそしりを受けることもあったが、転機となったのは55年オフのことだった。運営を行っていた「広島野球倶楽部」を倒産させ、広島財界の主力10社で構成される「二葉会」を中心に**新会社「株式会社広島カープ」**を設立。さらに原爆ドーム前に新球場建設を決定。**57年に広島市民球場が完成**したのだ。それ以来この球場で幾多の名選手が躍動し、数々の名勝負の舞台となったのだった。

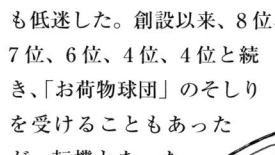

覚えておきたい 偉人・傑物 5人衆

長谷川良平

身長167センチの「小さな大投手」。カープ創設と同時に入団して1年目はチームトップの15勝（27敗）、55年には30勝で最多勝。肩の故障に苦しみつつ、通算197勝208敗。65〜67年までは監督も務めた。

古葉竹識

75年には監督として創設26年目にして初優勝。さらに79、80、84年と3度の日本一に導く名将。常にベンチの右端に立ち、テレビ中継では半身しか映っていなかった。穏やかそうに見えて、実は鉄拳制裁も辞さない熱血漢。

1975年、創設26年目で初優勝!

それでも、チームは低迷が続いた。通算197勝を記録した「小さな大投手」長谷川良平、後に監督も務めた白石勝巳、球団初の首位打者に輝く森永勝也ら魅力的な選手はいたものの、球団経営、球場建設と、いわばインフラ整備が最優先事項であったため、戦力補強、チーム強化はどうしても後手後手に回ってしまうのも仕方のないことだった。

球団創設18年目の68年にチームを初のAクラスに導いたのが、後に「球界の寝業師」と称される根本陸夫だった。その翌年には「法政三羽ガラス」の一人、東京六大学のスター山本浩司(浩二)が入団。65年には衣笠祥雄も入団しており、後の**「赤ヘルブーム」**の胎動が聞こえ始めていた。そして、ついに歓喜の瞬間が訪れる。75年シーズン、わずか開幕15試合で退陣したジョー・ルーツ監督に代わって指揮を執った古葉竹識の下、カープは大躍進。大下剛史、三村敏之、水谷実雄、水沼四郎ら若手選手を中心に、球団創設26年目にしてセ・リーグ制覇を決めた。

その後、球界を代表するスターとなる高橋慶彦の台頭やリリーフエース・江夏豊が大活躍した79、80年は近鉄バファローズを下して、古葉監督は2年連続で宙を舞った。その後も、北別府学、津田恒美(恒実)、大野豊、川口和久、佐々岡真司、黒田博樹、前田健太らリーグを代表する投手陣を輩出。打撃陣も小早川毅彦、正田耕三、前田智徳、野村謙二郎、江藤智、緒方孝市、金本知憲、新井貴浩、鈴木誠也など、多くのスターを生みだした。

91(平成3)年以来、優勝からは遠ざかったものの、09年に左右非対称の新ボールパークMAZDA Zoom-Zoomスタジアム広島が誕生。**「カープ女子」**と称される女性ファンも含めて、熱狂的なファンによる熱い応援が繰り広げられ、緒方監督時代の16〜18年は球団初のリーグ3連覇。新時代の到来を予感させた。

球団創設以来、経営基盤は不安定だったからこそ、たとえ無名でも素質のある選手をスカウトし、**徹底的に鍛え上げて猛練習によって、一流の選手に育て上げる**も、せっかく育った選手はFAによって続々と他球団に流出した。それでも、汗と泥の中から、新時代を担う若手選手が続々と登場する。それもまた、この球団ならではの特色なのだ。

高橋慶彦
古葉監督時代の一番打者として大活躍。プロ入り後、スイッチヒッターに転向。79年に33試合連続安打の日本記録。村上龍の『走れ!タカハシ』のモデルでもあり、芸能人とも幅広い交流を持ち、全国的知名度を誇った。

津田恒美(実)
「弱気は最大の敵」をモットーに、打者と真っ向勝負を繰り広げた「炎のストッパー」。91年途中に頭痛を訴えて検査入院の結果、悪性脳腫瘍であることが判明。93年に32歳の短い人生を終えた。12年に野球殿堂入り。

黒田博樹
広島を経てドジャース、ヤンキースで活躍。メジャーからの高額オファーを蹴って、15年に古巣復帰。25年ぶりのリーグ優勝を置き土産に、10勝8敗の成績を残して16年限りで引退。座右の銘は「雪に耐えて梅花麗し」。

横浜DeNAベイスターズ略史

1949年12月15日創立
1950-2020 通算成績
4122勝 5093敗 229分
優勝回数 セ・リーグ：2回　日本シリーズ：2回

三原マジックで見事、日本一！

　広島やヤクルト同様に1950（昭和25）年の2リーグ制発足により誕生。山口・下関を拠点とする大洋漁業の**本業が捕鯨業だったため「ホエールズ」と名づけられた。**

　創設1年目こそ5位となったものの、その後は低迷。発足4年目の53年には松竹ロビンスと対等合併、球団名は**「大洋松竹ロビンス」**となり、この時点で「ホエールズ」の名は一時消滅する。翌54年には**「洋松ロビンス」**と改称するも、この年限りで松竹は野球界から完全撤退。55年からは再び**「大洋ホエールズ」**となり、同時に本拠地を神奈川・川崎球場として再スタートを切ることになった。

　しかし、チームは弱かった。洋松時代の54年から**6年連続最下位**。特に55年は31勝99敗、首位巨人とは実に61.5ゲーム差をつけられる歴史的大敗を喫してしまう。この間、56年には明大から後の主力となる秋山登、土井淳が、58年には同じく明大から近藤和彦、59年には中大から桑田武が入団。大学野球のス

ターの加入で少しずつ陣容を整えていく。

　そして、西鉄ライオンズに黄金時代をもたらした**名将・三原脩が監督に就任した60年、**何とまさかまさかのリーグ制覇、さらに大毎オリオンズを相手に無傷の4連勝で日本一を成し遂げる。恐るべき「三原マジック」。中部謙吉オーナーの悲願達成の瞬間だった。

　その後、三原監督の下で62年、64年と優勝争いに食い込んだものの、いずれも2位に終わった。チームは成熟し、巨人をはじめとするライバルチームに劣らない実力を身につけたと誰もが思っていた。しかし、ここから**37年間も大洋は優勝から遠ざかる。**まさか、そんな苦難の道が待ち受けているとは……。

暗黒のTBS時代を乗り越えて……

　65年から巨人がV9を達成する間、セ・リーグ各球団はなす術もなかったが、70年代の大洋は別当薫の時代で68〜72年、さらに77〜79年の計8年間も監督を務めた。また川崎時代のビジターユニフォームはグリーンとオ

覚えておきたい

偉人・傑物 5人衆

山下大輔

76〜83年までダイヤモンドグラブ賞を獲得した守備の名手。背番号1を背負い品のあるプレーで人気者に。でも、打撃はイマイチ（笑）。頭髪の薄さを隠すことなく、現在はメジャー解説でもおなじみのナイスガイ。

田代富雄

「オバQ」の愛称で親しまれた人気者。91年の現役最終試合で、プロ野球史上唯一の「現役最終打席満塁本塁打」を記録。現役中からラーメン屋開業に執念を見せ、引退後に念願の開業。現在は指導者として後進の育成に励む。

レンジの斬新なコンビネーションでファンに衝撃を与えたことも忘れ難い。静岡出身の山下大輔の入団に合わせ、**静岡名物の「お茶とみかん」と同じ色にしたというウワサ**もあるが、山下はこれを否定しているという。

平松政次、松原誠、江尻亮が主力となり、田代富雄、中塚正幸、長崎慶一、斉藤明夫ら個性的な選手を多く生み出すものの、ペナントレースを制することはなかった。

78年からは本拠地を横浜スタジアムに移転。新時代の到来を告げるように近藤貞雄監督時代には**一番・高木豊、二番・加藤博一、三番・屋鋪要と連なる「スーパーカートリオ」**が話題となった。この頃は常にヤクルトと最下位争いを展開。昭和から平成にかけての87〜89年は、広島に黄金時代をもたらした古葉竹識監督を迎えたが、5位、4位、最下位に沈み、なかなか浮上のきっかけをつかめない。

93（平成5）年には親会社の大洋漁業が「マルハ」に改称したことを受け、球団名も**「横浜ベイスターズ」**に。その背景には商業捕鯨への世界的なバッシングがあった。そして、ついに再びの歓喜の瞬間が訪れる。97年に大矢明彦監督の下7

年ぶりのAクラスとなる2位に浮上すると、翌98年は権藤博が監督となり、石井琢朗、鈴木尚典、ロバート・ローズ、駒田徳広、佐伯貴弘ら、打ち始めると止まらない**「マシンガン打線」**が大爆発。投げては大魔神・佐々木主浩と谷繁元信の強力バッテリーを軸に斎藤隆、野村弘樹、三浦大輔が奮闘。見事に38年ぶりのリーグ制覇、日本一に輝いた。

しかし、97〜01年まで5年連続Aクラスとなったものの、02年から親会社がTBSに変わると、以降は**10年間で8回の最下位**という前代未聞の暗黒時代が訪れる。

それでも、神はベイを見捨てない。12年シーズンから親会社がDeNAに代わって、**「横浜DeNAベイスターズ」**となると、中畑清、アレックス・ラミレスと外様の陽気な監督の下、少しずつ球団運営も健全化。21（令和3）年からは番長・三浦大輔が満を持して監督に！

遠藤一彦
80年代の低迷期を代表するエース。80年代の10年間で110勝106敗を記録。87年の巨人戦で三塁に向かう際に右足アキレス腱を断裂。片足でサードに駆け込んだ姿は衝撃的。巨人のクロマティキラーとしても有名。

石井琢朗
89年に投手として入団し、92年から打者転向。同時に本名の「忠徳」から「琢朗」に改名してスター選手に。98年には選手会長としてチームの日本一に貢献した。投手として白星を挙げての2000安打は川上哲治以来の快挙。

古木克明
憎めない選手だった。誰もがうらやむポテンシャルを誇りながら、精神的なもろさのためなのか、ひと皮むけぬまま08年にオリックスへ。引退後は格闘家に転身後、大学に通って経営学を学び、現在は実業家として奮闘中。

東京ヤクルトスワローズ略史

1950年1月12日加盟
1950-2020 通算成績
4280勝 4919敗 314分
優勝回数
セ・リーグ：7回
日本シリーズ：5回

「天皇」金田正一だけが突出していた国鉄時代

2リーグ制がスタートした1950（昭和25）年、**「セ・リーグ最後の球団」**として誕生したのが国鉄スワローズだった。母体となったのは、その前年に誕生したばかりの「日本国有鉄道」、現在のJRである。当初の巨人、阪神、中日、大陽（松竹ロビンス）に加え、新たに大洋、広島、西日本新聞社が参加して7球団だったセ・リーグは「奇数よりも偶数の方が日程編成上の都合がいい」との理由で「8球団目」を探すことに。こうして、当時の国鉄・加賀山之雄の「全国鉄職員の士気高揚のために」という決断によって誕生した。

球団愛称は「コンドル」「弁慶」などの候補のうち、**急行列車「つばめ」から「スワローズ」**と決まった。「電車がコンドル（混んどる）のはよくないから、スワローズ（座ろうず）になった」という話もあるが、真偽不明。

50年1月にリーグ加盟を表明し、そこからあわてて開幕に間に合わせたため、有望選手はまったく残っておらず、寄せ集めの急造チームだったものの、初年度は何とか7位。しかし、以降しばらくの間はカープとともに下位を低迷し続ける。この頃の唯一の希望の光となったのが、50年シーズン途中に**享栄商業高校を中退してプロ入りした17歳左腕、金田正一**の存在だった。プロ2年目となる51年には22勝21敗を挙げ、以降64年まで**14年連続20勝以上を記録**しているのだ。ちなみに、58年は31勝、63年は30勝。もう笑っちゃうしかない。絶対に破られることのない400勝（298敗）という前人未到の大記

覚えておきたい 偉人・傑物 5人衆

関根潤三
低迷期の渦中にあった87～89年の監督。「のびのび野球」で、池山、広沢のイケトラコンビを一流選手に。穏やかな好々爺然とした風貌ながら、選手たちには猛練習を課す厳しさも。20年、老衰のため93歳で大往生。

八重樫幸雄
神宮球場の外野広告の照明により視力が低下し、コンタクトが合わずに眼鏡を使用。銀縁フレームがボールと重なり、「見えやすいフォームを模索」した結果、誰もできない、あの極端すぎるオープンスタンスになった。

録を残した「天皇」こと、金田はスワローズの誇りなのだ。

　しかし、金田の個人記録以外は、この間の国鉄には見るべきものがなかった。61年によ
5　うやく球団初のAクラスを記録するのが精いっぱい。転機となったのは65年。開幕6連敗を喫すると、突然「サンケイ新聞とフジテレビに経営権を譲渡する」と異例の発表を行い、シーズン途中にもかかわらず、国鉄は球団経
10　営から撤退。65年は「サンケイスワローズ」、66〜68年は「サンケイアトムズ」、実質経営権を持っていたヤクルトと共同経営を行った69年は「アトムズ」、さらにサンケイグループが完全撤退し、ヤクルトの単独経営となっ
15　た70年からは「ヤクルトアトムズ」と改称。この6年間の球団名の変遷はややこしい。

<h2>野村克也監督時代に黄金期</h2>

　球団経営が激変続きであれば、当然チーム成績も低空飛行が続く。70年には33勝92敗
20　5分、勝率は何と.264という体たらく。しかし、球団名に「スワローズ」が戻り、「ヤクルトスワローズ」となった74年以降、少しずつ浮上の兆しが見えてくる。その中心となったのが「花の昭和22年組」と称された若松勉、
25　松岡弘、安田猛ら期待の若手たちだった。

　そして、広岡達朗監督率いる78年、創設29年目でついにリーグ制覇、日本一を成し遂げる。80年代以降は再びの低迷期が続くが、不思議と「弱くても明るい」チームカラー
30　ーが話題となった。「イケトラコンビ」と称された池山隆寛、広沢克己（廣澤克実）を筆頭に、

長嶋茂雄の長男・長嶋一茂はたびたび各種メディアに登場。お茶の間の人気者となった。また、早実時代に甲子園で国民的スターとなった荒木大輔や、87年には来日直後から打ちまくったボブ・ホーナーが、それぞれ大フィーバー」を巻き起こして話題となった。

　長い球団史において絶対に忘れてはいけないのが私設応援団ツバメ軍団の岡田正泰団長と、90（平成2）〜98年まで監督を務めた野村克也だ。岡田さんは来る日も来る日も、神宮で声援を送り続け、野村監督は「ID（データ重視）野球」を標榜し、チームを変革、在任9年間で4度のリーグ優勝、3度の日本一を達成。まさに90年代は黄金時代に。野村退任後、若松監督時代の01年に日本一、15年の真中監督時代にリーグ優勝を実現しているが、近年は低迷期が訪れつつある。勝っても負けても、仲良く和気あいあい。「ファミリー球団」と呼ばれるチームカラーがときにはぬるま湯となる弊害をはらみつつ、以前のような「明るく強いヤクルト」の到来を待ちたい。

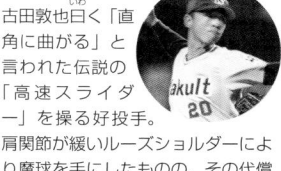

伊藤智仁
古田敦也曰く「直角に曲がる」と言われた伝説の「高速スライダー」を操る好投手。
肩関節が緩いルーズショルダーにより魔球を手にしたものの、その代償として故障に泣かされ続けた野球人生に。現在も指導者として在籍中。

石川雅規
21年8月現在、現役最多となる176勝をマーク。大卒投手としては史上初となる20年連続勝利を記録。不惑を過ぎてもなお新球マスターを続ける飽くなき好奇心が活躍の秘密。200勝達成に向けて、まだまだ元気だ。

奥川恭伸
近年、クジ運のなかったヤクルトにとって、「甲子園準優勝投手」とはUMA（未確認動物）のような存在だったが、高津臣吾監督の手厚い保護の下、着々と実績を残している。球界を代表する右腕候補として期待しかない！

オリックス・バファローズ 略史

1936年1月23日創立
1936-2020 通算成績
5298勝 5087敗 369分
優勝回数
パ・リーグ：12回
日本シリーズ：4回

西本、上田監督の下、黄金時代到来

1935（昭和10）年、巨人をはじめとするプロ球団が誕生したことを受け、アメリカ出張中だった**阪急グループ総帥・小林一三**は日本に向けて「すぐに球団を作り、西宮北口に球場を作れ」と打電したという。こうして、翌36年、5番目に誕生したのが阪急軍だったが、同時に**「自前の球場を作る」と宣言したのは阪急軍だけ**だった。慶応大学出身の小林の命で、慶応出身の宮武三郎、山下実、山下好一を獲得し、監督にも同大OBの三宅大輔を招聘。慶応中心の華々しい陣容でスタートした。

戦中の中断期を経て、47年にはニックネームがブレーブス（勇者）となり、**阪急ブレーブスとしてリスタート**を切る。53年には西宮球場にナイター設備が完成、5月5日の対毎日戦が初ナイターとなり、その後もナイトゲームにめっぽう強く**「夜の勇者」**と呼ばれた。

梶本隆夫、米田哲也ら注目選手の台頭はあったものの、なかなか優勝には手が届かなかったが、62年に西本幸雄が監督に就任し、67年に悲願の初優勝。翌68、69、71、72年も優勝して第1次黄金期が到来する。69年には**「花の昭和44年組」**と称される山田久志、福本豊、加藤秀司（英司）が入団。第2次黄金期の布石となった。西本の後を継いだ上田利治の下、**75～78年までリーグ4連覇を達成。75年は広島、76、77年は巨人を撃破し、日本シリーズ3連覇。**この世の春を謳歌した。

山田久志

地上スレスレから浮かび上がる実にきれいな投球フォーム。アンダースロー投手としては日本プロ野球史上最多となる通算284勝のミスターサブマリン。09年には日本代表のコーチとして第2回WBC連覇に貢献した。

森本潔

サングラスに、パーマ、そしてヒゲのいかついルックス。古き良きパ・リーグを象徴する個性派。豪快な打撃の一方で、監督やフロントともしばしば対立。職場放棄でたびたび処分を受けた。中日移籍後の79年限りで引退。

80年代になると、西本率いる近鉄バファローズが台頭。阪急はしばらくの間、優勝から遠ざかるが、84年には第2次政権中の上田監督の下、来日2年目のブーマーが堂々の三冠王を獲得し、久しぶりのリーグ優勝を実現。期せずしてこれが「阪急最後の優勝」となる。

そして、運命の88年10月19日、球界を激震させるニュースが飛び込む。この日、**「阪急身売り」**が明らかになり、10月23日、阪急は栄光の歴史に幕を閉じたのだ。同時に、山田、福本も引退。時代は確実に動いていた。

04年、球界再編騒動の当事者に

89（平成元）年、阪急の後を受け継いだのはオリエントリース（現オリックス）だった。89、90年は**オリックス・ブレーブス**と名乗り、91年からは本拠地を西宮からグリーンスタジアム神戸（当時）に移転。同時に「ブルーウェーブ」と改称。**ついに「ブレーブス」の名前が消滅する**こととなった。新時代のスターとなったのがイチローだった。仰木彬監督就任1年目となる94年に現れた新星は、この年シーズン210安打を記録。打率.385で首位打者と

MVPを獲得して一躍人気者となった。

翌95年は球団史に残る1年となった。阪神・淡路大震災で壊滅的な被害を受けた神戸の街の復興の象徴として**「がんばろうKOBE」**を旗印に、投げては星野伸之、野田浩司、長谷川滋利、佐藤義則、若き守護神・平井正史がフル回転。打ってはイチロー、田口壮、D・J、ニール、藤井康雄らが切れ目のない打線で見事にリーグ制覇。翌96年は巨人を撃破し、阪急時代の77年以来の日本一に。

転機となったのは00年オフ、ついにイチローがポスティングによるMLB移籍を表明。「ポストイチロー時代」が到来する。そして、04年。日本中を揺るがした**「球界再編騒動」**の主役となり、大阪近鉄バファローズと合併。「ブルーウェーブ」の名は消滅し、新生**「オリックス・バファローズ」**が誕生する。

阪急と近鉄という異なるルーツを持つ関西の老舗球団の合併はさまざまな混乱や反発を生んだものの、両チームで指揮を執った仰木彬が、混乱を収拾すべく合併後最初の監督に。波乱の05年シーズンを4位で終えた後、仰木は肺がんのためにこの世を去った。

05年の球団合併以降、大阪ドーム（現・京セラドーム大阪）とグリーンスタジアム神戸（現・ほっともっとフィールド神戸）の**ダブルフランチャイズ制度を採用**していたが、現在は京セラドームが本拠地に。仰木以降、中村勝広、テリー・コリンズ、大石大二郎、森脇浩司、福良淳一、西村徳文、中嶋聡が率いるものの、96年以来優勝とは無縁。**パ・リーグ最古の名門球団**としての復活を期待したい。

ブーマー
「ブームを呼ぶ男」の意味を込めた登録名。来日2年目となる84年は外国人選手としては史上初となる三冠王に輝く。日本での10年間で打率3割以上を7回、30本塁打以上を5回、100打点以上を5回も記録した。

パンチ佐藤
パンチパーマ姿で「下痢するまで飲みたいです」など、お立ち台での発言で記憶に残る男。自分の置かれている状況を88年ソウル五輪の女子マラソン金メダリスト、ロサ・モタに例えて表現するのが面白かった（笑）。

山本由伸
令和時代の日本プロ野球を代表する好投手。21年東京五輪ではエースとして大活躍。初戦のドミニカ共和国戦、準決勝の韓国戦に先発。いずれもきっちり試合を作って、金メダル獲得に貢献。世界が注目するスター選手に。

福岡ソフトバンクホークス略史

1938 年 2 月 22 日創立
1938-2020 通算成績
5409 勝 4804 敗 376 分
優勝回数　1 リーグ：2 回
パ・リーグ：19 回
日本シリーズ：11 回

親分・鶴岡一人時代が続く

　先にプロ野球球団を運営していた阪神の誘いにより、南海電鉄取締役の小原英一が球団経営に興味を持ったのが 1938（昭和 13）年のことだった。こうして、社長の寺田甚吉の肝いりで誕生したのが **9 番目の球団「南海野球株式会社」** で、後に発行された球団史には「陣痛の痛みを知らぬおおらかさで産声を上げた」と記されている。翌 39 年には **法大のスター・鶴岡一人** が入団。1 年目から主将を託され、一躍スターの仲間入りを果たす。

　42 年には滝川中から別所昭（毅彦）が入団。翌 43 年には球団初となるノーヒットノーランを達成する。この年、肋膜炎（ろくまくえん）を患いながらも魂のピッチングを続けていた神田武夫が 21 歳の若さで急逝する痛ましい出来事もあった。

　戦局が悪化した **44 年には関西急行と合併し「近畿日本」と改称**。終戦後には電車の車輪をイメージして「グレートリング」と名乗るものの不評のため、翌年には親会社の変更とともに再び「ホークス」に戻ることに。

　48 年にはエース・別所が巨人に移籍。世に言う **「別所引き抜き事件」** が勃発。大きな禍根を残すことになった。混乱の中、50 年には自前の球場である大阪球場が完成。51 ～ 53 年は山本（鶴岡）一人監督の下でリーグ 3 連覇を達成。その後は西鉄との激しいデッドヒートを制することができずに 2 位が続いたが、ついに **59 年に悲願の日本一に**。日本シリーズではプロ 2 年目の杉浦忠が 4 連投 4 連勝。御

覚えておきたい 偉人・傑物 5 人衆

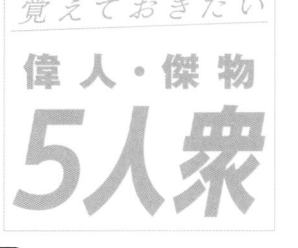

門田博光

170 センチの身体を目いっぱい使って、ホームランにこだわり、晩年までフルスイングを貫いた。本塁打王、最高出塁率 3 回、打点王には 2 回輝き、通算本塁打、打点はいずれも歴代 3 位。野村克也の言う「三悪人」の一人。

香川伸行

水島新司の漫画の主人公・山田太郎に体形が似ていたため「ドカベン」と呼ばれた人気者に。体重 130 キロ超で 10 年間のプロ生活。現役引退後は人工透析や自己破産が話題に。14 年、心筋梗塞により 52 歳の若さで没す。

堂筋パレードがようやく実現した。

　60年代も南海の強さは続いた。いずれも鶴岡監督の下、61、64、65、66年はリーグ優勝。64年には阪神を破り、2度目の日本一に。野村克也が本塁打王、広瀬叔功が盗塁王として攻撃陣の主役となった。そして、70年代に入ると**野村が兼任監督に就任**。正捕手で四番、さらに監督業まで務める大活躍となった。

南海、ダイエー、そしてソフトバンク

　プレーオフ制度が導入された73年、就任3年目にして、野村はパ・リーグを制覇。後期まったく勝てなかった阪急を制しての栄光は**「死んだふり優勝」**と称された。

　しかし、77年シーズンを最後に野村は「女性問題」のためにチームを去る。「女性」とは後の沙知代夫人だった。解任の際に野村は「私がいなくなればホークスは低迷する」と予言。その言葉は見事に的中し、80年代の南海は一度もAクラスになることができず、運命の88年オフを迎えることになるのだ。

　88年10月15日、超満員の大阪球場は惜別の涙に包まれた。この日、南海50年の歴史についに終止符が打たれた。**翌89年からは親会社がダイエーとなり、同時に本拠地を福岡に移転することが決まっていた。**杉浦忠監督による「行ってまいります」という最後のあいさつは名場面として今も語り継がれている。

　元号が平成となった89年、新たに福岡ダイエーホークスとして再出発する。杉浦、田淵幸一、根本陸夫が監督を務め、95年からは

満を持して**王貞治が指揮官に就任**。当初はなかなか結果が出ずに、移動用バスに生卵が投げつけれられる**「生卵事件」**も起きたが、西武黄金時代を担った工藤公康、秋山幸二らベテランと小久保裕紀、城島健司、松中信彦、井口忠仁（資仁）ら新世代の選手が見事に融合した**99年に悲願の日本一に**。福岡ドームに王監督が舞った。翌2000年にもリーグ制覇し、敗れはしたが長嶋茂雄率いる巨人と「ONシリーズ」を実現させたことも話題となった。

　斎藤和巳、和田毅、杉内俊哉が投げ、井口、松中、城島、バルデスらが豪打を放つなど、投打に充実した03年にも阪神を下して日本一に輝いた。しかし、経営不振にあえいでいたダイエーは04年限りで球団を売却。新たな親会社は通信大手のソフトバンクとなり、**05年からは福岡ソフトバンクホークス**となった。

　その後は**「口は出さずに金を出す」**と称される孫正義オーナーの下、平成末期、そして令和初期には圧倒的な強さを誇る球団に成長。質量ともに充実した巨大戦力で他球団を寄せつけない圧倒的な強さ。黄金時代を築き、新たな球界の盟主として君臨している。

カズ山本

近鉄入団プロ6年目に自由契約となり、バッティングセンターでバイトしながら、83年に南海入り。84年にレギュラーとなり、85年にはフル出場。86年にはゴールデングラブ賞。年俸2億円に到達した立身出世の偉人。

城島健司

捕手として最初の日本人メジャーリーガー。強肩強打を武器にダイエー・ソフトバンク、マリナーズ、阪神で活躍。04年アテネ五輪で銅、09年WBCでは金メダル。現在はガチの釣り人として釣り番組などで活躍中。

斎藤和巳

06年には最多勝、最優秀防御率、最多奪三振、最高勝率、最優秀投手、ベストナイン、沢村賞など投手タイトルを総なめ。しかし、その後は右肩の故障に苦しみ、長いリハビリ生活の末に退団を決意。実働11年で79勝23敗。

北海道日本ハムファイターズ略史

1945 年 11 月 6 日加盟
1946-2020 通算成績
4653 勝 5016 敗 359 分
優勝回数
パ・リーグ：7 回
日本シリーズ：3 回

球団運営が不安定だった草創期

戦後間もない 1945（昭和20）年 11 月 6 日、アメリカの**上院議員**を意味する「**セネタース**」は日本野球連盟に加盟承認され、プロ野球チームとしての第一歩を刻み始めた。ちなみに、戦前に存在した「東京セネタース」は 40 年に一度解散しており、さらに資本も異なるため戦後のセネタースとはまったく別物である。

46 年の創設メンバーには「**青バット**」で人気を博すことになる大下弘、後に「**月に向かって打て**」の指導で有名となる飯島滋弥、後にプロ野球界出身者としては初となる国会議員に転じる白木義一郎らがいた。

しかし、創設早々に経営難のために球団経営に行き詰まり、47 年からは東急電鉄・五島慶太が買収。球団オーナーには後に東映オーナーとなる大川博が就任し、新たに「急行電車」を意味する「**東急フライヤーズ**」と改称するも、翌 48 年には永田雅一率いる映画会社・大映と合併、「**急映フライヤーズ**」に。しかし、単独経営にこだわる永田は翌 49 年には

金星を買収。再び「東急フライヤーズ」に戻ることに。なかなか経営基盤が安定しないまま、54 年には東急が球団運営を子会社の東映に移管。保有は東急、運営は東映という二社体制で「**東映フライヤーズ**」が誕生。ようやく安定期が訪れることとなった。前年の 53 年 9 月に完成した駒澤球場を本拠地とし、豪快で野放図な野球を展開するフライヤーズは「**駒沢の暴れん坊**」と呼ばれた。チームは低迷していたものの、「ミスターフライヤーズ」毒島章一、「ケンカ八郎」山本八郎、「神主打法」岩本義行など個性的な選手が多かった。

58 年にはプロ 4 年目の土橋正幸が 21 勝を挙げてブレイク、59 年には後に 3000 安打を達成する張本勲が入団。61 年には巨人を退団したばかりの名将・水原茂が監督に就任。着々と優勝への下地が整いつつあった。

東映、日拓、そして日本ハムへ

悲願の初優勝は水原監督就任 2 年目の 62 年。「東映を巨人に匹敵する、いや巨人を超えるチームにする」の決意とともに、土橋に加

かなかった。

えて、17歳の新人・尾崎行雄、早大出の新人・安藤元博、後に審判に転じる久保田治が大活躍。悲願の優勝、日本一となった。

水原時代は67年まで続き、常にAクラスをキープしていたが、68年以降は監督が次々と交代。Bクラスが続いた。さらに、73年には映画不況のあおりを受けて、**ついに東映が撤退**。譲渡先は不動産ブームで業績を伸ばしていた日拓ホーム。「七色のユニフォーム」が話題となったものの、わずか10カ月で**日拓ホームフライヤーズ**は消滅。相次ぐ球団存亡の危機を救ったのが大社義規率いる日本ハムだった。ライバルである伊藤ハムに対抗すべく、球団経営をもくろんでいた大社は三原脩を球団社長に据え、三原の義理の息子の中西太を初代監督として**日本ハムファイターズ**として再スタートを切る。「脱東映」を鮮明に掲げ、大杉勝男、白仁天、大下剛史、張本を続々と放出。誕生2年間は連続最下位となったものの、大沢啓二が2代目監督となっていた78〜80年は連続3位となり、少しずつ戦力を整備していき、81年に19年ぶりのリーグ制覇。同じく後楽園球場を本拠地とする巨人との「**後楽園決戦**」に挑むも、2勝4敗で、日本一には届

88年には後楽園球場に代わって、**東京ドームが本拠地**になり話題となったものの、大沢退任後、優勝からは遠ざかる。平成時代に突入後、大沢が監督に復帰。さらに、阪急に黄金時代をもたらした上田利治が監督に就任。それでも、優勝には手が届かなかった。98（平成10）年には田中幸雄、片岡篤史、ブルックス、ウィルソンが打ちまくる「**ビッグバン打線**」が大きな話題となった。

転機となったのは、新庄剛志（SHINJO）が加入した04年。この年、東京を離れて北海道に移転を決定。移転3年目の06年にはヒルマン監督の下、東映時代以来となる日本一に。07、09年と立て続けに優勝し、16年にも日本一に。ダルビッシュ有、大谷翔平らスター選手も多数輩出、地域密着に完全に成功し、23（令和5）年には自前の新球場が完成予定。

木田勇
80年、ルーキーイヤーの活躍は衝撃的だった。40試合に登板して22勝8敗4セーブ、防御率は2.28。新人王はもちろん、優勝チームでもないのにMVP獲得。新人選手MVPは史上初。紅白歌合戦の審査員にも選ばれた。

岩本勉
「まいど！」でおなじみのガンちゃん。98、99年と2年連続で開幕戦完封勝利。東京時代の屋台骨を支えた。現役引退後はホリプロに所属。持ち前のトーク力、歌にギターにモノマネと多才。毎年年末にはリサイタルも行う。

清宮幸太郎
早実時代から注目され、17年ドラフトでは高校生史上最多タイとなる7球団から1位指名を受ける。同世代のリーダーとして「清宮世代」と称されるも、プロ入り後は苦闘が続く。出囃子は『スターウォーズ』メインテーマ。

埼玉西武ライオンズ略史

1949年11月26日加盟
1950-2020 通算成績　4882勝4313敗369分
優勝回数　パ・リーグ：23回　日本シリーズ：13回

56〜58年は野武士軍団の黄金時代

プロ野球チームが続々と誕生していた1943（昭和18）年、西日本鉄道により結成された**西鉄軍は資金難のため、誕生早々に消滅**。戦後のリーグ再開とともに「球界復帰」を熱望するも、一度リーグを離脱した「前科」があるため、連盟はこれに難色を示し、「新加入」扱いとして、同じく西鉄主体で49年秋に誕生したのが**西鉄クリッパース**だった。ちなみに「クリッパー」とは高速帆船のこと。

しかし、クリッパースは50年限りで消滅。51年からはセ・リーグの西日本パイレーツを吸収合併して、新たに誕生したのが**九州の名門球団・西鉄ライオンズ**だった。このとき、総監督に就任したのが後に**西鉄黄金時代を築くことになる三原脩**だった。52年には東急との契約がこじれていた大下弘、高松一高の中西太が、翌53年には河村久文、西村貞朗、高倉照幸、豊田泰光ら有望選手が続々と入団。こうして、54年には両リーグトップとなる134

本塁打で堂々の初優勝を飾った。56年には「鉄腕」こと稲尾和久が入団。同年から58年まで3年連続リーグ制覇。日本シリーズでも**「巌流島決戦」と称された巨人・水原茂とのライバル対決を制して3連覇**を達成。野武士軍団の黄金期が訪れたのだ。

しかし、絶頂期も長くは続かなかった。フロントとの確執が表面化していた三原が59年限りでチームを去るとチームの求心力は一気に低下。62年にはいずれも選手兼任で、28歳の中西が監督、26歳の豊田が助監督、24歳

覚えておきたい偉人・傑物5人衆

三原脩
日本初のプロ野球選手として大日本東京野球倶楽部入り。引退後は巨人監督を経て、西鉄指揮官に。56〜58年は日本シリーズで巨人と対戦し怒涛の3連覇。後に大洋でも最下位から日本一に。日本ハムの球団社長も務めた。

稲尾和久
プロ入りした56〜63年まで、実に8年連続20勝以上を記録。特に61年は年間78試合に登板し42勝14敗という記録を樹立。チームの窮地を救うべく、黒い霧事件に揺らぐ西鉄の監督を務め、誰からも愛された。

の稲尾を投手コーチとする**「青年内閣」を発足**させたが結果は出なかった。

黄金時代を築いた西鉄の終焉は寂しいものとなった。69年10月には**球史に残る汚点、「黒い霧事件」**が発覚。八百長疑惑の中心的存在として西鉄選手の名前がクローズアップされた。この年、創設以来初となる最下位に沈み、中西兼任監督が引退、辞任。翌70年は引退した稲尾が監督となるものの、黒い霧騒動はさらに拡大。西鉄6選手も八百長行為に関係していたことが発覚。それでも何とか球団経営を続けていたものの、**72年限りで西鉄は撤退**を決定。こうして、九州の名門球団は消滅する。

‖ 西武黄金時代の到来！ ‖

ライオンズにとって、70年代後半は波乱の時代となった。**73〜76年までは太平洋クラブ、77〜78年はクラウンライター**がネーミングライツでスポンサーとなり、極貧にあえぎながらの球団経営を続けたものの、ついにギブアップ。79年から親会社が国土計画となり、本拠地も埼玉・所沢に移転し、新たに**西武ライオンズ**となることが決まった。西鉄クリッパース以来の九州球団が、このときついに消滅することとなったのだ。

しかし、結果的にこの身売り劇はライオンズにとっては新たな黄金時代の幕開けとなる。

チーム初年度となる79年こそ、**開幕12連敗という屈辱のスタート**で、「やっぱりダメか」となったものの、**「管理野球」を掲げる広岡達朗**が82年に監督に就任すると同時に西鉄時代以来となるリーグ制覇、中日を倒して日本一に。

84年には渡辺久信、辻発彦、85年には郭泰源、広岡の後任として森祇晶が監督に就任した86年には清原和博が入団。広岡、森が率いた**80年代の西武はリーグ優勝6回、日本一に5回も輝く黄金時代を築いた**のだ。90年代に入っても西武の強さは続いた。しかし、93年に管理部長の根本陸夫がチームを去り、ダイエー監督に就任すると主力選手が続々と流出。黄金時代の終焉を迎えることとなった。

若いチームに生まれ変わった新生西武のシンボルとなったのは99（平成11）年に入団した**「怪物」松坂大輔**だった。この年からは自然環境との共存をテーマに西武ドームが完成。08年からはさらなる地域密着化を図るべく、球団名を埼玉西武ライオンズに改称。同年には渡辺久信監督の下、04年以来の日本一に輝いた。07年は裏金問題で球界を騒がせ、14〜16年は3年連続のBクラスに沈んだものの、17年からチームを率いる辻発彦の下、18、19（令和元）年と連続優勝。西武となって40余年。新たな黄金時代を築くべく、獅子はさらなる挑戦をやめない。

東尾修

西鉄、太平洋、クラウン、西武すべてに在籍。低迷期も黄金期も知る男。打者の胸元を突く「ケンカ投法」が持ち味で、与死球165はNPB最多。監督としても97、98年とリーグ優勝に導く。石田純一の義理の父でもある。

デストラーデ

西武黄金時代の象徴的スイッチヒッター。秋山幸二、清原和博との「AKD砲」は他球団の脅威だった。キューバから亡命して暮らした地元に新球団が誕生したため、93年からフロリダ・マーリンズ入り。95年に西武復帰。

松坂大輔

横浜高時代から日本中の人気者だった「平成の怪物」。06、09年のWBCではエースとして2大会連続MVP。レッドソックス、メッツでも活躍。「松坂世代」のリーダーも、21年限りでの引退を表明。お疲れさまでした。

千葉ロッテマリーンズ略史

1949 年 11 月 26 日加盟
1950-2020 通算成績
4597 勝 4580 敗 374 分
優勝回数
パ・リーグ：5 回
日本シリーズ：4 回

新聞、映画、そして菓子メーカーへ

「日本にも2リーグ制を」の機運が高まった 1949（昭和24）年、**毎日新聞社が日本野球連盟に加盟申請する**。当初は大陽ロビンスの買収をもくろんだものの、大陽のワンマンオーナー・田村駒治郎が難色を示して破談。単独チームを模索したものの、同業である読売新聞社が新規参入に反対の立場をとり、プロ野球は分立。賛成派がパ・リーグ、反対派がセ・リーグを誕生させることとなった。

パ・リーグ盟主の座を狙った**毎日オリオンズ**は社会人から荒巻淳、西本幸雄、野村武史ら実力派を獲得。さらに、阪神から若林忠志、別当薫、呉昌征、土井垣武ら主力選手をごっそり引き抜いた。「ミサイル打線」が大爆発した毎日は、**2リーグ初年度となるパ・リーグ優勝**、初の日本シリーズでもセ・リーグ覇者・松竹ロビンスを撃破して**初代日本一に**。

しかし、その後は優勝には手が届かず、57年オフには永田雅一率いる大映と対等合併。

新たに**大毎オリオンズ**を名乗ることになる。60年には西本監督の下、榎本喜八が首位打者、山内和弘（一弘）が本塁打と打点の二冠王に輝き 10 年ぶりのリーグ制覇。日本シリーズでは三原脩監督率いる大洋と激突するも、まさかの4連敗。西本監督は永田オーナーと対立して、そのまま辞任に追い込まれた。 5

62 年には永田が自費を投じて建設した**「光のスタジアム」こと東京球場**がオープン。64年からはチーム名を**「東京オリオンズ」**に改 10 称。「東京の球団」としてアピールするが、この頃から映画不況が深刻化。次第に永田は金策に追われるようになり、69 年にはロ 15 ッテと提携。同時に**「ロッテオリオンズ」**と名乗る。この時点では 20 後でいうネーミングライツ

覚えておきたい 偉人・傑物 5人衆

愛甲猛

横浜高時代に全国優勝。鳴り物入りでロッテに入団。プロ入り後、打者に転向してロッテ、中日で活躍。愛称は「野良犬」。不良時代のこと、禁止薬物のことを赤裸々に語った彼の自伝『球界の野良犬』は球史に残る名著。

リー兄弟

77 年に兄のレロン・リー、78 年に弟のレオン・リーが入団。80 年には打率 1 位、2 位を兄弟で独占。同年、「リーブラザーズ」名義でリリースした『ベースボール・ブギ』は名曲。レオンはその後、大洋、ヤクルトで活躍。

だったが、71年1月25日をもって永田率いる大映は球団経営から完全撤退。ロッテが正式に球団を買収して再スタートを切ることになる。

川崎から、新天地・千葉へ

72年オフ、東京球場は閉鎖される。本拠地を失うことになったロッテは、77年までの5年間、仙台の県営宮城球場を中心に神宮球場、後楽園球場、川崎球場を転々。しばらくの間、流浪生活を過ごす。73年には金田正一が監督に就任。太平洋クラブとの**「遺恨試合」**や**「カネやんダンス」**など、マスコミ向けの派手なアピールで話題を呼んだ。翌74年には有藤通世、山崎裕之、弘田澄男の打棒が爆発、投げては成田文男、村田兆治、木樽正明らが活躍して後期優勝。プレーオフでも前期優勝の阪急を撃破してリーグ優勝を飾る。さらに、日本シリーズでは弘田と村田の大活躍で中日を破り、**24年ぶりの日本一を達成した。**

ようやく、本拠地問題が解決したのは78年のこと。この年から、本拠地を川崎球場と定め、流浪の生活に終止符が打たれた。80年代前半は巨人から移籍した張本勲、リー＆レオン兄弟、落合博満らが活躍するも、川崎球場には閑古鳥が

鳴き続け、**観客席で流しそうめんや麻雀をする姿**がしばしば『珍プレー好プレー』でお茶の間に流れることとなる。

この川崎球場が球史に残る名場面の舞台となったのが88年10月19日、後に「**10・19**」と称されるロッテ対近鉄のダブルヘッダーだ。あと2勝すれば逆転優勝という近鉄の敵役となり、日本中の注目を集める中、近鉄の優勝を阻止した。

90（平成2）年には金田が監督復帰。92年からは本拠地を千葉マリンスタジアムに移転。球団名も**「千葉ロッテマリーンズ」**と改称。ユニフォームにピンクをあしらい

イメージ刷新を図ったがチームはなかなか浮上せず。95年には広岡達朗が日本初のGMに就任し、バレンタイン監督を招請。チームは2位に躍進したが、広岡とバレンタインの確執により、わずか1年で空中分解となった。90年代の10年間で6名の監督が就任。なかなか球団運営は安定せず、98年にはプロ野球記録となる**悪夢の18連敗**を喫した。

長期低迷が続く中、転機となったのは05年。監督復帰したバレンタインの下で日本一、アジアチャンピオンに輝いた。マリンスタジアムの強風にあおられつつ、**「12球団一熱い」**と称されるマリーンズサポーターの熱烈な応援とともに、チームは歩み続ける。

バレンタイン

95年に監督就任して2位に躍進したものの、当時の広岡達朗GMとの対立により、わずか1年で帰国。満を持して04年に再びロッテ監督に。西岡剛、今江敏晃ら若手の台頭で05年には日本一、アジアチャンピオンに導いた。

里崎智也

「里崎チャンネル」登録者数47.3万人（21年8月20日時点）を誇る球界屈指のユーチューバー。抜群の更新頻度と歯に衣着せぬ発言と分析力は他の追随を許さない。06年のWBCでは正捕手として世界一に貢献。

佐々木朗希

昭和の江川、平成の松坂に続く「令和の怪物」。大船渡高時代には高校生最速となる163キロを計測。19年ドラフトでは4球団から1位指名を受け、21年にはプロ初勝利を挙げた。新怪物の飛躍の時期はこれからだ。

東北楽天ゴールデンイーグルス略史

2004 年 11 月 2 日加盟	
2005-2020 通算成績	
1015 勝 1186 敗 58 分	
優勝回数	
パ・リーグ：1 回	
日本シリーズ：1 回	

球界再編騒動を経て 50年ぶりの新球団

　2004（平成 16）年 6 月、球界を激震が襲った。かねてから経営不振が伝えられていた**近鉄バファローズ**と、**同一リーグのオリックス・ブルーウェーブの合併報道**が明るみとなったのだ。唐突なニュースに球界はもちろん、ファンを含めた世論を巻き込む大騒動となる。当時、選手会長を務めていたヤクルト・古田敦也が「オーナー陣と話し合いたい」と口にすれば、当時の巨人オーナー、「ナベツネ」こと渡邉恒雄は「無礼なことを言うな。分をわきまえなきゃいかんよ。**たかが選手が**」と口にしたことで、世論の猛反発を呼び起こす。

　その後、9 月 18、19 日には史上初となるストライキを決行。「1 リーグ 10 球団制」か、それとも現行の「2 リーグ 12 球団制」存続かで、球界は揺れに揺れていた。

　一方、困窮する近鉄を救うべく球団買収に名乗りを挙げたのが、当時ライブドアを率いていた「ホリエモン」こと堀江貴文だった。遅れて、楽天・三木谷浩史も手を挙げて、**「ライブドア対楽天」**の参入競争が勃発。世論は先に名乗り出たホリエモン支持が大勢を占めていたものの、オーナー陣による「楽天の方が健全経営だ」との判断で、11 月 2 日に楽天の新規参入が決定し、球団名を**東北楽天ゴールデンイーグルス**とすることとなった。ちなみに、ライブドアが参入していた場合は仙台ライブドアフェニックスとなる予定だった。

　8 日にはオリックスと楽天との間で選手を分け合う**「分配ドラフト」**を経て、所属選手が決定。有望選手はすでにオリックスサイドのプロテクトを受けていたため、「余りものドラフト」と揶揄されることもあった。近鉄時代の主力選手で楽天に入団したのはエースの岩隈久志と初代選手会長、初代主将となる礒部公一ぐらいだった。

　また、17 日には球団としては初となるドラフト会議に出席。「栄養費問題」で他球団から指名回避されていた**明治大学の一場靖弘を自由獲得枠で指名**。混乱状態とともに波乱の船出を切ったのだ。

覚えておきたい 偉人・傑物 5人衆

山﨑武司
中日時代の 96 年に本塁打王に輝くも、移籍先のオリックス時代には不遇をかこった。本人も「このまま終わると思っていた」が楽天移籍で、ノムさんと出会い才能が再開花。07 年には本塁打、打点の二冠王に輝いた。

一場靖弘
04 年、自身の栄養費問題と球界再編騒動が重なり、混乱の中で 05 年に楽天入り。期待されながらも、結果を残せず球界を去った。その後は自己破産、離婚、再婚、タレント、ユーチューバー転身……。波乱万丈な人生を過ごす。

ノムさんが土台を築き星野でV!

05年3月26日の公式戦初戦はエース・岩隈久志が完投して3対1と見事に勝利。しかし、翌27日の第2戦は2リーグ制開始以降、最多得点差となる0対26と記録的大敗を喫する。チーム初年度は田尾安志が監督を務め、**最終成績は38勝97敗1分、勝率は.281で**ダントツ最下位となった。早急なチーム立て直しの必要性から白羽の矢が立ったのが名将・野村克也だった。野村は**「無形の力」**をスローガンとし、選手個々のレベルアップを図るべく、チーム改革に乗り出した。

06〜08年まではBクラスが続いたが、09年には球団史上初となるAクラスの2位に躍進。「いよいよ優勝間近か?」という段階で、「ご高齢のため」という理由で野村監督は解任される。生涯にわたってノムさんの恨み節が続くこととなった。その後、ブラウンを挟んで、11年からは闘将・星野仙一が監督に就任。**東日本大震災**が起こったこの年は、選手たち

も被災者として「がんばろう東北」のスローガンとともに戦うも5位に終わる。

しかし、2年後の13年にはエース・**田中将大**が**24勝0敗1セーブ**という驚異的な成績を挙げ、チーム創設初となる優勝を飾り、さらに日本シリーズでも4勝3敗で巨人を撃破。被災者に勇気を与える激闘を見せた。

その後、大久保博元、梨田昌孝、平石洋介、三木肇、石井一久と目まぐるしく監督が代わり、優勝には手が届かない状態が続く。

この間、命名権売却によって、球場名は創設当初の**フルキャストスタジアム宮城**を皮切りに、08〜10年は**クリネックススタジアム宮城**、11〜13年は**日本製紙クリネックススタジアム宮城**、14〜16年は**楽天Koboスタジアム宮城**、17年は**Koboパーク宮城**、18〜22年(予定)は**楽天生命パーク宮城**と目まぐるしく変遷していて覚えられない。

球界再編騒動という混沌とした状況下で誕生した楽天。現在の12球団の中では最も歴史が浅いが、確実に東北地方に根づき、着実に歴史を刻んでいる。

嶋基宏
11年の東日本大震災時の選手会長。復興支援試合時の「見せましょう、野球の底力を」は歴史に残る名スピーチ。13年日本一の立役者で幹部候補ながらも、出場機会を求めて20年にヤクルト移籍。ノムさん最後の愛弟子。

田中将大
ノムさんからは「マー君、神の子、不思議な子」と言われ、星野さん時代の13年にはシーズン24勝0敗でチーム初のエースとして活躍し、21年に古巣に電撃復帰。すでに生きる伝説に。

島内宏明
「ウナギイヌ」が愛称のムードメーカー。近年では「島内語録」と呼ばれる試合中の談話が話題に。プロ10年目の21年にオールスター初出場。第2戦ではMVPに。「語録グッズ」も発売され、ますます勢いに乗る。

近鉄バファローズ略史

1949 年 12 月 1 日創立
1950-2004 通算成績　3261 勝 3720 敗 271 分
優勝回数　パ・リーグ：4 回　日本シリーズ：0 回

愛称は、「真珠」から「猛牛」へ

　球団数増加の機運が高まっていた 1949 (昭和 24) 年、近畿日本鉄道を親会社とする**近鉄パールス**は誕生した。球団愛称は近鉄沿線である伊勢志摩名物の「真珠（パール）」から名づけられた。とっても弱そう。

　結成当初はチーム編成の遅れもあって、有望選手の獲得に失敗、苦しい船出となった。初代監督に法政大学野球部監督の藤田省三を迎えたため、関根潤三をはじめとする法大出身者が多数入団したものの、**球団初年度の 50 年から 53 年まで 4 年連続最下位**に沈んだ。その後も、最下位こそなかったものの、5 位、6 位と長期低迷。59 年には巨人から千葉茂を監督として招請。彼のニックネーム「猛牛」にちなんで、球団名を**「バファロー」**に変更。弱々しい「真珠」を、猛々しい「猛牛」に変更したのは賢明な判断だった。

　しかし、チームは弱かった。61 年には**年間 103 敗のリーグワースト敗戦記録**を樹立。以降、別当薫、岩本義行、小玉明利、三原脩と短命政権が続く。しかし、62 年には「18 歳の四番打者」として注目された土井正博や、後に 300 勝投手となる鈴木啓示ら、投打の主役が着実にそろいつつあるのが光明だった。

　69 年には三原監督の下、球団初の 2 位に浮上。少しずつチームとしての体をなしつつあったものの、近鉄が歓喜の瞬間を味わうのはさらに先のことだった。

　69 年から 72 年までは A クラスをキープしたが、73 年に最下位に沈むと、74 年からは阪急の監督を辞したばかりの西本幸雄を招請。チームに闘争心を植えつけ、翌 75 年には後期制覇。プレーオフでは阪急に敗れたものの、負け犬根性が染みついていたチームの体質を着実に変えていく。

　こうして迎えた 79 年。球団**創設 30 周年の節目の年に、ついに近鉄はパ・リーグ制覇**。日本シリーズでは古葉竹識監督率いる広島と激突し、第 7 戦までもつれこんだが、9 回裏無死満塁のチャンスを攻めきれずに惜敗。後にこの場面は**「江夏の 21 球」**として語り継がれることになる。

覚えておきたい
偉人・傑物
5人衆

鈴木啓示

「草魂」をモットーに通算 317 勝を記録した大エース。自他ともに認めるワガママな性格でも有名。85 年には「投げたらアカン」で流行語大賞大衆賞。93 年から監督に就任するが野茂英雄と対立。野茂渡米のきっかけに。

太田幸司

元祖「甲子園のアイドル」。プロ 1 年目の 70 〜 72 年までは何も実績がないのにオールスターファン投票で 1 位に。移籍先の巨人、阪神では活躍できぬまま 84 年限りで引退。長く女子プロ野球のスーパーバイザーを務めた。

無念の球団消滅……

　翌80年も近鉄はパ・リーグを制覇。日本シリーズでは再び広島と対戦し、7戦までもつれたものの、またも涙をのんだ。大毎監督時代以来、西本幸雄は8度目の日本シリーズで一度も日本一になれず、「悲運の名将」と呼ばれるようになる。

　西本退任後、しばらくの間は低迷期が続いたが、転機となったのは88年に仰木彬が監督に就任してから。西武黄金時代の真っただ中にあって、88年はあとわずかというところまで西武を追い詰める。シーズン最終日のロッテとのダブルヘッダーで連勝すれば奇跡の逆転優勝だったが、第2戦は無念の引き分け。この日の名勝負は、「10・19」として後世に語り継がれる名場面となった。

　時代が平成に替わった89（平成元）年には西武、オリックスとのデッドヒートを制して、逆転で9年ぶりのリーグ制覇。日本シリーズでは巨人相手に3連勝するも、まさかの4連敗。あと一歩のところで涙をのんだ。

　90年はスーパールーキー・野茂英雄一色の一年となった。90年は3位、91、92年と連続2位となるものの、西武の牙城は崩せず、仰木が去り、鈴木啓示が監督となった93年以降、チームは徐々に弱体化の一途をたどる。後を継いだ佐々木恭介も閉塞状況を打破することができずに21世紀を迎える。

　こうして迎えた01年は近鉄にとって忘れられない一年となる。中村紀洋、ローズが打ちまくり、9月26日には2対5の場面で北川博敏が、史上初となる「代打逆転サヨナラ満塁優勝決定ホームラン」を放ってリーグ優勝を決めた。このときも、自慢の「いてまえ打線」をヤクルト投手陣に完璧に封じ込められて日本一はならず。結果的にこれが近鉄としての最後の歓喜の瞬間となってしまった。

　そして、04年の球界再編騒動の主役となった近鉄はこの年限りで無念の消滅。近鉄戦士たちはオリックスと楽天に振り分けられる。11月30日、ついに55年の歴史に幕を下ろした。忘れ難き、いい球団だった。

金村義明
報徳学園3年夏に全国制覇。ドラフト1位で近鉄入団後すぐに野手に転向。「いてまえ打線」の中心として活躍後、中日、西武へ移籍。現在は解説者として活躍しつつ、バラエティー番組にも多数出演。自伝『在日魂』は名著。

ブライアント
デービスの大麻所持逮捕により、急きょ獲得したのが当時中日のブライアント。リーグ優勝を果たした89年10月12日、西武との天王山では4打席連続ホームランを放ち、王者西武に引導を渡した。95年まで8年間在籍。

野茂英雄
88年ソウル五輪の銀メダルを引っ提げて90年近鉄入り。90〜93年まで4年連続最多勝、最多奪三振を記録。95年には日本人メジャーリーガーの道を切り開き、「ドクターK」と呼ばれた。トルネード投法はカッコよかった。

英　語

100満点

---

1 次の略語を英語で正式表記しなさい。　　　　　　　　　　25点

① WBC → （　　　）（　　　）（　　　）

② UZR → （　　　）（　　　）（　　　）

③ ID野球 → （　　　）（　　　）野球

④ AKD砲 → （　　　）（　　　）（　　　）砲

⑤ KKコンビ → （　　　）（　　　）コンビ

---

2 次のカタカナを英語で書きなさい。　　　　　　　　　　25点

① シンキング・ベースボール　② トレンディエース

③ レールウェイズ　④ トルネード

⑤ アイ・ドント・ライク・ノウミサン

---

3 次の日本語は戦時中に日本語化された野球用語である。
元の言葉を英語で書きなさい。　　　　　　　　　　　　10点

① 正球、良し　② 悪球、駄目　③ 安全　④ 迎撃組　⑤ 圏外

⑥ 軽打　⑦ 奪塁　⑧ 正打　⑨ 複略　⑩ よっつ

---

4 以下は、98年6月に阪神・吉田義男監督が新加入のダレル・
メイ初勝利の際に発したコメントであるが、明らかな間違い
がある。その箇所を指摘し、正しく英語で改めよ。　　　10点

「メイがメイに勝てずにジュライに勝ちましたな」

---

5 次の文章を英語に訳しなさい。　　　　　　　　　　　　30点

①「ご飯には牛乳と砂糖がいいようです」（ロベルト・バルボン）

②「すき焼きは好きだけど、あの食べ方は絶対にできない」
　　（リチャード・デービス）

③「来年、僕は英語を話さない」（ルー・ジャクソン）

問題制作：長谷川晶一　制作日：2021年8月1日

社 会

100満点

1　次の球団名を古い順に並べ替えよ。　　　　　　　　　　　10点

　a ヤクルトアトムズ　b サンケイスワローズ　c ヤクルトスワローズ
　d アトムズ　e サンケイアトムズ　f 東京ヤクルトスワローズ

2　次の球団名を古い順に並べ替えよ。　　　　　　　　　　　10点

　a クラウンライターライオンズ　b 西鉄ライオンズ　c 西武ライオンズ
　d 西鉄クリッパース　e 埼玉西武ライオンズ　f 太平洋クラブライオンズ

3　次の球場名を古い順に並べ替えよ。　　　　　　　　　　　10点

　a クリネックススタジアム宮城　b フルキャストスタジアム宮城
　c 楽天生命パーク宮城　d 楽天 Kobo スタジアム宮城　e Kobo パーク宮城

4　以下は四国の地図である。空欄を埋めた上で、各球団を正しい場　40点
　所に配置せよ。

　a ○○インディゴソックス
　b ○○オリーブガイナーズ
　c ○○マンダリンパイレーツ
　d ○○ファイティングドックス

5　以下は、400勝投手金田正一の家系図である。次の空欄を埋めよ。　30点

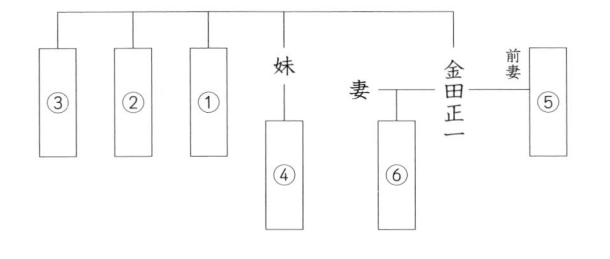

プロ野球ヒストリーテスト

英語　解答

1
① (World) (Baseball) (Classic)
② (Ultimate) (Zone) (Rating)
③ (Import) (Data)
④ (Akiyama) (Kiyohara)
　 (Destrade)
⑤ (Kuwata) (Kiyohara)

2
① Thinking Baseball
② Trendy Ace
③ RAILWAYS　④ Tornado
⑤ I don't like Nomi-san.

3
① Strike（ストライク）
② Ball（ボール）　③ Safe（セーフ）
④ Home Team（ホームチーム）
⑤ Foul（ファウル）　⑥ Bunt（バント）
⑦ Base Steal（盗塁）
⑧ Hit（ヒット）
⑨ Double Steal（ダブルスチール）
⑩ Base on Balls（フォアボール）

4
間違い部分：メイが勝利したのが６月な
のにジュライ（７月）であるところ
英文例：Darrell May won in June
instead of May

5
① 例文：Milk and sugar seem to be good for rice.
② 例文：I like sukiyaki, but I can't eat that way.
③ 例文：Next year, I don't speak English.
※上記例文を実際に本人が言ったかどうかは不明です

（配点）
問1 各5点　問2 各5点　　問3 各1点
問4 10点　問5 各10点　計100点

プロ野球ヒストリーテスト

社会　解答

1
b → e → d → a → c → f

2
d → b → f → a → c → e

3
b → a → d → e → c

4
a 徳島（場所イ）
b 香川（場所ア）
c 愛媛（場所ウ）
d 高知（場所エ）

5
① 金田高義　② 金田星雄
③ 金田留広　④ 金石昭人
⑤ 榎本美佐江　⑥ 金田賢一

（配点）
問1　10点
問2　10点
問3　10点
問4　各10点
問5　各5点
計100点

PART

4

表と裏の「殿堂」

プロアマ問わず、老若男女すべての野球ファンにとっての心の聖地、魂のオアシス、それが
野球殿堂博物館だ。ここではその魅力をたっぷりとご紹介したい。また、現実には殿堂入り
していないものの、個人的にはどうしても顕彰したい偉大な人々を改めて讃えるべく、超極
私的「長谷川殿堂」の面々も併せてご紹介したい。僭越すぎて申し訳ないけど、どうしても
多くの人に知っていただきたいのだ。数々の偉大な先人たちに敬意と愛を込めて——。

心 の 故 郷 、 我 ら の 聖 地

野球殿堂博物館に行ってみた

1959年に開館し、2019年には開館60周年を迎えた我らが野球殿堂博物館。野球殿堂博物館の歴史を学び、体感するには最適の聖地をご案内しよう！

公益財団法人
野球殿堂博物館
The Baseball Hall of Fame and Museum

東京ドーム21番ゲートの横に「ソレ」はある。日本野球の発展に貢献した偉大な先人たちの功績を永久に讃える存在、それが野球殿堂博物館だ。入館料を支払えば誰でも、幸福な「野球浴」を満喫することができるのだ。現役バリバリのスター選手たちの実使用バットやグラブの展示に興奮したり、かつての憧れの英雄たちの懐かしい雄姿を映像で堪能したり、戦没野球人のモニュメントに思いをはせたり、厳かな殿堂のレリーフを前に野球の歴史を嚙みしめたり……。野球好きにはたまらない静謐な空間を紙上で再現。さぁ、夢の空間へ、ご案内しよう！

野球殿堂博物館　〒112-0004 東京都文京区後楽1丁目3-61
休館日：月曜日、年末年始（12月29日〜1月1日）　入館料：大人 600円　https://baseball-museum.or.jp
※新型コロナウイルス感染拡大防止のため、開館時間を変更しています。最新の情報は同館公式サイトで御確認下さい。

入館料を支払ってエントランス脇の階段を下りると、眼下にはさまざまな「お宝」が飾られているのが視線に飛び込んでくる。野球好きならば、この時点ですでに胸はときめき、脈拍、血圧ともに若干の上昇傾向にあるはず。

1

階段脇には毎オフ恒例の「野球報道写真展」の優秀作品が展示。前年の20年の名場面の数々を見ているだけで、その瞬間に一瞬で戻ることができるから写真の力は偉大。

2

最初は「プロ野球」コーナー。選手ロッカーをモチーフに12球団それぞれのスター選手のユニフォーム、グラブ、バットが飾られている。いずれも実使用品。

3

「プロ野球Today」から「プロ野球の歴史」に向かう途中には後楽園球場のベンチ裏で使われていた姿見が。王さんはこの鏡でフォームチェックをしていたとのことで、僕も一本足打法に。

4

最新アイテムだけでなく、戦後すぐの野球用具もたくさん展示。かつてのグラブは鍋つかみのような形状。道具の進化が選手たちのハイパフォーマンスに直結しているのだと痛感。

5

目の前の黄ばんだブツは79年4月24日、埼玉移転後、西武となって初勝利の記念ボール。新人・松沼博久のプロ初勝利球でもある。松沼さんご本人から借りて展示しているそう。

6

世界記録保持者の王貞治、福本豊、衣笠祥雄、金田正一さんら偉大な野球人は個別に展示されている。照明も落とされ、厳粛さが漂う。喧騒を離れ、BGMもない静謐な雰囲気はとても心地いい。

7

手前の緑色のバットに視線は釘づけに。戦後の日本人に夢を与えた「青バット」大下弘の実使用品。信号機同様、「青」というのは「緑」のことだったのだ。現物の貴重さを痛感。

8

個人的に敬愛する、第3代コミッショナー・内村祐之が一高時代に着用していたユニフォーム。保存状態の良さに驚く。東大でエース、卒業後は精神医学界の重鎮に。本当に立派な方だ。

9 10

1934年秋の「日米大野球戦」ポスター。全米選抜チームの「顔」は当然、ベーブ・ルース。日本ではここでしか現存しない(はず)。

ヤクルトで活躍した高野光氏のご遺族の依頼を受けて、彼が大学時代に獲得したトロフィーを代理で寄贈したことがある。それが今、目の前に。

11 12

感動と興奮と歓喜と落胆が詰まった歴代日本代表ユニフォームが並ぶ。ここに、東京五輪の金メダル軍団たちの逸品が加わるのが嬉しい。

野球殿堂の入り口には「戦没野球人モニュメント」が。戦火に散った選手、関係者たちのネームプレートを前にして、先人たちの無念に思いを馳せ、厳かな気持ちで平和の重みを噛みしめる。

13 14

野球殿堂博物館のメインエリアと言ってもいい歴代顕彰者たちのレリーフ群。浪人時代、予備校をさぼって一つ一つの説明文を読んだことを思い出す。不真面目かもだけど有意義な時間だった。

87〜89年までヤクルトの監督を務めた関根潤三さんのレリーフ。まさに、僕の浪人時代は89年のこと。生前の関根さんにも何度かインタビューした。懐かしいな、寂しいな。

15 16

イベントホールでは「がんばれ侍ジャパン!〜Road to Gold Medal〜」が開催されていた。あ、置物のようにスクリーン前で座っている「14」が僕です(笑)。

企画展示室では小学生の自由研究向けに道具の変遷がわかる展示があった。かつて自分が応援していた選手の道具を見るとテンション上がる。

17

主要4社（アシックス、SSK、ゼット、ミズノ）の最新テクノロジーが一気に概観できる展示。一流選手の最新モデルは見ているだけで美しく楽しい。

18

バット材として全盛を極めていたヤチダモ、アオダモは姿を消し、今ではメイプル全盛の時代。新素材・バーチも要注目。

19

図書室入り口には「新型コロナウイルス関連」の雑誌や新聞を特別展示。いつか、「コロナ禍と野球」を振り返る際の貴重な資料となるはずだ。

20

野球ライター必見！ 古今東西の野球資料が揃う

野球殿堂博物館
図書室の歩き方

古今東西の野球関連資料が何でも揃う図書室は、多くの野球ライターがお世話になっている。もちろん、休みの日には子どもたちが真剣に読書をしている姿もある。司書の方が資料探しを手伝ってくれる。実に快適な空間で、時間が経つのも忘れる楽しいひとときを過ごしてほしい。

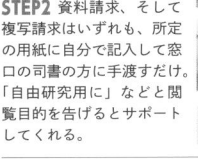

STEP1 まずは読みたい資料を用紙に記入して請求。書名や著者名がわからなくても、司書の方に相談すれば「こちらの本ですか？」と希望の資料を出してくれるから大丈夫。

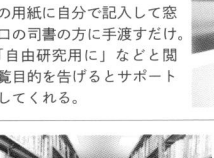

STEP2 資料請求、そして複写請求はいずれも、所定の用紙に自分で記入して窓口の司書の方に手渡すだけ。「自由研究用に」などと閲覧目的を告げるとサポートしてくれる。

STEP3 収蔵資料は基本的には閉架式。司書の方が請求資料をピックアップしてくれるので、のんびり待とう。と言っても、すぐに出てくるから待ち時間はほとんどないよ。

STEP4 ものの数分で請求資料が出てきた。ここには長谷川晶一本もたくさんあるよ。今、あなたが読んでいるこの本も、確実に野球殿堂に収蔵されるので、ぜひチェックを（笑）。

STEP5 請求した資料を読んだり、メモしたり、コピーを依頼したり、ご自由に。コピーは別途料金が必要だけど、閲覧は入館料に含まれているので気兼ねなく読書や閲覧を楽しめる。

駆け足でご紹介したけど、じっくり見たら、何時間あっても足りない充実した展示物の数々。僕もよく訪れているので、見かけたら優しく見守ってくださいね（笑）。ぜひ、みなさんも野球殿堂博物館ですてきな時間を！

取材協力：野球殿堂博物館

公私混同ゴメンなさい！
球界の至宝をあまた収蔵する野球殿堂博物館で、

ヤクルトのお宝ユニフォーム

特別にわがまま言って出してもらった！

野球殿堂博物館には数多くの貴重なアイテムが展示されている。しかし、バックヤードにはその何倍も、何十倍も、いや何百倍もの至宝の数々が眠っているという。さて、ご存じの方もいるかもしれないが、僕は子どもの頃からの大のスワローズファンである。この地を訪れるたびに、僕はいつも「若松さんのユニフォームが見たいなぁ」とひそかに切望していた。幼き日の大ヒーロー・若松勉の実使用品をこの目で、改めて見てみたかったのである。

今回、野球殿堂博物館の全面協力を得て、「行ってみた」企画が実現することになり、僕はダメ元で「歴代ヤクルトユニの海に溺（おぼ）れたい」と懇願したところ、まさかのご快諾。当日、現場を訪れると、そこには目もくらむようなお宝の山、山、山……。そのすべてが貴重なものばかり、手袋をして一つ、一つを慎重に矯めつ（た）眇めつ（すが）、たっぷりと鑑賞する。あぁ、なんて幸せな空間、そして瞬間だろう。人はこれを「公私混同」と呼ぶのだろう。しかし、公私をキッチリ、クッキリと分けることのできる人間がこの世にいるだろうか（いや、いない・反語表現）。ということで、至福のスワローズユニフォームコレクションをどうぞ！ユニざんまい！

1959年 宇野光雄（ホーム）

1959年の野球殿堂開館時に入手したという国鉄スワローズ3代目・宇野光雄監督のもの。ウール素材でかなり厚めの生地。汗の吸収は悪そうだし、熱はこもりそうだし、夏場はかなり暑かったのではないだろうか？ 背番号は「30」。当時は監督がつける番号だった。このユニフォームを着て、カネやんたちが躍動していたのだ。胸アツすぎる。

1968年 石岡康三（ホーム）

66～68年までの3年間だけ存在したサンケイアトムズのホームユニ。背番号は「15」。66～67年はジャクソンで、68年は石岡康三が背負った。こちらは68年、石岡のもの。現役引退後は長きにわたってコーチを務め、内藤尚行、川崎憲次郎ら数々の後進を育てた。石井一久の親戚だという。左袖のアトムワッペンがかわいい。

1972年 牧重見（ホーム）

70～73年の4年間存在したヤクルトアトムズのホームユニ。背番号は「45」。70～71年は緒方朗、72年は牧重見、73年は鈴木康二朗が背負った。こちらは72年、牧のもの。サッポロビールからプロ入りしたものの、73年には南海へ移籍後に引退。この頃から半世紀にわたってヤクルトは球団経営を続けている。感謝しかない。

1974年？ 荒川堯（ホーム）

そして、74年に満を持して「スワローズ」が復活。2005年までヤクルトスワローズを名乗った。背番号は「3」、これは荒川堯のものなのかな？ 荒川博と養子縁組み、誰もが期待する有望選手だったが暴漢に襲われて不遇な選手生活だった。一枚のユニから、さまざまなドラマが思い起こされる。メーカーはサンアップ製。

1979年 広岡達朗（ホーム）

おぉ、背番号「71」だ！ そう、ヤクルト初優勝の立役者、広岡達朗監督のものだ。タグには「79」とある。79年と言えば日本一の翌年にもかかわらず、超低迷によりシーズン途中で休養、辞任に追い込まれた年ではないか。負の遺産も遺産は遺産なのだ。タグにはサンアップとデサントのロゴ。いわゆるダブルネームだ。

1979年 広岡達朗（ビジター）

同じく79年の広岡さんのビジターユニ。子ども心にこの青色がカッコよくて好きだったな。広岡さんはスリムだったので、この青色がますますシュッと見せていた。近年、広岡さんにインタビューした際、「ヤクルト時代はいい思い出ですよ」と語っていたのがうれしい。ケンカ別れしたような印象が少しだけ払拭できた。

1988年 若松勉（ホーム）

さぁ、出た！ 手にした瞬間、ふいに目頭が熱くなる。知らない人から見ればただの布切れ、古着でしかないのに、思い入れがあると、かくも感動的なお宝に変身するのだ。88年当時は代打の切り札としていぶし銀の活躍を見せていた。かつての中心選手が脇を支えるカッコよさ。若松さんからは、本当にいろいろなことを教わった。

1989 年　池山隆寛（ホーム）
デサント製。89 年、関根潤三監督最終年だ。この頃の池山は、広沢克己とともに「イケトラコンビ」として売り出し中だった。豪快なスイングは「ブンブン丸」と呼ばれ、粗はあるけど見ていてとても楽しい選手だった。この年僕は浪人中。予備校帰りの神宮で、池山のホームランに救われたことは何度もあった。本当に感謝しかない。

1989 年　広沢克己（ビジター）
同じく 89 年、「イケトラコンビ」の広沢ビジターユニ。かつて、大杉勝男が背負っていた「8」を完全に自分のものとし始めた頃。三振は多かったけど、ここぞの場面での一発は頼りになった。池山、広沢、いずれも関根監督の置き土産だった。この翌年の野村克也監督就任によって、両者はさらに花開いていくのである。

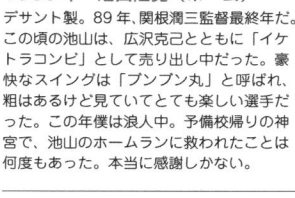

1994 年　古田敦也（ホーム）
左袖に注目だ。この 94 年はつば九郎のデビュー年だ。まさか、ここから四半世紀にわたって球界のトップマスコットとして大活躍することになるとは思わなかった。この年の古田はプロ5年目。前年には王者西武を倒して日本一に輝き、名実ともに日本一のキャッチャーとして成長していく過程にあった頃。懐かしいなぁ。

1999 年　石井一久（ビジター）
左袖に注目してほしい。「50」とあるのは、国鉄スワローズ誕生から 50 年の節目の年だから。この年から、ノムさんの後を受けて満を持して若松勉監督が誕生。この当時、頼りになるエースが石井だった。この後、メジャーに行くのも当然の活躍を見せたが、まさか、楽天のGMになったり、監督になったりするとは思わなかった（笑）。

2006 年　古田敦也（ホーム）
若松監督が退任し、この年から古田が選手兼任監督となり、「代打オレ！」に注目が集まった。チームカラーを一新すべく、ユニフォームデザインはビームスに。兼任時代の 2 年間は結果を残すことはできなかったけど、チームが変わりゆく過渡期だったから仕方ない。いつか、古田さんの古巣復帰を切望するファンは多い。

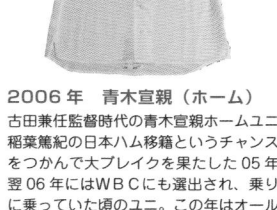

2006 年　青木宣親（ホーム）
古田兼任監督時代の青木宣親ホームユニ。稲葉篤紀の日本ハム移籍というチャンスをつかんで大ブレイクを果たした 05 年。翌 06 年にはWBCにも選出され、乗りに乗っていた頃のユニ。この年はオールスターでもMVPに輝き、惜しくも首位打者は逃したけど、赤星憲広の 6 年連続を阻止して、見事に盗塁王に輝いた。

2009 年　青木宣親（ホーム）
右胸のワッペンに「40」とあるのはヤクルト球団 40 周年の節目の年だから。ちなみにこのデザイン、数字の「4」とＹａｋｕｌｔの「Ｙ」をかけているのだ。古田監督時代から引き続いてデザインはビームスでゼット製。メッシュ素材で軽量化と通気性の両立を可能とした。渡米前の青木の「23」はこの年が最後となる。

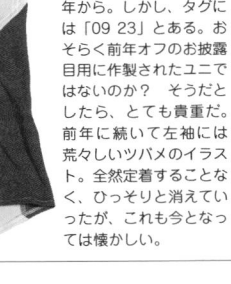

**2009年
青木宣親（ホーム）**

背番号に注目。青木が「1」を背負うのは10年から。しかし、タグには「09 23」とある。おそらく前年オフのお披露目用に作製されたユニではないのか？ そうだとしたら、とても貴重だ。前年に続いて左袖には荒々しいツバメのイラスト。全然定着することなく、ひっそりと消えていったが、これも今となっては懐かしい。

2011年　宮本慎也（ホーム）

この頃から技術革新が進み、胸の「Swallows」ロゴは刺繍から昇華プリントとなり、さらなる軽量化が進んだ。東日本大震災のこの年、ヤクルトは快調に首位を独走していたものの、まさかの大失速。今も忘れられないほどの大トラウマとなったシーズンなのだ。2000安打も視野に入り、宮本慎也はプロ17年目。円熟の極致にあった頃。

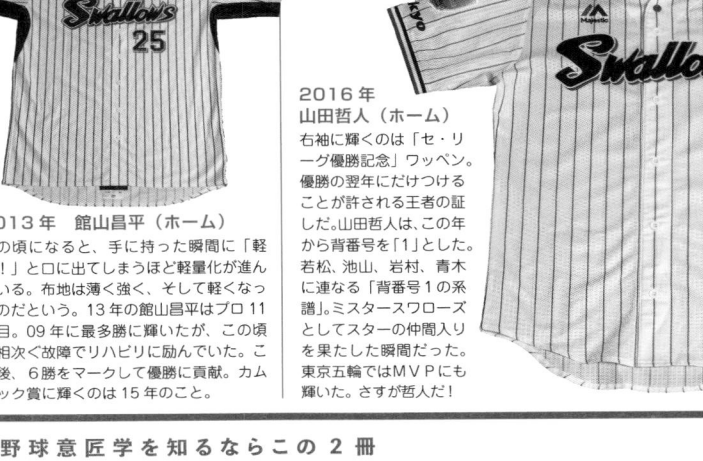

**2016年
山田哲人（ホーム）**

右袖に輝くのは「セ・リーグ優勝記念」ワッペン。優勝の翌年にだけつけることが許される王者の証しだ。山田哲人は、この年から背番号を「1」とした。若松、池山、岩村、青木に連なる「背番号1の系譜」。ミスタースワローズとしての仲間入りを果たした瞬間だった。東京五輪ではMVPにも輝いた。さすが哲人だ！

2013年　館山昌平（ホーム）

この頃になると、手に持った瞬間に「軽っ！」と口に出してしまうほど軽量化が進んでいる。布地は薄く強く、そして軽くなったのだという。13年の館山昌平はプロ11年目。09年に最多勝に輝いたが、この頃は相次ぐ故障でリハビリに励んでいた。この後、6勝をマークして優勝に貢献。カムバック賞に輝くのは15年のこと。

野球意匠学を知るならこの2冊

『日本プロ野球ユニフォーム大図鑑 全3巻セット』&『野球帽大図鑑』

野球のユニフォームや球団ロゴを「歴史」という観点から精緻に研究し、見事なリポートを発表し続けている綱島理友さん。綱島さんによる長年の研究の集大成と言えるのが、『日本プロ野球ユニフォーム大図鑑 全3巻セット』（ベースボール・マガジン社）と『野球帽大図鑑』（朝日新聞出版）の2冊だ。タイトル通り、前者はユニフォーム、後者は野球帽について、この本を見れば、野球の意匠に関するすべての疑問が解決する。古い球団の原稿を書くとき、いつもこの2冊にお世話になっている。綱島さんの歴

史に対する真摯な姿勢、探求心には心から敬服する。残念なことに前者はすでに絶版で、古本市場ではかなりの高値となっている。後者は現在も好評発売中。もちろん、野球殿堂博物館の図書室には収蔵されているので、どうしても気になる人はぜひチェックしてほしい。本当にスゴイから。本当だよ。

HASEGAWA AWARDS

このページ
だけはマジメです！

長谷川殿堂表彰

2021年時点で殿堂入りを果たした野球人209名以外に、偉大な野球人209名以外に、個人的に「絶対に推したい」方々を勝手に顕彰！

野球殿堂博物館内の「殿堂ホール」には歴代の殿堂入りした方々のレリーフが燦然と掲額されている。ここに並ぶ209名の方々はいずれも立派な功績を残された野球人ばかりだ。もちろん、何の異論もあろうはずがない。しかし、一方では「えっ、どうしてこの人が入っていないの？」と思ってしまう人もたくさんいるのも事実。これまで、「あの人が入っていたら、いいな」とか、「オレだったら、この人を絶対に推薦したいな」としばしば妄想していたのだが、今回、せっかくの機会なので「この人を忘れちゃいけないでしょ」という方々を（勝手に）12名選出させていただいた。何の権限も、威厳もないけど、「ぜひ、この人にも顕彰の動きを！」の願いを込めて真剣に、真面目に考える作業はとても楽しかった。

『ベースボールマガジン』（2019年3月号）では「永久保存版　1959-2019　野球殿堂の204人」という特集がなされている。このとき僕はコラムニストのえのきどいちろうさんと野球殿堂について語り合う機会を得た。今回は、えのきどさんとの対談の中で気づいたこと、考えたことを含めて、改めて「長谷川殿堂」12名のお名前と選考理由をご紹介したい。他のページはともかく、ここからの4ページだけはマジメです（笑）。このページを通じて、みなさんもぜひ、「私的野球殿堂」を考えてみてはいかがでしょうか？　意外と頭を悩ませるし、絶対に面白いですよ！

アンタは
エラい！

HASEGAWA AWARDS

佐々木信也 殿

ご存じ、『プロ野球ニュース』（フジテレビ）の平日キャスターとして76〜88年まで、来る日も来る日も国民に野球情報を届けた偉人である。穏やかで冷静で的確な彼の語り口によって、間違いなく日本人の野球偏差値は向上した。「全6試合を均等に扱う」という番組方針のおかげで、パ・リーグ選手に光を当てたことも忘れてはいけない。「殿堂入りの話なんて、一度もないよ」と本人は小さく笑う。ぜひ、佐々木信也氏を殿堂に！

HASEGAWA AWARDS

水島新司 殿

野球マンガの大家。『ドカベン』『大甲子園』『男どアホウ甲子園』『あぶさん』『野球狂の詩』……。彼が生み出した作品は枚挙にいとまがない。球界の盟主を自任する「巨人中心時代」にあって、高校野球やパ・リーグ選手を題材に、野球という競技の奥深さをしっかりと描いた。小学館漫画賞、紫綬褒章、旭日小綬章などの受章歴はあるものの殿堂入りはしていない。ご本人は「辞退する」と明言しているのが返す返すも悔しい。

HASEGAWA AWARDS

江夏 豊 殿

江夏、そして隣の清原和博はいずれも、選手時代の実績は申し分ないにもかかわらず殿堂入りは果たしていない。理由はそれぞれ違法薬物の所持、使用により逮捕歴があるからだ。犯した罪に対して、同情の余地はない。しかし、その後の人生、生き方において、きちんと罪を償うことができたとしたら、改めて候補として対象にすることがあってもいいのではないだろうか（以下、右の清原和博の項に続く）？

HASEGAWA AWARDS

清原和博 殿

（……左の江夏豊からの続き）「罪を憎んで人を憎まず」という考え方がある。罪を償った後の生き方を通じて、ある種の名誉回復があってもいいのではないか？　もちろん賛否両論あることは理解している。何も「今すぐ顕彰を」と言っているわけではない。しかし、議論の対象にした上で再評価を検討することはあってもいいのではないだろうか？　江夏、清原両氏については今後の野球殿堂のあり方を問う大事な問題なのだ。

HASEGAWA AWARDS

つば九郎 殿

野球殿堂は「日本の野球の発展に大きく貢献した方々の功績を永久に讃え、顕彰する」ことを目的として59年に創設された。この趣旨に照らし合わせれば、マスコット界の雄であるつば九郎も申し分のない対象者だと言えるだろう。94年のデビュー以来、四半世紀にわたって新規野球ファン獲得に貢献してきた。愛らしいルックスと裏腹のユーモアと毒舌(?)。「人間に限る」という規定はない。一考の余地はあるのでは?

HASEGAWA AWARDS

ドアラ 殿

つば九郎が殿堂入りするのならば、ドアラもまた黙ってはいないだろう。つば九郎と同じく94年デビュー。スケッチブックを使ったディナーショーとトークイベントは常に盛況。グラウンド内は選手たちが頑張り、グラウンド外ではマスコットたちがファンサービスに努める。この両輪があればこそ野球文化は豊饒(ほうじょう)なものとなる。「コアラは除く」という規定ももちろんない。ドアラもまた立派な「野球人」なのである。

HASEGAWA AWARDS

高橋龍太郎 殿

54〜56年まで存在した高橋ユニオンズのオーナー。「日本のビール王」と呼ばれる富豪であったが、大の野球ファンであり、パ・リーグ存亡の危機に際し、私費を投じて8球団制を堅持することに努めた。結局、さまざまな思惑に翻弄され、チームは3年で消滅した。龍太郎はすでにサッカー殿堂入りを果たしているが、野球殿堂入りは実現していない。彼の奮闘あればこそ、現在のパ・リーグの隆盛があるのである。

HASEGAWA AWARDS

松園尚巳 殿

ヤクルトオーナー。「縁あってうちに入団した者は生涯にわたって面倒を見る」という考えの持ち主で、現在まで続くヤクルトの「ファミリー球団」としての礎を築いた。78年初優勝時の広岡達朗監督、主力だった若松勉、松岡弘、安田猛、大矢明彦らに松園氏について話を聞くと、「選手思いのいいオーナーだった」と口をそろえる。戦闘集団とは言い難いほのぼのとした球団体質の弊害は認めつつ、氏の功績はやはり大きい。

HASEGAWA AWARDS

安食仲秋 殿

49〜91年にかけて、コミッショナー事務局の事務方として長年にわたって球界の環境改善に取り組んできた。特に65年のドラフト会議誕生前夜は昼夜を惜しんで働き続け、実質的な「ドラフト会議を創った男」と言っていいだろう。表舞台に出ることを嫌う人だが、取材を通じて、個人的に野球史を伺ってきた。野球界には、このように、裏方として多大な貢献をした人物がたくさんいる。彼らのこともきちんと讃えたい。

HASEGAWA AWARDS

千葉 功 殿

54年にパ・リーグ事務局に入局。集計員を経て公式記録員に。75年に記録部長となり、97年まで勤め上げた。一方、『週刊ベースボール』誌上の長寿連載「記録の手帳」は61年からスタートし、病に倒れるまで約50年、全2897回も休まずに執筆を続けた。数字やデータで野球を見ることの面白さを世に知らしめた。何度もお会いしたことがあるが、往時の記録について語り出すと、ノンストップだった。21年85歳で逝去。

HASEGAWA AWARDS

深澤 弘 殿

70年代から90年代にかけて、『ニッポン放送ショウアップナイター』の実況アナウンサーとして大活躍。耳あたりのいいイケボと的確な状況描写はピカイチだった。BSやCS、ネット中継はまだ存在すらしておらず、必死にラジオに耳を傾けていた頃、いつも深澤さんの声が流れていた。野球選手との関係も深く、長嶋茂雄から直々に「オレの引退試合は深澤さんにしゃべってほしい」と懇願されたのだという。

HASEGAWA AWARDS

パンチョ伊東 殿

昭和のプロ野球ファンにとってはドラフト会議の名司会者としておなじみ。本名は伊東一雄だが、関係者もファンも親しみを込めて「パンチョ伊東」と呼んだ。59年にパ・リーグ職員となり、76〜91年まで広報部長を務めた。メジャーリーグに造詣が深く、人脈も豊富で、パ・リーグ退局後はジャーナリストとしてアメリカ野球の情報を日本に紹介した。当時、パンチョさんの情報がメジャーを知る重要な手がかりだった。

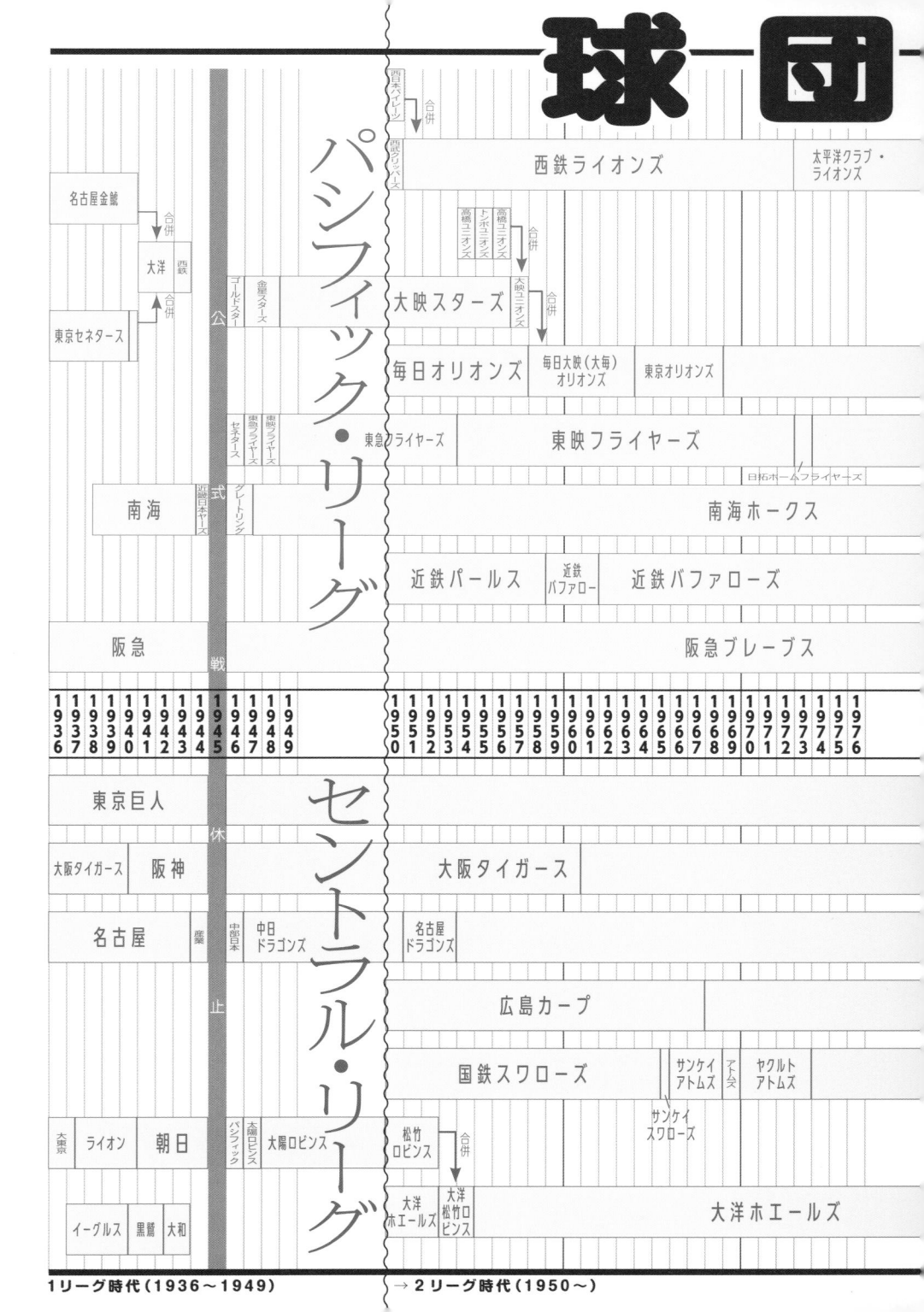

球団

パシフィック・リーグ

西日本パイレーツ → 合併 → 西鉄クリッパース ／ 西鉄ライオンズ ／ 太平洋クラブ・ライオンズ

名古屋金鯱 → 合併 → 大洋 戝 ／ 東京セネタース → 合併

ゴールドスター ／ 金星スターズ ／ 大映スターズ ／ 高橋ユニオンズ ／ トンボユニオンズ ／ 高橋ユニオンズ → 合併 → 大映ユニオンズ → 合併

毎日オリオンズ ／ 毎日大映（大毎）オリオンズ ／ 東京オリオンズ

東急セネタース ／ 東急フライヤーズ ／ 東映フライヤーズ ／ 日拓ホームフライヤーズ

南海軍 ／ グレートリング ／ 南海ホークス

近鉄パールス ／ 近鉄バファロー ／ 近鉄バファローズ

阪急 ／ 阪急ブレーブス

（公式戦）

| 1936 | 1937 | 1938 | 1939 | 1940 | 1941 | 1942 | 1943 | 1944 | 1945 | 1946 | 1947 | 1948 | 1949 | 1950 | 1951 | 1952 | 1953 | 1954 | 1955 | 1956 | 1957 | 1958 | 1959 | 1960 | 1961 | 1962 | 1963 | 1964 | 1965 | 1966 | 1967 | 1968 | 1969 | 1970 | 1971 | 1972 | 1973 | 1974 | 1975 | 1976 |

セントラル・リーグ

東京巨人

大阪タイガース ／ 阪神 ／ 大阪タイガース

名古屋 ／ 産業 ／ 中部日本 ／ 中日ドラゴンズ ／ 名古屋ドラゴンズ

（休止）

広島カープ

国鉄スワローズ ／ サンケイアトムズ ／ アトムズ ／ ヤクルトアトムズ ／ サンケイスワローズ

大東京 ／ ライオン ／ 朝日 ／ パシフィック ／ 太陽ロビンス ／ 大陽ロビンス ／ 松竹ロビンス → 合併

イーグルス ／ 黒鷲 ／ 大和

大洋ホエールズ ／ 大洋松竹ロビンス ／ 大洋ホエールズ

1リーグ時代（1936～1949） → 2リーグ時代（1950～）

変遷図

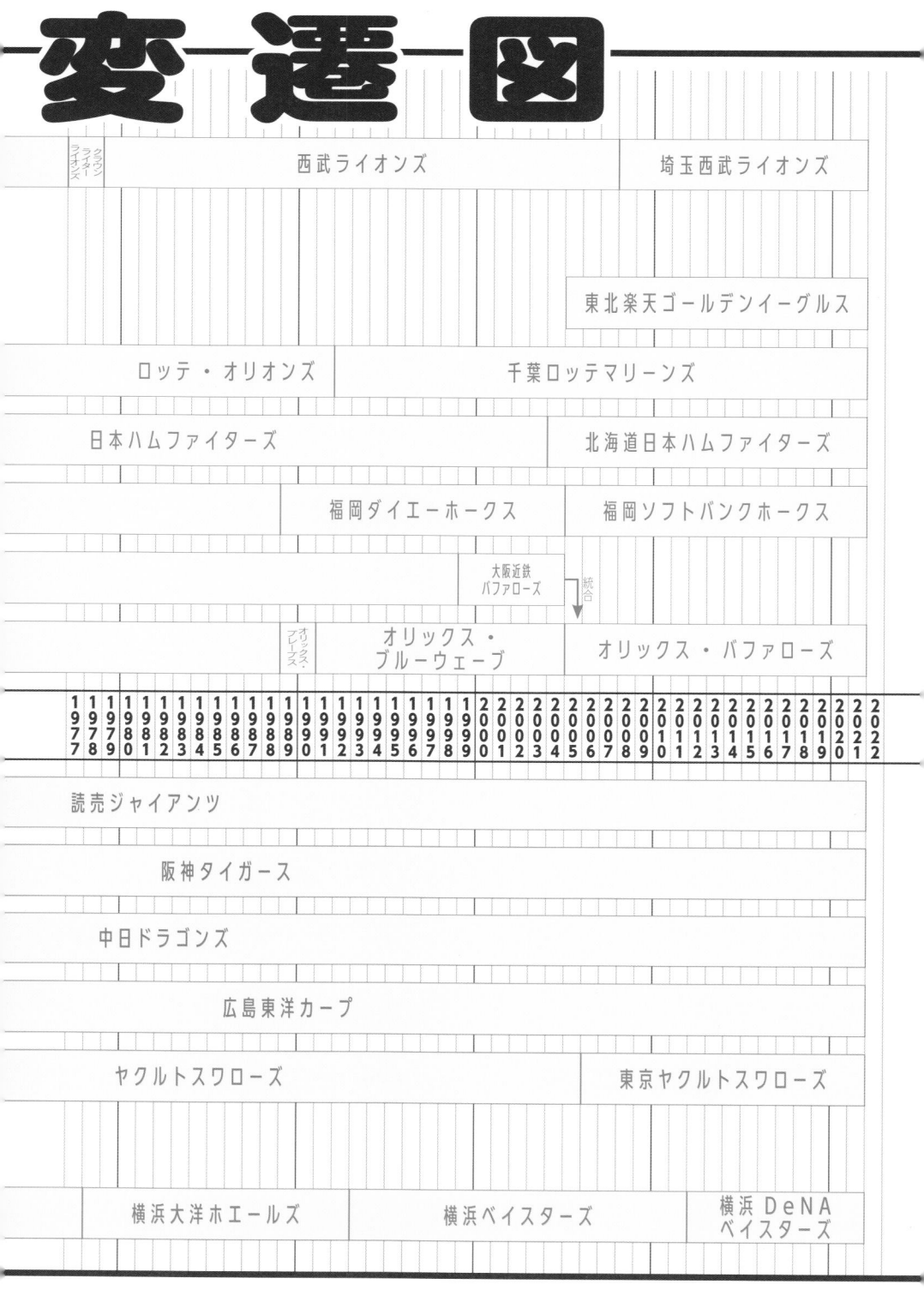

クラウンライターライオンズ	西武ライオンズ	埼玉西武ライオンズ

東北楽天ゴールデンイーグルス

ロッテ・オリオンズ　　千葉ロッテマリーンズ

日本ハムファイターズ　　北海道日本ハムファイターズ

福岡ダイエーホークス　　福岡ソフトバンクホークス

大阪近鉄バファローズ　統合

オリックス・ブルーウェーブ　　オリックス・バファローズ

オリックス・ブレーブス

1977 1978 1979 1980 1981 1982 1983 1984 1985 1986 1987 1988 1989 1990 1991 1992 1993 1994 1995 1996 1997 1998 1999 2000 2001 2002 2003 2004 2005 2006 2007 2008 2009 2010 2011 2012 2013 2014 2015 2016 2017 2018 2019 2020 2021 2022

読売ジャイアンツ

阪神タイガース

中日ドラゴンズ

広島東洋カープ

ヤクルトスワローズ　　東京ヤクルトスワローズ

横浜大洋ホエールズ　　横浜ベイスターズ　　横浜DeNAベイスターズ

おわりに

　深遠なる歴史の淵に立ち、私は仄暗い水底を覗き込む。じっと目を凝らしていると、これまでのさまざまな人間の人生が浮かんでくるような気がする。ある者は栄華の絶頂を極め、またある者は失意の涙に暮れている。もちろん、平凡で穏やかな生活を満喫している人々の姿も数多く見える。古来より現在まで、粛々と営まれてきた人間の暮らしであり、社会の営為だった。

　ふと、首筋辺りに誰かの視線を感じる。夢中になって覗き込んでいる私のことを、はるか上空から覗き込んでいる何者かの存在を感じたような気がした。「現在」の私が覗き込んでいるのは先人たちが生きた「過去」であり、私の上空から覗き込んでいる何者かは、私にとっての「未来」から、彼にとっての「過去」である「現在」の私を覗き込んでいるのだろう。

　今回、私はじっと水底を見つめつつ、同時に未来の誰かに見られつつ、さまざまな思いを感じながら机に向かい続けた。歴史を描く者の責任の重みに何度も押し潰されそうになった。それでも、キーボードを叩き続けたのは、「歴史の証言者たらん」という鉄の意志があればこそだった。誰かがやらねばならないのだ。期待の人が自分であるならば、たとえ血の汗を流そうとも、歯を食いしばって、やらねばならないのだ。

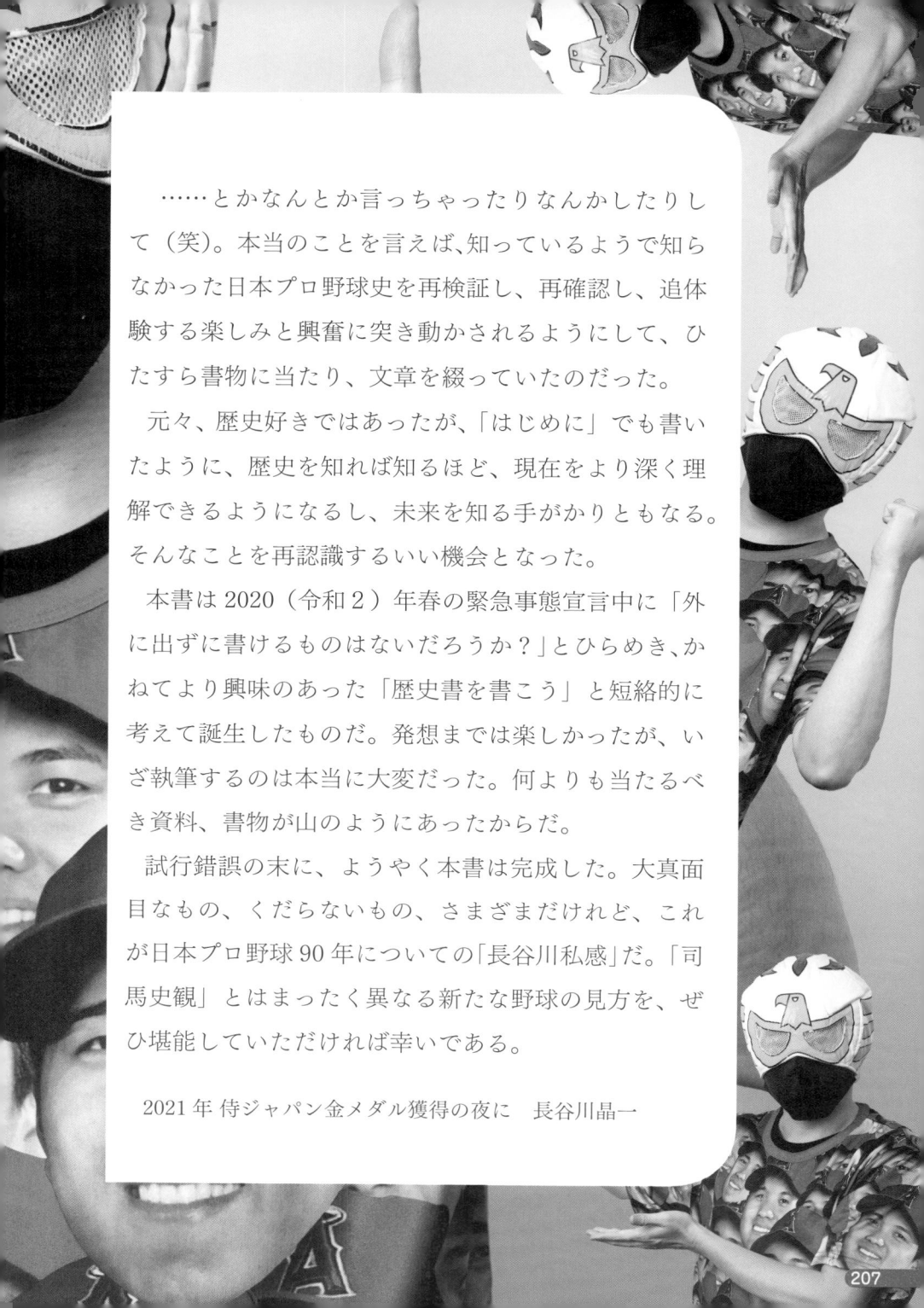

　……とかなんとか言っちゃったりなんかしたりして（笑）。本当のことを言えば、知っているようで知らなかった日本プロ野球史を再検証し、再確認し、追体験する楽しみと興奮に突き動かされるようにして、ひたすら書物に当たり、文章を綴っていたのだった。

　元々、歴史好きではあったが、「はじめに」でも書いたように、歴史を知れば知るほど、現在をより深く理解できるようになるし、未来を知る手がかりともなる。そんなことを再認識するいい機会となった。

　本書は2020（令和2）年春の緊急事態宣言中に「外に出ずに書けるものはないだろうか？」とひらめき、かねてより興味のあった「歴史書を書こう」と短絡的に考えて誕生したものだ。発想までは楽しかったが、いざ執筆するのは本当に大変だった。何よりも当たるべき資料、書物が山のようにあったからだ。

　試行錯誤の末に、ようやく本書は完成した。大真面目なもの、くだらないもの、さまざまだけれど、これが日本プロ野球90年についての「長谷川私感」だ。「司馬史観」とはまったく異なる新たな野球の見方を、ぜひ堪能していただければ幸いである。

　2021年 侍ジャパン金メダル獲得の夜に　長谷川晶一

長谷川 晶一

1970年5月13日生まれ。早稲田大学商学部卒。出版社勤務を経て2003年にノンフィクションライターに。05年よりプロ野球12球団すべてのファンクラブに入会し続ける、世界でただひとりの「12球団ファンクラブ評論家®」。著書に『プロ野球12球団ファンクラブ全部に10年間入会してみた！』『いつも、気づけば神宮に 東京ヤクルトスワローズ「9つの系譜」』（以上、集英社）、『詰むや、詰まざるや 森・西武 vs 野村・ヤクルトの2年間』（インプレス）、『虹色球団 日拓ホームフライヤーズの10カ月』（柏書房）、『プロ野球語辞典 令和の怪物現る！編』（誠文堂新光社）、『プロ野球バカ本』（小社刊）ほか多数。
Twitter @HasegawSh

佐野 文二郎

1965年生まれ。「野球太郎」表紙立体イラスト、『週刊ポスト』にて高田文夫氏のコラム「笑刊ポスト」イラスト連載中。好きな助っ人外国人はラインバック。

プロ野球ヒストリー大事典

2021年9月30日　第1刷発行

著　者　長谷川 晶一
イラスト　佐野 文二郎
装　丁　鯉沼 恵一（ピューブ）
写　真　朝日新聞社提供
撮　影　朝日新聞出版写真部
　　　　加藤夏子（P136〜137）
　　　　高橋奈緒（P3、P114、P122〜123物撮り、P146、P206〜207）
　　　　小暮誠（P11上、P77下、P111上、P192〜199）
発行者　三宮 博信
発行所　朝日新聞出版
　　　　〒104-8011 東京都中央区築地5-3-2
電　話　03-5541-8788（編集）
　　　　03-5540-7793（販売）
印刷所　大日本印刷株式会社

© 2021 Shoichi Hasegawa & Bunjiro Sano
Published in Japan by Asahi Shimbun Publications Inc.
ISBN 978-4-02-251753-1